△ 马云

△ 蔡崇信

△ 高度强打造的中顾合伙人体系

△ 蔡崇信被评为2014"影响中国"十大法商领袖

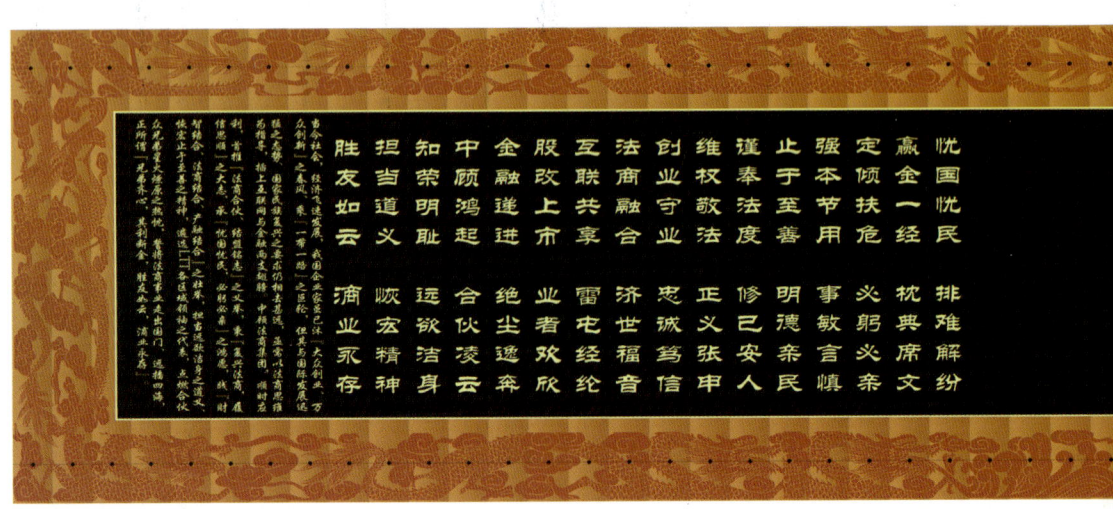

△ 高度强著《法商宣言》

△ 高度强与中国财政学会秘书长贾康

△ 高度强与台湾南华大学副校长慧开法师

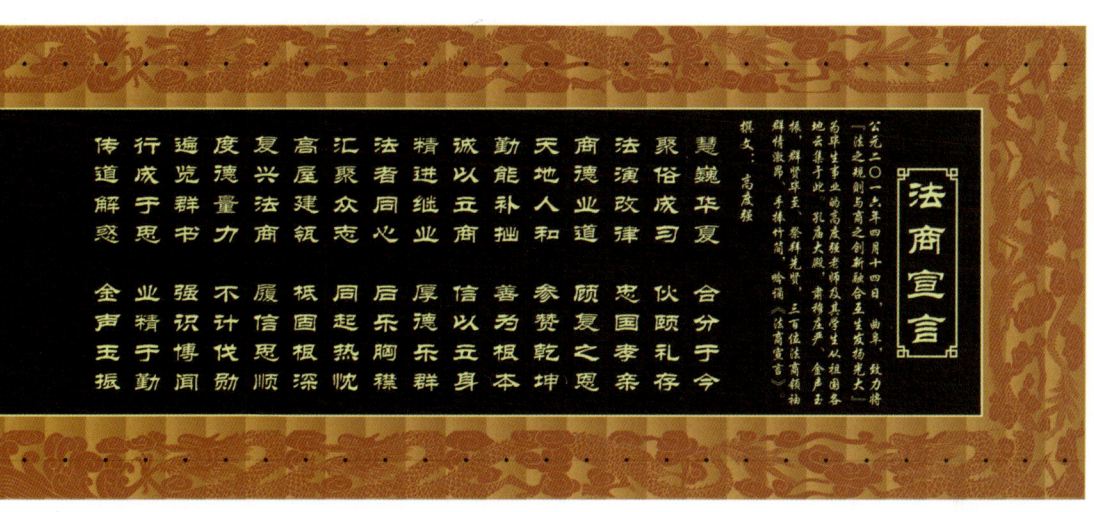

公元二〇一六年四月十四日，曲阜，致力将"法"之规创与商之创新融合至生发扬光大的高度强老师及其学生从祖国各地云集于此，孔庙大殿，青铜在严、金声玉振，群贤毕至，众贤光赞，群情激昂，手捧竹简，略诵《法商宣言》，三百位法商领袖撰文：高度强

## 法商宣言

慧巍华夏　合分于今
聚俗成习　伙颐礼存
法演改律　忠国孝亲
商德业道　顾复之恩
天地人和　参赞乾坤
勤能补拙　善为立身
诚以立商　信以立业
精进继业　厚德乐群
法者同心　同起热忱
汇聚众志　抵固根深
高屋建瓴　履信思顺
复兴法商　不计代勋
度德量力　强识博闻
遍览群书　业精于勤
行成于思　金声玉振
传道解惑

△ 高度强与上千位法商领袖共同宣读《法商宣言》

△ 《法商宣言》竹简陈列在法商博览会上

△ 高度强与中国中小企业协会会长李子彬

△ 高度强与中国政法大学副校长李树忠

△ 高度强与北京大学经济学院院长孙祁祥

△ 高度强与《民主与法制》杂志社总编辑刘桂明

△ 高度强与新西兰前总理珍妮·玛丽·希普利

△ 高度强与著名财经评论家水皮先生

△ 高度强捐建的全国第一所以法商命名的希望小学（位于山东禹城市）

△ 高度强关注事实孤儿成长

△ 高度强为山东省青少年发展基金捐资

△ 高度强爱心捐助情暖校园活动

△ 高度强组织公益律师团关注社情民生

△ 高度强创办的第二家公司成功挂牌新三板

△ 高度强于2005年创办中顾法律网

△ 高度强于2006年创办九问网

△ 高度强于2010年创办法内网

△ 高度强于2012年创办尚市邦杂志

△ 高度强于2015年成立北京大学法商金融课题组

△ 高度强于2016年成立中顾集团

△ 高度强在2016"小企业 大梦想"国际高峰论坛上发表演讲

△ 高度强接受各界媒体采访

△ 2017年9月,"智慧律所百城千创工程"启动

△ 高度强主持律师界G20峰会

△ 高度强主持首届律所创新论坛

△ 高度强为百名分院院长颁发聘书

△ 高度强主持北大"一带一路"论坛

# 谁站在马云背后

## 总裁律师帮总裁打天下

高度强 著

中国商业出版社

图书在版编目（CIP）数据

谁站在马云背后：总裁律师帮总裁打天下 / 高度强著 . -- 北京：中国商业出版社, 2018.2
ISBN 978-7-5208-0200-0

Ⅰ.①谁…  Ⅱ.①高…  Ⅲ.①电子商务 – 商业企业管理 – 经验 – 中国  Ⅳ.① F724.6

中国版本图书馆 CIP 数据核字（2018）第 015865 号

责任编辑：朱丽丽

中国商业出版社出版发行
（100053 北京广安门内报国寺 1 号）
010-63180647 www.c-cbook.com
新华书店经销
大厂回族自治县正兴印务有限公司

\*

710 毫米 ×1000 毫米　1/16 开　19 印张　300 千字
2018 年 8 月第 1 版　2018 年 8 月第 1 次印刷
定价：42.00 元

\*\*\*\*

（如有印装质量问题可更换）

# 序

## 新时代的企业家精神：顺应规则，懂得创新
## 马云背后有蔡崇信，总裁背后应有总裁律师

作为法商理念的提出和践行者，很早就想写一本关于企业家和律师如何启用法商理念的书，但总是觉得时机尚未成熟，或者说没有一个合适的切入点。

2017年九月份，在中共中央、国务院印发的《中共中央国务院关于营造企业家健康成长环境弘扬优秀企业家精神更好发挥企业家作用的意见》中，企业家精神获得了党和国家的充分肯定，同时企业家精神还被写入十九大报告中。

这对我而言是一个很好的切入点。一直以来，企业家常常被外界冠以"资本家""剥削阶级"等称号，甚至在各大媒体中，企业家经常被过度解读。外界的质疑之声、内部的经营压力、前进道路上的重重阻碍……个中艰辛，实在是不足为外人道也。

但在重重压力和困难面前，反倒涌现出一批又一批优秀的企业家，他们所传递出的企业家精神也逐渐得到社会各界的认可。

那么，什么是企业家精神呢？一位知名企业领导人曾这样描述："一个社会总是有一些传统、规范和模式，而认识到这些模式的问题，重新组

## 谁站在马云背后：
### 总裁律师帮总裁打天下

织要素，并成功为社会创造价值，这就是企业家精神。"

对此，我深以为然。在规则范围内，想别人不敢想，做别人不敢做，而后为社会创造更多价值，这便是我理解的企业家精神。总结起来就是：顺应规则，懂得创新。

在成为企业家之前，我曾经是一名律师，律师固有的批判性思维和独立思考能力，让我在经营企业的过程中，更多地思考如何用合法、合规、合理的方式去面对问题和解决问题。

也正是律师和企业家的双重角色，让我更多地对这两个职业有了深度思考，也更清楚地认识到律师在执业过程中存在的问题和弊端，以及企业家在规则领域的先天缺陷。因此，律师群体和企业家群体将是这本书关注的重点。

权威数据统计，目前国内律师数量已经突破34万，但是10%的精英律师却掌握着90%的优质业务，资源分配不均异常明显。这种现象表明，大量律师群体尚且没有意识到自身的核心价值。

在我看来，律师＝规则之师＝管理之师＝首席架构师，本书就致力于挖掘律师群体对于规则的"先天"优势，培养和发掘更多律师成为规则之师，让律师帮助7000万企业家更快成长，为7000万家企业的发展壮大保驾护航。

虽然国内的法制程度与美国等发达国家相比仍有差距，但是纵观一些企业的发展史，有这么一个被很少人注意到的现象：在阿里巴巴发展壮大的背后，有一个律师出身的蔡崇信；在华为势头强劲的趋势之下，有一个强大的法务团队；在腾讯日益强大的背后，同样离不开有着经济法背景的陈一丹。

由此可见，唯有重用律师、顺应规则，才能让企业远离风险，走得更稳更强。市场经济就是规则经济，而互联网时代倡导全球规则统一、高效对接。

近几年，以"共享经济"之名闯入日常生活的新事物越来越多了，普及速度也越来越快。但共享经济的大前提其实也是规则的统一。例如，共享单车在规则不统一的情况下,杂乱无章的摆放极其影响城市市容;共享汽车在规则不统一的情况下,多次发生事故却无章可循……

总而言之,没有规则就没有高效率,而律师因其惯有的理性、逻辑思维而对规则的运用有着天生的优势。

规则既是一种思维,又是一种能力,是可以通过学习提升和加深的。这也是本书的价值和意义所在,希望能让律师具备商业思维,让总裁具备规则思维,唯有法商结合,顺应规则、懂得创新,才能让企业家和律师这两个职业的价值最大化。

在常年为企业家讲课、培训、提供咨询服务的过程中,我有这样一个很深的感触:对于企业而言,规则是可以复制的,而创新却不能模仿。长期以来,很多企业家错误地认为管理要创新,而产品却可以不断地复制(山寨)别人。长此以往,企业将丧失活力、缺乏核心竞争力,当更多的企业陷入这样的循环,最终我们的民族将失去希望。

在这样一个"大众创业、万众创新"的时代里,企业家精神获得了前所未有的肯定,企业家的地位也随之得到了提升。而企业家本人应更聚焦产品创新,规则的创建寻求专家,规则的执行依靠职业经理人。

法是规则,商是创新,新时代呼唤法商文明。

马云的成功源于对规则的高度重视、对法律专家的大量启用、对规则的高度敬畏。而蔡崇信最核心的贡献则是为阿里建立了一套复杂而高效的规则体系,他最大的能力是对规则的深谙和精通。

新时代期待更多的马云,呼唤更多蔡崇信的产生,希望本书在这个方面能起到推动作用。让企业家知道规则的重要,善于并找到规则之师;让律师扩展思维,挖掘出自己已经存在但尚未被发掘的规则能力。

这也正是本书倡导的中心思想:让总裁具备规则思维,让律师具备商业思维。

其实,我们这一代人何其有幸能成长在这样一个和平而富强的国度里,能通过自己的奋斗获取人生的意义和价值。

我们这一代企业家何其有幸能出生在这样一个盛况空前的国度里,能在国家的支持和帮助下实现自己的人生理想。

而在这样最好的时代里,我的目标,则是让1000万企业家具备规则思维,让10万名律师具备商业思维,法商产业报国,助力民族复兴!

最后,我要感谢阿里集团执行副主席蔡崇信先生对本书做出的巨大贡献,为我们提供了大量可以参考引用的素材;感谢北京大学法学院和经济学院,尤其是薛旭教授,他对法商管理的充分重视,直接推动成立了北京大学法商课题组,并由我担任组长,在大量法商理念普及和课题调研中给予了许多专业意见;感谢中国法学会《民主与法制》杂志社总编辑刘桂明老师,让我坚定了法商结合的理念;感谢中国政法大学商学院创始院长孙选中教授,他最早提出的法商管理理论,给了我莫大的启发和理论支持;感谢法律出版社应用分社社长戴伟老师,对我的理论和实践都有过大量的帮助;感谢中顾集团所有的干部和员工,能支持我在法商的道路上不断奋勇前行;感谢我的爱人贾胜霞女士,给予我的支持和爱,以及对家庭事务的分担;感谢所有在书稿整理和汇编过程中给予我帮助的策划和编辑人员,谢谢大家。

是以为序。

2017年10月10日

# 前 言

2017年3月24日,美国《财富》杂志公布了2017年度全球领袖人物榜单,阿里巴巴集团董事局主席马云名列榜单第二位。中国商界,高手如云,但能像马云这样,长期被关注、被聚焦者,实在不多。除了马云本人,他的总裁律师蔡崇信、十八罗汉等阿里精英,也逐渐被公众所熟知。

众所周知,阿里是合伙公司,共37位合伙人。但除了马云,唯一一位终身合伙人就是蔡崇信。马云也多次强调,是蔡崇信帮助他成就了今天的伟业。

遥想15年前,在有着"人间天堂"之称的杭州,在美丽的西湖上,两个男人一边划船,一边交流。突然,马云兴奋地站起来,手舞足蹈,恨不得跳下湖,畅游一番。他实在太开心了!

因为蔡崇信主动表示想加盟阿里!

当时的马云,莫说功未成,名未就,就连公司也只有雏形,尚未注册,更没有任何规则层面的顶层设计。除了他始终谈论着的伟大愿景,再无其他有说服力的东西。而蔡崇信,不仅拥有耶鲁大学经济学学士及耶鲁法学院法学博士学位,兼通法务和财务,还是德国一家投资公司的高管,年薪近百万美元。马云隐约觉得,蔡崇信是能帮自己实现创业梦想的人,他具备自己不具备而创业又需要的东西。但对方不太可能加盟阿里。以蔡

## 谁站在马云背后：
### 总裁律师帮总裁打天下

崇信的实力，当时买下几十个阿里巴巴都没问题。出乎意料的是，游湖过程中，蔡崇信竟主动表示想加盟阿里，放弃百万年薪，每月只拿500元人民币！

加盟阿里后，蔡崇信为马云做的第一件事就是注册公司，制定公司最初也是最重要的一批规则章程。然后，在湖畔花园炎热的夏夜，蔡崇信挥着汗水，给第一批员工讲股份、讲权益，让马云和"十八罗汉"在18份完全符合国际惯例的英文合同上签字画押。不经这一步，阿里巴巴会是一个家族企业，会一直也只能一直以"感情""理想"和"义气"维持团队。是蔡崇信将阿里做成了公司，以正式合同的形式将整个团队的利益绑到了一起。

接下来，蔡崇信成为阿里的非执行董事及首席财务官，在15年里负责完成了阿里集团的许多里程碑事件，最终与马云一道攀上了事业巅峰。相较马云无数的光环，属于蔡崇信的头衔只有一个，那就是"马云背后的男人"。蔡崇信曾戏称，"马云成功背后不止有男人，也有女人，阿里巴巴的成功从来不是一个人的成功，而是所有参与人的成功"，但谁都无法否认，蔡崇信对马云乃至整个阿里集团的不可或缺性。

蔡崇信据说还是"马云背后的神秘男人"。去阿里巴巴采访蔡崇信，每个人都会闭嘴，"他不能谈！"为什么？"他太敏感了，要我谈马总（指马云）都可以，就是不能谈他！"事实上，蔡崇信并不神秘，他的身影经常出现在台北街头。中等身材，斯文的外表，戴着一副黑框眼镜，年近五十，但走在路上还有几分学生味，在街头擦身而过也不会引起太多注意。在难得露脸的公开场合上，也常因站在马云后面，所有镁光灯都聚集在马云身上，这正是个性非常低调的他最希望的结果。

但无论他多么低调，以阿里巴巴如今对全球消费市场的影响力，蔡崇信都让外界难以忽视。用一些媒体的话说，蔡崇信其实是一个"隐英雄"。马云本人也亲口说过，这辈子他要感谢四个人，前两位是让阿里巴巴引进资金和资源的孙正义和杨致远，一位是他一直崇拜的武侠小说作家金庸，最后一位，就是蔡崇信。没有他，阿里巴巴恐怕撑不过电子商务泡沫；没有他，阿里巴巴就拿不到软银资金、吃不下雅虎中国。15年前，马云曾经为蔡崇信的加盟而兴奋。今天，依然是同样的感觉。蔡崇信，实在是不可多得。

当然，这不意味着，没有蔡崇信，其他人便不要做企业了。

马云，到底看重蔡崇信哪一点？

我们又该在哪方面引以为鉴，深思慎取？

其实，蔡崇信并不是什么呼风唤雨、撒豆成兵的奇人异士，他贡献的是扎扎实实的学识，以及对规则驾驭的深厚功底。这种综合实力是所有企业总裁都看重的，也是所有有志成为下一个蔡崇信的人必须学习，也能够通过学习掌握的。

举例来说，2013年9月，阿里巴巴正与香港证交所隔空争论之际，阿里巴巴决定向港交所递出一封信，说明他们所坚持的"合伙人制度"理念。但这封信的落款署名，不是马云，而是阿里巴巴集团创始人及阿里巴巴集团执行副主席蔡崇信。

蔡崇信之所以能对规则有如此高的驾驭能力，得益于其法学博士和律师世家的背景。他本人是耶鲁的法学博士，父亲蔡中曾则是台湾取得耶鲁大学法学博士的第一人，还担任耶鲁大学的校董，自家有律师楼，经营得有声有色。再往前追溯，蔡崇信的祖父蔡六乘，当年也是上海滩的法律名人，服务过的人包括上海黑帮教父杜月笙，并参与营救"七君子"。

蔡崇信从小跟在父亲身边，耳濡目染，一点一滴地学习长辈对事情冷静的策略分析能力。后来，台湾的大牌律师不再局限于法律业务，大型投资案、财务规划等也成为主要业务，工作性质类似蔡崇信现在的工作。如今他在事业上表现杰出，蔡中曾对其影响最大。

本书并非简单书写马云与蔡崇信的成功史，而是想通过这两个最有说服力的人，强调一个现代企业家必须懂得并且抓好企业经营的两大核心，一是制定游戏规则，二是搞产品创新。而规则的事情一定要和擅通规则的专家一起，专业的事交给专业的人，才能达到事半功倍的效果。

本书将通过大量案例和商战故事，为各位企业家指明方向，帮助企

## 谁站在马云背后：
### 总裁律师帮总裁打天下

业持续创造更多经济价值和社会价值。那么，就让我们怀着虔诚的学习态度，走进这本书，具体地去体悟作为一个总裁律师所应具备的方方面面吧！

# 目 录

**引　言　马云是真正的企业家，而蔡崇信是优秀的总裁律师**

　　01 课．马云善用规则，更善用规则之师 / 2

　　02 课．蔡崇信精通华尔街精密规则，是优秀的总裁律师 / 4

　　　□ 为什么说蔡崇信是优秀的总裁律师 / 5

## 01 第一部分　企业家
### 需要懂经营、会管理、通市场的总裁律师

03 课．法商时代呼唤法商领袖 / 8

　□ 法商融合是大势所趋 / 8

　□ 法商时代需要法商思维 / 10

　□ 从0到1，从1到N / 12

04 课．总裁律师是规则之师 / 14

　□ 法律的核心是确定规则 / 14

　□ 律师是最懂规则的人 / 16

　□ 律师长期只限于法庭之上 / 18

　□ 律师只要稍微转换思维，将是规则之王 / 23

05 课．总裁律师是管理之师 / 25

□ 总裁律师是比企业家还懂管理的律师 / 25
□ 总裁律师帮助企业建立适合自身发展的管理框架模式 / 27
□ 总裁律师帮助企业建立风险防控管理机制 / 30
□ 总裁律师帮助企业实现资本跨越 / 32

**06 课．总裁律师是企业家的参谋长 / 34**
□ 古有诸葛亮，今有总裁律师 / 34
□ 总裁律师是企业家的军师和参谋长 / 36
□ 总裁律师帮助企业进行顶层架构设计 / 38
□ 总裁律师如何做好总裁的参谋长 / 40

**07 课．总裁律师与传统律师的本质区别 / 43**
□ 传统律师的几种存在危机 / 43
□ 总裁律师与传统律师的六大本质区别 / 46
□ 只会打官司的律师将无法打天下 / 50
□ 总裁律师同时具备规则思维和商业思维 / 53

**08 课．每一位总裁背后都需要一位总裁律师 / 56**
□ 总裁律师要像总裁一样去思考 / 56
□ 总裁律师帮助企业家提升领导能力 / 61
□ 总裁律师帮助企业插上互联网和金融两只翅膀 / 64
□ 总裁律师帮助企业基业长青 / 67

**09 课．总裁律师是懂经营的律师 / 71**
□ 总裁律师帮助企业规避经营过程中的法律风险 / 71
□ 总裁律师帮助企业实现专业化、职业化和中立化 / 73
□ 总裁律师帮助企业实现经济效益最大化 / 75

**10 课．总裁律师是懂管理的律师 / 77**
□ 总裁律师帮助企业识人、用人、留人 / 77
□ 律师在企业管理中的作用 / 79
□ 律师在企业员工关系管理方面的作用 / 81

11 课．总裁律师是通市场的律师 / 84
  □ 新常态下的法律服务市场现状 / 84
  □ 律师如何找准自己的市场定位 / 86
  □ 律师要打开企业市场需先转变思维 / 88

12 课．总裁律师与总裁互生共赢 / 91
  □ 律师应该站在企业家角度考虑问题 / 91
  □ 律师要和企业家做"终身情人" / 93
  □ 总裁律师是专为总裁服务的律师 / 94

# 02 第二部分 / 总裁律师如何帮总裁打天下

总裁&律师必读

13 课．股权激励治理与总裁控制权设计 / 100
  □ 以阿里巴巴为例看股权激励的重要性 / 100
  □ 唯控制权不可让渡 / 102
  □ 股权激励治理为什么需要专业律师 / 104

14 课．法律顾问治理与总裁参谋系统设计 / 106
  □ 法律顾问对于企业的必要性 / 106
  □ 法律顾问与企业家都需要与时俱进 / 108
  □ 大企业要打造总裁参谋系统 / 109

15 课．家族企业治理与总裁家事智慧设计 / 111
  □ 婚姻关系破裂风险防范 / 111
  □ 财产混同法律风险防范 / 113
  □ 如何破解"富不过三代"的魔咒 / 114

16 课．知识产权治理与总裁商誉系统设计 / 118
  □ 知识产权与总裁商誉系统的联系 / 118

- □ 强大的自主创新离不开强大的法务部 / 120
- □ 律师在知识产权纠纷中的重要性 / 121

**17 课．企业财税治理与总裁财富全球配置设计 / 123**
- □ 小心企业经营中的"定时炸弹" / 123
- □ 为什么需要专业律师做企业财税治理 / 124
- □ 企业全球布局与财富全球配置顶层设计 / 126

**18 课．企业文化治理与总裁识人用人系统设计 / 128**
- □ 企业文化与公司治理 / 128
- □ 企业文化治理与"以人为本" / 130

**19 课．企业融资治理与总裁金融体系设计 / 133**
- □ 总裁律师与企业投融资 / 133
- □ 融资常涉风险防范 / 135
- □ 如何讲一个投资人爱听的故事 / 138

**20 课．企业危机治理与总裁刑事隔离墙设计 / 140**
- □ 企业家要认真补上法律这堂课 / 140
- □ 企业家刑事法律风险盘点 / 141
- □ 企业家刑事法律风险防范与危机管控 / 143

# 03 第三部分 / 总裁律师是怎样炼成的

**律师必读**

**21 课．法商原理与法商领袖的 21 天养成 / 148**
- □ 总裁律师必备思维能力之法商思维 / 148
- □ 传统律师转型总裁律师九大必备思维 / 150
- □ 如何成为法商结合的总裁律师 / 153

**22 课．团队协作与个人领导力的 21 天养成 / 156**
- □ 团队内部如何建立有效的沟通机制 / 156

□ 团队内部如何统筹分工 / 158
□ 领导力养成的10大法则 / 159

### 23 课．时间管理与高效能产出的 21 天养成 / 162
□ 时间管理与时间管理的重要性 / 162
□ 时间管理与高效能产出 / 164
□ 建立自己的时间节奏 / 165

### 24 课．品牌管理与互联网营销的 108 个策略 / 167
□ 没品牌就建立自己的品牌 / 167
□ 媒体化与微信平台运营技巧 / 168
□ 市场与销售的区别和相互关系 / 171

### 25 课．创新能力与跨界化反的 18 种能力培养 / 174
□ 律师要注重培养创新能力 / 174
□ 律师不能囿于现有法律的束缚 / 176
□ 互联网为律师带来机遇与挑战 / 177

### 26 课．谈判能力与高阶组织行为学实战 / 179
□ 谈判是总裁律师的基本能力 / 179
□ 谈判心理学进阶 / 181
□ 谈判中常用的战略战术 / 184

### 27 课．演说能力与个人魅力 21 天养成 / 187
□ 律师公众演讲与自我展示技巧 / 187
□ 把握演说中的"求同"与"存异" / 190
□ 律师个人魅力养成九大技巧 / 192

### 28 课．营销能力与企业法务市场开拓的 100 个策略 / 195
□ 生存营销——律师营销第一步 / 195
□ 潜在需求与马斯洛的需求层次理论 / 198
□ 营销不是卖东西那么简单 / 200

□ 开拓企业法务市场的前提是转变思维 / 201

# 04 第四部分 / 企业家
## 要既懂规则，又擅创新

### 29 课．总裁如何用规则思维设定商业模式、游戏规则 / 204
□ 总裁只有懂规则才能制定规则 / 204
□ 总裁律师制订规则，企业家确保执行 / 206
□ 在守规则的基础上思考规则 / 208

### 30 课．互联网下的企业治理 / 210
□ 互联网思维是信息时代最佳思考方式 / 210
□ 无边界时代的商战打法 / 212
□ 离用户越近，离竞争对手越远 / 214

### 31 课．共享时代的资源整合 / 218
□ "共享经济"时代已经到来 / 218
□ 整合力是企业家最重要的能力 / 220
□ 如何认识自己的资源 / 222

### 32 课．为什么你的企业做不大 / 225
□ 限制企业发展的根本问题 / 225
□ 模式不对努力白费，方向比努力更重要 / 228
□ 企业家要建立规则意识和规律意识 / 230

### 33 课．管理要复制，产品要创新 / 235
□ 产品是核心竞争力的载体 / 235
□ 产品研发的魂道术器 / 238
□ 为什么我们需要微创新 / 240

### 34 课．管理是永恒的主题 / 243
□ 管理人不如经营人 / 243

- 风险管理是永远的主旋律 / 245
- 大数据时代的企业管理 / 247

### 35 课．企业最终走到哪里去 / 251
- 企业唯有尊法守法才能良性发展 / 251
- 寻找缺失的工匠精神 / 253
- 企业家精神与社会责任 / 256

## 05 第五部分 / **新时代 总裁律师的发展**

*律师必读*

### 36 课．中国需要 70 万总裁律师 / 260
- 律师未来的发展出路在哪里 / 260
- 总裁律师是顺应时代需求的复合型人才 / 262

### 37 课．政府协会对总裁律师的需求 / 264
- 贴位的法律服务是政府、协会当下之急需 / 264
- 政府需要律师提供哪些法律服务 / 265

### 38 课．集团企业对总裁律师的需求 / 267
- 中国企业"走出去"律师不可缺位 / 267
- 上市公司聘请总裁律师的必要性 / 269

### 39 课．中小企业对总裁律师的需求 / 272
- 总裁律师帮助中小企业健康发展 / 272
- 律师和中小企业都应该放下身段 / 275

### 40 课．未来的总裁律师什么样 / 277
- 看起来很美，实际上也很美 / 277
- 总裁律师仍是法律之师，仍需坚守公平正义的法律底线 / 279

后记 我们已然站到了马云们的背后 / 281

引 言

## 马云是真正的企业家，而蔡崇信是优秀的总裁律师

谁站在马云背后：
总裁律师帮总裁打天下

# 01课．马云善用规则，更善用规则之师

在2015年的夏季达沃斯论坛上，马云说过一句掷地有声的话："如果互联网没有规则的话，毫无益处。"众所周知，马云身上有个"规则破坏者"标签，还获得过一个很无厘头的"改变游戏规则奖"。同时，他又以破坏者的身份再创了电子商务的游戏规则。这个看上去来自外星的人，貌似可以不受人类规则的限制，翻手云，覆手雨，自由来去。

其实，所谓的"规则破坏者"，不过是对他颠覆传统、落后的商业模式的文艺性阐释。马云是善用规则，也是最敬畏规则的人。在马云那里，规则就是规则，"善意的"破坏也不允许。

最有说服力的例子莫过于2011年的卫哲辞职事件。

那是2011年1月中下旬某日，马云偶然看到某封邮件里有些蹊跷。几个阿里老同事在邮件里讨论吃什么，一个女员工在邮件里随口说了句："他妈的，我还在看一个案子，可能个别员工涉及到欺诈问题。"马云当时很好奇：什么案子会让一个女孩子说"他妈的"？马云马上把她找来，聊完立即找到卫哲。事实上，卫哲很早就知道阿里B2B平台上的商家欺诈问题，也一直在用常规方式调查、处理、防范，并有了一定成效，作弊商家比例已从1.1%下降到了0.8%。但卫哲搞不清阿里员工跟作弊商家的关联度有多高。马云觉得这个事搞大了，也必须搞清楚。调查结论出来后，COO（首席运营官）李旭晖先站出来主动辞职，卫哲紧随其后，由于是上市公司，相关信息很快被披露出去，并迅速引发了争议。

在外界看来，这是马云的"阴谋"，因为他显得过于高调。马云表示："大家认为一定是经济利益的冲突，我们只求自己相信，这个牌坊很重要，既然扛了就得扛下去。现在的问题是，很多人都难扛了，人家还天天晚上

翻墙进来，麻烦大了。从调查一启动开始，我都希望这不是真的！"

马云也表示："我很喜欢卫哲，当发现这个事情时，我就开始难过，这件事情一旦确定是真的，真有这么多员工涉及到这个事情的话，解决的方案只有一条，一定有人为此付出代价，而承担最大的代价一定是CEO。否则阿里巴巴价值观就是只针对员工，就是贴在墙上的（废纸）。"

卫哲生于1970年，20岁出头时就做了"中国证券之父"管金生的秘书。此后十余年间，他从金融业到咨询业，再到跨国企业中国总裁，一路顺风顺水。加盟阿里仅一年，其掌管的阿里巴巴B2B便成功在香港上市。但，这次他碰了阿里的高压线，必须杀无赦。用马云的话说就是："这事（诚信）谁也别碰我，其他事都可以讨论。做企业不能当侠客，我是公司文化和使命感最后一道关。作为大家信任的CEO，我要做的是捍卫这个公司的价值体系。如果你叫我一声大哥我就可以不杀你，那以后，有多少兄弟叫我大哥？我不是大哥。"也有人说，马云也应对此承担责任，马云称："我承担的就是卫哲的离开，这是我在阿里巴巴11年来最大的痛，因为是兄弟，失去的是亲情。离开阿里的卫哲不需要我帮助，但我给了他一个大礼，就是这道伤疤。这道伤疤会比他身上任何一个勋章都值钱。"

当事人卫哲是怎么说的呢？他总结，阿里教会了自己两件事：第一，中国互联网不需要一个更会赚钱的公司；第二，不要总是想着捕捉机会，而是要找到问题。

不久，巨人投资董事长史玉柱在微博中发表了自己的看法，"如此重大的人事变动，如果换我坐在马云的椅子上，说不准会缺乏魄力而破坏公司规则"。同时他说，巨人企业文化里有句"敢于承担个人责任"，近年可能已流于形式。看到卫哲引咎辞职，深感阿里巴巴才真正敢于承担个人责任，阿里巴巴的成功绝非偶然。

后来，马云多次讲到相关问题，并特意提及他的浙商前辈胡雪岩。胡雪岩有句名言，叫"生意越来越难做，越难做越是机会，关键是你的眼光"，马云深表认同，同时认为胡雪岩给我们树立了一个非常坏的榜样——红顶商人。世人皆说，经商要学胡雪岩，但这明显不对，因为钱和权不能碰在一起，做了生意就一定不能考虑当官从政，从了政就一定不要再想钱。这两件事情就像炸药和雷管，碰在一起总要爆炸。红顶不能做，黑顶更不能做，要知道自己有什么，要什么，放弃什么。

"有什么，要什么，放弃什么"，据说是一位前辈高人对马云讲的。高人是谁不得而知，但仅就规则这一点来说，马云背后时刻站着一位高人，也就是规则之师蔡崇信。二人其实是一对搭档，前者负责执行，后者负责制定，从价值观到公司细则。过程中少不了争吵。蔡崇信曾表示，有时会与马云在电话中据理力争，会激烈地争吵，甚至挂断电话。这倒不是说马云一定不对，而蔡崇信始终正确，重要的是他们可以相互坦诚地批评与接受，绝不会因此伤害感情。这点至关重要。

在规则面前，我们都是学生，必须保持虔诚。用蔡崇信的话说，一开始，马云是一个说服自己的学生过来为他打工的企业家，后来成长为一个名副其实的全球商业领袖。这不叫转型，更准确地说这是进步。每年他都有进步。用我们的话说则是，马云能够成功，在于他善用规则，更善用规则之师。

## 02课．蔡崇信精通华尔街精密规则，是优秀的总裁律师

在中国企业界，有两对夫妻档令人称羡——SOHO中国的潘石屹、张欣，当当网的李国庆、俞渝。他们的共同点是，夫妻中有一方谙熟资本市场，其公司运作上市的能力天生就比较强。具体说来，张欣来自高盛，而俞渝来自华尔街。

这是一种幸运。因为在企业运作中，懂资本的人才、晓法律的人才通常是很难在团队中培养的，因为他们不仅要懂专业，而且需要经验。通常，只能花费重金，从外部引进。马云的幸运在于，蔡崇信不是阿里巴巴

找来的,而是上帝送来的,是机缘巧合。

最重要的是,此人不仅谙熟资本运作,善于驾驭高额资金,具备在国际资本市场融资的能力和经验,而且谙熟法律、财务,精通华尔街精密规则,是一个复合的专业人才。对此,蔡崇信曾经说过:"我以前是个律师,懂得如何设立公司,并且能帮助公司筹集资本。我知道自己拥有其他人没有的知识,所以他们在那个方面很信任我。在我擅长的世界里,我感到非常自信、非常自如。我没有想过大包大揽,我知道自己的角色是什么。"

蔡崇信的角色是什么?普通人知之甚少。这主要是因为中文媒体采访蔡崇信时,阿里往往会婉拒。蔡崇信只接受少量西方媒体采访,只在马云不方便回应时,从专业角度回应与发声。比如去年,当华尔街大空头吉姆·查诺斯声称仍在做空阿里股票时,蔡崇信便回应称,查诺斯"既没有理解阿里巴巴的业务,对中国数字化经济的力量也没有正确的评判",并表示"很佩服吉姆·查诺斯,因为他能够忍受做空阿里巴巴所带来的痛苦"。同时,蔡崇信表示,阿里不会收购雅虎的剩余业务,包括雅虎所持阿里的大量股份也不收购。因为雅虎坐落在美国加州,任何资产交易都将面临35%的联邦收入税。粗略计算,阿里收购雅虎所持股份,税单高达130亿美元。

## 为什么说蔡崇信是优秀的总裁律师

蔡崇信在阿里巴巴的发展壮大中起到了不可或缺的作用,他不仅拥有很强的法律、财务投资能力,还能站在国际战略视野,使公司真正规范化运作。这也正是总裁律师最核心的三项能力:懂经营、会管理、通市场。

从蔡崇信进入阿里巴巴起算,阿里巴巴一共经历了3次重要增资,每一次,都让阿里巴巴脱胎换骨,有了崭新的面貌与股东成员,这背后都是蔡崇信操刀,辛苦奔波的成果。

第一次增资是2000年,也是难度最高的一次,阿里巴巴要增资2500万美元。当时正值网络泡沫,网络公司血流成河,不知倒了多少家,阿

## 谁站在马云背后：
### 总裁律师帮总裁打天下

里巴巴的状况当然也好不到哪里去。此时，蔡崇信找上了日本软银的孙正义。

蔡崇信和马云两人赴软银在东京的办公室谈判，投资银行出身的蔡崇信，深谙谈判出价之道，即使两人明知当时的阿里巴巴体质羸弱，根本没有多少谈判筹码，但一坐上谈判桌，马云就发挥其独有的个人魅力，大谈阿里巴巴的美丽前景，一旁的蔡崇信虽然不多话，却在关键时刻，对孙正义前两次的出价，勇敢说"不"。最后两人"完美搭配"，让孙正义点头答应拿出 2000 万美元。这一仗，蔡崇信帮阿里巴巴渡过最危险的难关。

软银的资金到位后没多久，美国科技股就因网络泡沫，从高点崩落，许多电子商务公司都在这波熊市中灭顶，唯独资金在手的阿里巴巴，有惊无险的挺过这场世纪风暴。蔡崇信的运筹帷幄，当然得在功劳簿上记一大笔。

此后，2004 年、2005 年，蔡崇信再度发挥冷静清晰的策略分析能力，分别替阿里巴巴筹资 8200 万美元，并合并雅虎中国，这两次重要的翻身，不仅让阿里巴巴有充足的资源，建构"淘宝网"，也因合并雅虎中国，坐稳今天中国第一大电子商务的宝座。

一位投资银行人士分析，一路走来，蔡崇信操盘的最大难度，就是以马云为首的经营团队"根本没有钱"，这群人手中唯一有的就是"看对市场，卡对位置"。

蔡崇信必须在"引进市场资金"和"掌握主导权"之间，充分折中拿捏，如何引进资金，又不能经营权旁落，行进间，还能一步步把阿里巴巴推上电子商务王座，其中制胜的关键和蔡崇信对市场的敏锐嗅觉以及经营管理的长期积累分不开，所以说蔡崇信是一位优秀的懂经营、会管理、通市场的总裁型律师。难怪马云会说：这辈子他要感谢四个人，前二位是让阿里巴巴引进资金和资源的孙正义和杨致远，一位是他一直崇拜的武侠小说作家金庸，最后一位，就是蔡崇信。

# 第一部分

## 企业家需要懂经营、会管理、通市场的总裁律师

2014年4月,当我首次在国内提出"总裁律师"这个概念的时候,遭到了很多外界的质疑、反对和不理解。在人们的固有印象中,律师大多是解决问题的角色,也就是说他们一般在问题出现后发挥作用。

而总裁律师不同于传统律师,指的是总裁身边的懂经营、会管理、通市场的总裁型律师。律师应该利用自己在规则上的优势,深入企业的经营管理,像目前以蔡崇信为代表的总裁律师在企业经营发展中发挥的作用越来越大,他们不仅为企业规避风险,同时参与到了企业的经营管理之中,促进企业更加稳健地发展前行。

国内目前有7000万家中小企业,对总裁律师的需求非常明显且旺盛,本书呼吁更多的律师加入总裁律师的行列,与企业家携手为中小企业的发展保驾护航。

## 03课. 法商时代呼唤法商领袖

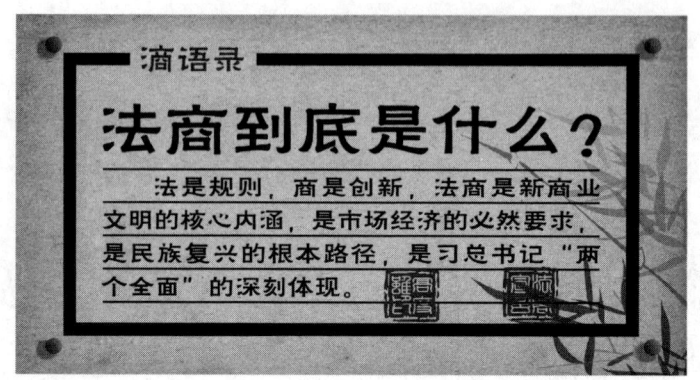

摘自高度强著《滴语录》

### 法商融合是大势所趋

"法商"是 2007 年问世的新词,世人对它还很陌生。

从内涵上看,法商有两层含义:

首先,法商指法治商数,即 Law Quotient,简称 LQ,与智商(Intelligence Quotient)、情商(Educational Quotien)如出一辙。通常,人们认为一个人智商好、情商高,就能拥有不错的事业与人生。然而有不少例外,这些例外通常都是由一些法商低的人造成的。一般情况下,一个人对法律知识了解较少、了解程度较低,并且对法律缺乏尊崇;或一个人虽然对法律知识了解很多,但缺乏感情上的依赖和认同,我们就可以说这个人法商低。

其次,法商是法律意识、法律知识、守法习惯等法律素养的总和,特指那些守法经营的商人与商家。因为相较普通人,"法商"对商人、对企业家的影响更加广泛、深刻。粗略算一下,经营一家企业,至少会涉及上百种法律,相应规章、规定就更多。可以说,法寸步不离地影响着商业行为。反过来说,那就是商无法不兴,商无法不稳。

经商,首先要精通法律,或者聘请同时精通法律与商业的人,也就是总裁律师。

而律师不具备商业思维,恰如企业家不具备法商一样遗憾。

让律师具备商业思维,让总裁具备规则思维,法商融合,是大势所趋,也是我们致力于斯的事业和责任。

**延伸阅读**

第四届亚太法商论坛隆重举办

蔡崇信被评为2014"影响中国"十大法商人物之首

2015年2月1日,亚太法商论坛2014年会暨第四届百强大律师颁奖盛典在全国人大会议中心隆重举办。《民主与法制》杂志社总编刘桂明,中国政法大学商学院院长孙选中,中顾法商集团董事长高度强等出席了论坛。

中顾法商集团董事长高度强在亚太法商论坛上发表致辞

论坛围绕"全球一体化大背景下,亚太区法律与商业融合之道"的主题展开各种形式的对话和交流。其间举办了开幕式、颁奖盛典、高峰论坛、主题演讲等多场大型活动,论坛取得了圆满成功。

# 谁站在马云背后：
## 总裁律师帮总裁打天下

高度强老师为获奖者颁奖

论坛颁发了2014"影响中国"十大法商人物奖项，蔡崇信（阿里巴巴集团董事局执行副主席）被评为十大法商人物之首，获得同奖项的还有阿拉木斯（中国电子商务协会副会长）、曹伟（中道法商集团董事长）、戴伟（法律出版社应用分社社长）、刘晓松（A8集团董事会主席）、王迎军（中国国际法律文化交流中心理事长）、吴革（北京中闻律师事务所主任、信法网创始人）、吴坚（段和段律师事务所联席会议主席）、肖金泉（大成律师事务所全球副主席）、钟亚璋（澳中文化基金会会长）。

论坛立足中国实际，放眼亚太地区，以法律和商业融合之路为题，重点探讨十八届四中全会全面推进依法治国形势下和互联网引发的新兴律师业务及新型市场需求不断涌现的条件下，律师如何乘时代东风、借互联网思维，将律师的专业素养和法律价值融入商事法律服务，助推中国企业，尤其是处于法律服务边缘的7000万中小企业经营战略、经营理念的转型和提升。

## 法商时代需要法商思维

法商，不仅仅是遵纪守法那么简单。

遵守法律是每个人的本分，企业家也不例外。企业家与普通人的不同之处，在于他还应该在创造法律过程中发挥作用。因为在社会进步过程中，企业家始终扮演着核心角色。市场并不是自然存在的，是企业家发现的；分工也不是自然出现的，是企业家创造的。以比尔·盖茨为例，他不仅创造了微软帝国，也创作了软件和硬件的分工，并在自身发展过程中，参与了一系列的企业与员工的、企业与企业的、企业与消费者的以及企业与国家的法律、法规与法则的实践与博弈。

中国近些年来经济腾飞，但过去30年，企业家所做的仅仅只是套利：跨市场套利、跨时套利、产品市场和要素市场间的套利。柳传志卖电脑是套利，乡镇企业家是套利，PE风投也是套利。而说到柳传志，众所周知，他仅仅为解决"联想是谁的"这个问题，前后就整整花了十几年时间。这一过程，其实正是他不自觉地参与规则重建的过程。类似的情况，在柳传志的女儿柳青身上体现得更加明显，以"滴滴打车"为代表的网约车企业，事实上正在倒逼着政府改革出租车行业。很显然，这仅仅是个开始，但是，它功在当代，利在千秋。

说到底，如何在新兴行业、新型模式、新的规则不断涌现，企业竞争和经营逐步趋向国际化的时代大背景下，提升法商智慧，创建法商企业，首先要解决的还是思维问题。

**企业家不但要有商业思维，还应具备规则思维**

近年来，随着企业家犯罪风险的高发，对企业和企业家都造成了严重的危害，同时为企业家敲响了警钟，一定要树立加强法律风险防控的法商思维。企业家应提升智商和情商，更重要的是提高法商和对风险防控的能力。所谓法商，就是法律意识、法律思维。

商人更多的具备的是发展的思维、务实的思维、人情的思维，但对规范、诚信、风险、严谨、法律的思维基本没有。企业家不仅要具备商业思维,更要具备规则思维,树立法律服务消费的理念,把法律服务当做企业发展必备的一种行为,就像每天都要吃饭一样重要的行为。

只要企业家进一步加大风险内控的能力,正确认识到企业在发展过程中会遇到的风险并及时规避,企业就可以健康发展,真正实现基业长青。

## 从0到1,从1到N

2017年年初,百度迎来了一位新高管——集团总裁兼首席运营官陆奇。此人之前做到了微软全球执行副总裁,号称500强跨国公司中职位最高的华人。

与之相类似,腾讯于2005年上市初,从著名的投行高盛挖来了刘炽平,他后来担任了腾讯公司总裁及执行董事。再加上我们之前提到的柳青、蔡崇信,这些民企为什么都要招募拥有类似背景的高管?

这是由中国民营企业所处的特殊发展阶段所决定的。中国经济真正腾飞,不过20多年的时间,而时下最炙手可热的互联网企业更是最近十几年的事情,相比之下,西方发达国家的跨国公司已经有数十年甚至上百年的发展历史。比如高盛,它成立于1869年,迄今有将近150年的历史。从这些老牌外企挖来优秀人才,远比内部培养省时省力。另外,国内企业有海外上市需求,挖来熟悉海外金融市场和国际金融业务的顶尖人才是必然首选,而这些人才一般只出自那些全球最著名的投行机构。

蔡崇信入职后即担任首席财务官,刘炽平、陆奇和柳青也都是担任公司的总裁或首席运营官,都是仅次于创始人的二把手。有他们负责公司运营和管理,创始人才能够脱身出来,把更多时间和精力用于思考企业的发展方向。如果说上述企业的创始人是最初让企业实现了0到1的话,那么这些请来的高管所肩负的使命就是帮助企业实现从1到N的飞跃。

这样的人,显然不太可能通过普通招聘或猎头公司得来。因为一般人跳槽关心的是个人职位升迁和薪水待遇,而高端人才更关心的是企业未来的发展定位和发展战略,是否能与自己的理想结合起来。另外,这些人是真正意义上具备法商思维的人,企业家的见识、立意、思维、人格魅力若不匹配,他们多半也会拒绝。他们的重要性对企业而言再怎么说都不为过,但一个真正识才、重才、惜才的创始人也是其重要性得以彰显的前提。法商时代呼唤法商领袖。以马云为例,遇到蔡崇信是他的幸运。反过来,对蔡崇信来说也未尝不是如此。

**乔布斯与斯卡利**

百事可乐前总裁约翰·斯卡利的市场能力闻名于世,1983年,乔布斯为了让他加盟苹果公司,说出了那句极具煽动性的格言:"你是想卖一辈子糖水,还是跟着我改变世界?"斯卡利被打动了。不过,之后的故事极具戏剧性。斯卡利加盟苹果两年后,把乔布斯赶出了苹果!尽管后来乔布斯又回归了,而斯卡利黯然离场,但他给所有中国企业家上了宝贵的舶来一课:高端人才自带高度的危险性。企业家不具备高度法商,仅凭行业自律,过于天真了些。

2015年,北京大学法商战略管理与融资上市发展战略课题组成立

高度强老师担任课题组组长

| 谁站在马云背后：
总裁律师帮总裁打天下

# 04课．总裁律师是规则之师

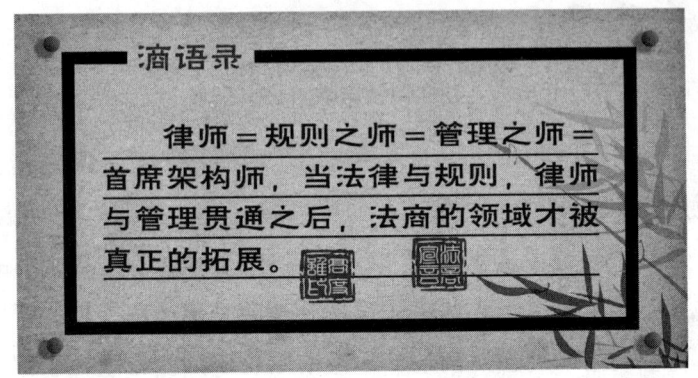

摘自高度强著《滴语录》

### 法律的核心是确定规则

什么是法律？

什么是规则？

我们可以从传统文化中寻找其根源。

"法"的繁体字——灋，左边三点水，右边上"廌"（zhì）下"去"。"水"，指法要公平如水；"廌"，是传说中的神兽，似牛，独角，懂人言，知人性，能辨是非曲直，忠奸善恶，见到理亏的人它就会用独角抵触，使其离去。

古籍中记载了这样一个故事：

春秋时，齐庄公有个臣子叫壬里国，与另一大臣中里缴打了三年官司。案情复杂，难以判断，最后庄公让人寻来一头廌，让他们自读诉状。壬里国的诉状读完，廌没任何表示；中里缴的诉状还没读到一半，廌就用角顶翻了他。于是齐庄公判壬里国胜诉。

类似故事不必深信。但我们不难从中看出先哲造字的苦心，比如"灋"字，它代表了先哲及人民心底的向往：法应该对任何人公平如水，如遇不平，应坚决除去。

"律"，就相对简单了。左半边的双立人，代表"行为"，右半边为"聿"，记录的意思；综合起来，即指记录下来的行为准则。

"规"，从夫从见。"夫"是圆规的形象化，仔细看看"夫"这个字就能了然；"见"，呈现的意思。呈现什么？圆。综合起来讲，通过圆规才可以呈现圆，没有"规"就不能画圆。从而引申为制度、规范。

"则"，左边为"贝"，看上去似乎与钱有关，尽管生活中涉及规则时往往牵涉到金钱，但此处的"贝"是个简化字，本意为"鼎"，因为最初的法律是铸在鼎上的；右边是个立刀，它的意思不是说不守法就要杀无赦，而是刀笔之意，指后来用来刻竹简或木简的刀笔。

**无规矩不成方圆，总结起来说，法律的核心是确定规则。法律的规范作用是指法律作为一种特殊的行为规则，对主体的意志行为发生影响，从而对主体的行为具有指引、评价、预测、强制和教育的作用。其中法律的评价作用是指法律作为一种行为规则，具有判断和衡量人们行为合法或不合法的作用。法律通过评价作用来影响人们的价值观念和是非选择，从而达到指引人们行为的效果。**

最初，人间没有法律。后来慢慢有了一些约定俗成的规则，但弹性很大，总有人钻空子，总有些情况让人难以抉择。于是人们慢慢地把相应的规则规范化、标准化、神圣化，如铸在鼎上，便形成了严谨的法律。

### 子产铸刑鼎

子产是春秋时郑国的国相。当时社会权力把持在上层贵族手中，他们认为刑律越秘密越好，绝不能让平民知道，这样有利于贵族随意处置百姓。子产决心打破这种状况，他对已有刑法加以修改，主持编订了三种刑法，并一一铸在鼎上，公之于世，让老百姓明白了法与非法的界限，知道犯了法会受到怎样的处罚。这无疑是进步的理念，但因为打击到贵族特权，所以遭到很多人的反对。但子产顶住了压力，坚定不移。最终效果很好，新法很受百姓欢迎，全国犯罪案件也减少了。加之新法打击了贵族的随意裁量权，客观上也促进了百姓的生产积极性，促进了郑国农业和商业的发展。

## 律师是最懂规则的人

提起法律，就不得不想到律师，而规则思维对于律师来说是必须要具备的一项基本功。作为一名律师，工作就是运用法律规则帮人解决实际问题。所以，让当事人不过低、也不过高评估法律的意义十分重要。

与子产同期，郑国还出了一个叫邓析的思想家。

邓析是名家学派的先驱，他比子产还激进，并且对子产推行的一些新法不满，还自编了一套法律刻在竹简上，人称"竹刑"。与此同时，邓析还承揽诉讼，报酬是一件衣服，相当于收取律师诉讼费。后来他又聚众讲学，相当于开法律培训班。人们觉得做律师收益不错，便纷纷参加他的培训班。无论是诉讼，还是讲学，邓析都敢于提出独到见解，并且擅长诡辩。受其影响，郑国出现了一股新思潮，"郑国大乱，民口欢哗"，当时的执政者已非子产，继任者应付不了这种情况，便诛杀了邓析，同时保留了他的竹刑。换言之，邓析的法律条文还是很符合当时社会所需的。

邓析之死给我们提了个醒：律师是懂规则的人。

这个"懂"字有两层意思：一是懂得、了解；二是懂得、了解并且做到。

在生活中，我们经常提到某人"懂"规则、"懂"规矩等，言下之意是说某人不仅了解规则、知道规矩，而且践行了相应的规则与规矩。否则，就会指责他们"不遵守游戏规则""不守规矩"，而不是"不懂"。因为很多规则、规矩都是做人的常识，所谓"不懂"，不过是装傻。

邓析的问题即在于此。史书上说他"以非为是,以是为非。是非无度",简单地说,他总是模棱两可、混淆是非。至于原因,显然是利益使然。

规则是干什么的?

规则思维应该是现代社会每个公民必须具备的思维模式,法治社会的形成也是以每个人的规则思维为基础。规则思维的第一个要求是要懂得规则、了解规则。这样才能知道规则是什么?如何遵守?底线在哪里?

而律师的存在便是规则的推行者,在这个社会里,其他规则你可以选择性地遵守,而法律规则你必须要遵守,因为它是全社会最普遍、最通用的规则,理论上它也最能保护到我们每一个人的利益。律师讲究以事实为根据,以法律为准绳。律师执业必须遵守宪法和法律,恪守律师职业道德和执业纪律,正是这样才可以说,律师是懂规则的人。

### 企业为什么要请法律顾问?

很多企业家都会想一个问题"公司为什么要聘请法律顾问?我们开公司都好多年了,都没有打过官司,请律师到底有什么用处?"其实,随着我国法律体系越来越健全,企业聘请法律顾问越来越有必要。对于一个企业来说,最大的目的是合法地谋取最大利润,而利润的首要构成就是交易、诉讼风险的避免与合理的避税。任何一个交易行为本身就是一个最实际的法律问题,而这个法律问题就很实际地让企业把一半风险悬在其不能控制的位置。最好的解决方法就是在还没产生风险之前,让专业律师把这个风险进行合理转化,使得企业最终避免了或最大程度上减少了这个风险。

律师是最懂规则的人,在社会上发挥着越来越重要的作用,已经成为整个社会生活不可缺少的一部分。市场经济是法制经济,在市场竞争与企业经营的过程中企业会遇到很多法律问题,由于自身的处理不当,或效果

**谁站在马云背后：**
  总裁律师帮总裁打天下

不好，或作了错误的选择，以致产生了不可挽回的损失与潜在的问题，因此，法律顾问的作用是在问题还没产生之前就帮助企业给予解决。

企业聘请律师担任法律顾问，是在企业和律师之间建立了一种长期、稳定、密切的服务关系。律师的专业性是任何其他法律从业者无可替代的。

## 律师长期只限于法庭之上

邓析被杀，萌芽中的中国律师制度也就相应被扼杀了。漫长的历史中，中国只有近似律师的职业，如讼师、状师，但无真正意义上的律师。而且二者有本质区别，尤其是讼师，因为利字当先，每每被人称作"讼棍"。

现代律师制度源于西方，至少可追溯至古罗马时期。古罗马人确立了复杂的成文法典，当事人在诉讼中，特别是在法庭进行辩论时，不得不借助熟悉法律的人协助，辩护人以及专职律师遂应运而生。但进入封建时期后，律师便形同虚设，因为很多欧洲国家废除了辩论式诉讼，改用纠问式。直到启蒙运动后，在伏尔泰、狄德罗、李尔本等人倡导下，律师制度才伴随着辩论式诉讼的恢复重新走上历史舞台。至于中国，直到清末（1910年），"律师"这个词汇才开始出现。

不论是西方还是东方，律师们都长期被"限制"在法庭之内，不得不说，这是极大的人才浪费。举个很简单的例子，美国44位总统中有26位出身律师。如果说每个律师都有做总统的潜质显然是鸡汤段子，但说每个律师都需要更大的人生舞台，当不为过。

在法庭上，律师是一个优秀的演员，扮演着正义的角色，滔滔不绝，据理力争，为自己的当事人争取更多的权益。但也正是这种原因，使得律师的工作性质出现了局限性，长期工作在法庭上，面对的都是法官、原告、被告，律师的思维也随之被限制于"打官司"层面，不知道变通。长此以往，对于外界所发生的市场变化毫不了解，只限于传统的诉讼业务，故步自封，不知道学习新的知识，开拓新的市场，长期得不到转型。

随着律师行业的不断演变和发展，律师传统业务红海一片，同质化非常严重，中国诉讼业务整体严重饱和，青年律师赚不到钱。律师数量每年递增，2016年已经突破32万人，而律师的收入却与职业的属性不匹配，律师全国年平均收入约为10万~12万元，约等于出租车司机。相较以前，律师这个行业不再那么吃香，随着律师数量的增加，人们在打官司的时候也会有更多的选择。

### 一个"死磕律师"的收场
#### ——聚焦北京锋锐律所主任周世锋案庭审

《人民日报》（2016年08月05日10版）

8月4日上午，天津市第二中级人民法院第一法庭，国徽高悬。

经过3个半小时的庭审及合议庭评议，北京锋锐律师事务所主任周世锋被法庭认定犯颠覆国家政权罪，判处有期徒刑七年，剥夺政治权利五年。法槌落下，周世锋精心打造的一副"为民请命"面具被彻底揭开，藏在背后的真相也终于大白于天下。对此判决，周世锋当庭表示服从判决不上诉。

作为律师，周世锋本该坚定捍卫法律价值与尊严，却又如何一步步走到了被告席之上，受到法律的严惩？

**"招降纳叛""死磕律师"和推手"各显神通"**

近年来，在一些敏感案事件发生时，突然大量出现一种怪现象："死磕律师"在庭内、网上公开对抗法庭，职业访民在庭外、网下声援滋事，内外呼应，相互借力炒作敏感案事件：

2015年1月，在云南省大理州中级人民法院，为了给律师谢某东代理案件提供便利，吴淦等人驾驶贴着标语的车辆，围着法院高声叫骂，严重

**谁站在马云背后：**
  **总裁律师帮总裁打天下**

干扰法院正常工作秩序。

2015年3月，河北省保定市满城县人民法院开庭审理北京锋锐律师事务所代理的一起敲诈勒索案。案件审理期间，周世锋数次前往当地，授意该所律师拍摄照片，丑化检察官、法官形象，编造谣言。

所有这些敏感案事件的炒作背后，都不约而同地出现了周世锋以及由他担任主任的北京锋锐律师事务所。

4日的庭审中，公诉人指控，周世锋长期受反华势力渗透影响，2011年以来以律师事务所为平台，纠集一些"死磕派"律师，专门选择热点案事件进行炒作，组织、指使该所人员，通过在公共场所非法聚集滋事、攻击国家法律制度、利用舆论挑起不明真相的人仇视政府等方式，实施颠覆国家政权、推翻社会主义制度的犯罪活动。

证据显示，周世锋不仅将别的律所不敢用的"死磕派"律师王宇、王全璋招至旗下，而且聘用"网络名人"吴淦、刚刑满释放的刘某甲为行政助理，作为炒作敏感案事件的推手。

黄某群在庭上作证时也证实，锋锐所里的吴淦、刘某甲两人，名义上是行政助理，其实是"文武"两个干将。"'文'是刘某甲，专门找'毛病'，如果需要炒作，就找吴淦，他在网络上有一套，在'公民圈'里有影响力。"

法庭上所展示的周世锋自书材料节录中显示，其在律所经营中大力吸收"死磕派"律师和网络推手，就是"让他们在办理敏感案件中挑战法律、挑战政府，通过这些人在办理案件中采用侮辱诽谤人格、捏造事实、攻击政府、攻击司法体制"。

**"圈内圈外"相互勾结，"维权""死磕"影响恶劣**

周世锋为什么"精挑细选"这些人进入他的律所？法庭对"七味烧"聚会这一关键情节的质证揭晓了答案。

公诉人指出，2015年2月1日中午，周世锋在北京市朝阳区"七味烧"餐厅，参加由胡石根、李和平、翟岩民等15人参与的聚会，大谈"律师如何介入劳工运动"和"律师如何介入敏感案事件"等议题，周世锋对胡石根提出的"推墙"理论积极响应。

"'七味烧'聚会不是一般意义上的吃饭,而是一次交流、讨论'推墙'思想的重要会议。"翟岩民的证言证实,这场聚会不过是"以'饭局'为幌子,实际上是把周世锋、李和平这样的律师,胡石根这样的'非法宗教组织长老'、我这样的行动派召集在一起谈论'推墙'思想,目的就是推翻共产党"。

在一起起敏感案事件中,不法律师"打头阵",网络推手造"舆论",职业访民"闹现场",仿佛达成一种"默契"。

"'教会圈''律师圈''访民圈'平时相对独立,但在遇到敏感事件发生时,就会融合在一起炒作。"刘某新的证言显示,各个"圈子"分工配合,并通过互联网勾结境外媒体制造舆论,共同目的就是给政府施压。

"北京锋锐律所表面打着'维权'旗号开展律师业务,其实只不过是颠覆国家政权和社会制度的犯罪集团,周世锋是这个犯罪集团的头目。"谢某东的证言提到。多项证据同时证实,周世锋等人正是这些"圈"里的核心,也是组织策划敏感案事件的"导演"和"主角"。

周世锋的"表演"和"导演"事实上也迎合了一些境外势力的需要。周世锋在自述中承认,他的"办案"手法很快引起境外媒体的注意,并多次接受了境外媒体采访。证据显示,2015年5月,吴淦因在江西省高级人民法院门前寻衅滋事被公安机关依法拘留。周世锋此后便接受了台湾媒体的电话采访,将吴淦等人美化为"中华民族的宝贵财富"。采访中,周世锋还发表了大量诋毁国家机关的言论,污蔑、诽谤、诋毁国家政治制度。

公诉人指出,周世锋身为律师,不把心思放在依法履行辩护代理职责上,却把工夫用在法律和法庭之外,其以锋锐律师事务所为平台,与胡石根、翟岩民等人相互勾连,编造谎言,聚集滋事,诽谤、污蔑国家机关及其工作人员,抹黑司法制度,在代理案件和所谓"调查真相"过程中,煽动不明真相的一些人对国家政治制度和司法体制产生不满。这种行为不仅将当事人的权益和公平正义抛之脑后,更践踏了法律,损害了法治,危害了国家安全。

## 谁站在马云背后：
### 总裁律师帮总裁打天下

**深深忏悔，法律工作者岂能肆意践踏法律底线**

庭审中，锋锐律师事务所律师黄某群作为证人出庭作证。面对自己的"老部下"，周世锋当庭表示："我的违法行为，给锋锐律师事务所的其他律师带来严重负面影响，我表示深深的忏悔，对不起！"

公诉人指出，周世锋案件的依法公正审理无疑给每一位法律工作者再次敲响了警钟：决不允许任何人指使当事人串供、伪造证据，干扰司法活动，混淆视听，掩盖真相，挑起不明真相的一些人仇视司法制度；决不允许任何人利用个案煽动、策划、组织相关利益人员干扰、破坏正常社会秩序，攻击社会主义制度，从事危害国家安全活动；决不允许任何人纠集职业访民、网络滋事分子、非法宗教组织人员，以所谓"死磕"之名，行颠覆国家政权之实。

"我为了律师事务所和自己的私利，造成社会不稳定，对社会带来了隐患，通过今天的庭审，我深深认识到自己的错误和罪行，自己的行为给党和政府带来的危害，表示深深忏悔。"周世锋说。

周世锋懊悔地说，他出身于一个极度贫穷的家庭，如果没有国家的恢复高考政策，没有十一届三中全会以来改革开放的路线、方针、政策，他就不能成为一名律师并拥有自己的律师事务所，而此刻内心的悔恨无法用语言来表达。

"我国现在正走在全面依法治国的道路上，可我却选择走了弯路。"周世锋说，他的所作所为深深伤害了国家利益和人民的利益，他为此表示道歉。

12时许，法院当庭宣判，认定周世锋犯颠覆国家政权罪，根据周世锋犯罪的事实、性质、情节和对于社会的危害程度，判处有期徒刑七年，剥夺政治权利五年。

周世锋最后表示，该判决充分体现了中国特色社会主义司法制度的公正性，"我服从判决，认真悔罪，不上诉"。

一个"死磕派"律师的代表人物就此黯然收场。

### 律师只要稍微转换思维,将是规则之王

用"长期霸占公众视野"这几个字来形容万科前掌门人王石似乎并不为过。

作为一个标杆人物,王石的一举一动都令人印象深刻,其一言一语都被人视为座右铭。我们能从他身上学到很多东西。比如他曾说过,"懂规矩,讲规则,永远是第一位""一个企业在创办之初,跟谁一起玩儿,玩儿过之后,哪些人可以继续跟你一起玩儿,这个选人的过程,无疑是对自己很大的挑战。很多人的失败,很多事无法再走下去,原因其实都是在人上,无论一个国家、一个民族、一个企业、还是个人,想要有所成就的时候,跟什么样的人在一起做事是很关键的,所以,我们要和懂规则的人在一起"。

问题在于,现实中充满了不懂规矩、不守规则的人。而商场如战场,具体到中国,商业界还在打乱仗,各种规则还在建立中,还充满了各种各样的显规则、潜规则、元规则。最重要的是,中国的总裁律师还太少,中国的企业家还不知道自己要依靠总裁律师。就王石而言,如果他的团队中有蔡崇信这样的人物,怎么会被宝能系挤兑得进退失据、楚楚可怜?

中国的企业家们,对律师的理解还停留在"出了事情才需要找律师摆平"的程度,这是很低的水准。其实,上医治未病,企业出了问题再着手医治,理论上已经晚了。企业对律师的需求性不强,传统常年法律顾问业务竞争力弱,调查显示,中国7000万企业有99%的企业都不聘请企业法律顾问,只有不足1%的企业会聘请法律顾问。

反过来说,中国企业家不了解法律顾问的重要性,但律师也没有主动出击,积极地去开拓企业市场,真正地去帮助中国的企业家解决一些实际问题。很多人都说,企业家不是在监狱,就是在去监狱的路上,如果当今的律师都能反辅为主,转变思维,主动帮助企业去规避一些问题,制定一些企业运营的规则与制度,对于企业来说将再好不过,而律师才是真正的规则之王,是游戏规则的制定者。

## 谁站在马云背后：
### 总裁律师帮总裁打天下

 **延伸阅读**

只会打官司的律师将无法打天下

2017年4月7日至9日，由北京大学法商课题组为学术指导，滴慧商学主办的《股权激励与设计》课程在济南成功举办。本次会议采用第四代互联网直播教学模式，现场巨幅滴屏、全国50家滴慧商学分院同步直播，5000人同步在线学习。

北京大学法商课题组组长、滴慧商学创始人高度强老师演讲中

会议现场，北京大学法商课题组主任、滴慧商学创始人高度强老师为与会人员带来了一场精彩的法商股权风暴，其深入浅出的授课风格引发现场高潮不断。

律师需转型，股权是机会。只会打官司的律师，将无法打天下，法律与商业结合，最佳的契合点就是股权。高老师讲到，在供给侧结构性改革的浪潮中，经济洗牌无处不在，中小企业死亡率日益提高，这种情况下，股权律师将会真正地发挥作用，成为真正的管理之师！

# 05课．总裁律师是管理之师

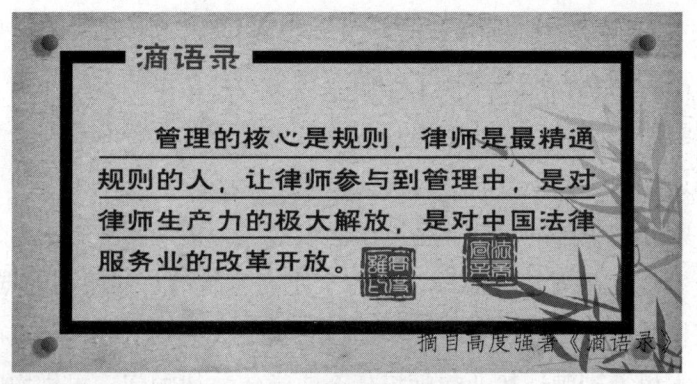

管理的核心是规则，律师是最精通规则的人，让律师参与到管理中，是对律师生产力的极大解放，是对中国法律服务业的改革开放。

摘自高度强著《滴语录》

## 总裁律师是比企业家还懂管理的律师

乍看起来，律师，即便总裁律师，也不可能比企业家还懂管理。毕竟术业有专攻。

事实上，企业家从来都不是一个专业。很多成功的企业家从未上过一天工商管理课，全凭对商业的敏感和对命运的把握，就能把企业做得很好、很大、很强。这也是很多企业家在成功以后忘乎所以、找不着北的深刻原因所在。其实，万事万物皆有规律，有人没上过专业课就成功了，只能说明他们暗合了成功的规律，而不是命好那么简单。而总裁律师，就是要在熟练掌握法律的前提下，掌握并驾驭相关规律。

有人会说，律师学那么多东西，还是律师吗？会不会贪多嚼不烂，博而不专，产生消极影响？当然会有这种情况，但任何事情都具有两面性、多维度，我们不能因噎废食。另外，我们知道，懂法律、懂外语、懂政

## 谁站在马云背后：
### 总裁律师帮总裁打天下

治、懂经济、懂技术、懂管理，这是司法部对执业律师提出的要求。这里抛开做总裁律师仅仅做到"六懂"是否足够的问题不谈，事实上，这种提法已经多年，但能做到"六懂"的律师依然凤毛麟角。很重要的一个问题就在于，太多人只是为了应付过关勉强了解了一些管理方面的理论知识，仅仅是"懂"而已，甚至是不懂装懂。这样的人，做一个普通律师都不及格，更不用说做总裁律师了。

好的律师，对当事人来说不亚于救星。好的总裁律师，则是现代企业家不可缺少的智囊。中国人并非不重视智囊，纵观历史，无论是群雄争霸，还是三国鼎立，或是战场上的两军对垒，外交上的舌枪唇剑，都离不开麾下智囊团的支撑。企业的生存与竞争也是如此，势必需要一个坚强的团队，而这个团队最不可缺少的就是律师。

但一则此前中国的总裁律师队伍尚未形成，更谈不上影响力，二来中国的企业家们还缺乏法商思维，他们宁愿高薪聘请一些所谓"点子大王"之类的人担任顾问，或者请一些离退休官员或大学知名教授装点门面，从内心里根本想不到聘请执业律师担任企业常年法律顾问，提供实实在在的法律专业服务。殊不知，中国人的"关系学"短期之内固然还会灵通，小聪明未必解决不了大问题，但市场经济归根结底是一种法治经济。在各类法律法规逐渐完善的市场经济中，在公民法律意识不断提高的大背景下，起关键作用的必将是具有专业知识的律师和其他各类人才。

律师，尤其是那些兼通商业知识、兼具企业运营能力的总裁律师，必将是未来最为紧俏的人才。

### 黄宏生入狱记

黄宏生是一位难得的本土工业家、实业家，他的资本积累相对很多富豪来说干净得多，他的命运是这样被改写的：为了在香港顺利上市，公司做了账目处理，被香港联交所调查发现后，黄宏生补交了几千万元；但由于心理不平衡，感到吃亏（持有一半股权却为整个公司"埋单"），就采取"虚构业务"的方式，从公司"捞回"了那几千万元。公司内部举报引起香港廉政公署调查后，他又参与制造伪证（一份顾问合同），最终被判入狱6年。

黄宏生案提醒人们，今天中国市场经济的法制化、规范化程度已大大加强，还想浑水摸鱼，已很难行得通。那些与法律不相容的"武器"，越早丢弃越好！那些尚未配备总裁律师的企业，越早配备越好。黄宏生很喜欢一句格言，"胜利往往在坚持一下的努力中"。面对今天他的命运，我们想到的则是，"失败往往在随便一下的念头里"。黄宏生也很欣赏苏格拉底的格言："这个世界上有两种人，一种是快乐的猪，一种是痛苦的人。"他多次说自己要"做一个痛苦的人，先痛苦后快乐"。而我们要说，这个世界上有两种人：一种是法律保障的人，一种是法律惩罚的人。作为一个总裁律师，我们可以允许他在某些方面比企业家稍稍逊色，但他必须随时知道并且告知企业家及企业的安全边界在哪里。如果说企业管理有重中之重的话，这点就是。

## 总裁律师帮助企业建立适合自身发展的管理框架模式

前几年，所谓"中国式管理"颇为流行，这种以中国人的性格为参照，融合了情、理、法等种种因素、充满了狡黠的中国式"管人之道"备受推崇，给人不实行就断然活不下之感。但真实的效果怎样呢？

不能否认，"中国式管理"确实在创造和谐、平衡的公司政治和企业文化氛围方面颇有建树。但这种情况，也就是所谓"人性化管理"，人们同样可以在谷歌等西方企业找到，总不能说人家也是"中国式管理"吧？更重要的是，我们可以找到更多因为施行"中国式管理"越管越乱套的案例。笔者从不盲目崇洋媚外，但现代企业以及企业管理文化归根结底是西方的舶来品，简单地打造一个"中国式管理"的外壳套在上面，只能是清

## 谁站在马云背后：
### 总裁律师帮总裁打天下

末维新变法时所谓"中体西用，终无大用"的翻版。

中国人认为，管理是一门艺术。而西方人认为，管理是一种学问。大师中的大师、开创了管理这门"学科"的德鲁克先生，把管理的问题归纳为三个方面：管理企业、管理管理者和管理员工。进一步归纳成两方面，无非是管理"事"和管理"人"。前者主要指的是假设一个企业团队具备相应能力且能良好地协作，事业到底应该怎样经营，涉及经营理念、战略、商业模式、营销策略，以及管理相关的财务、信息、物流等技术问题；后者则主要指如何将人科学地组织起来制定正确的战略、策略，并有效地执行。说到底，所谓"中国式管理"实际上还局限在管理"人"的方面，在"事"的层面涉足甚少，也相当表浅，从而无法解决管理的核心问题——如何建立以目标为导向的组织、决策机制和使管理者及员工的行动富有成效的工作机制。

什么叫机制？单纯解释这个名词没什么意义。我们来看一个案例，这也是推崇"中国式管理"者所津津乐道的：

以开车为例，西方人严守交通规则，宁愿停着干等，也绝不越雷池一步；而中国人不拘泥于规则的束缚，能很好地把握超车、闯灯等分寸，游刃有余。这是"灵活"的表现，所以我们中国人更会充分利用管理资源、更有效率。

这实在是个糟糕的案例。实际上，这种灵活正是众多中国城市交通问题的重要症结所在。大家都灵活了，规则形同虚设。法不责众嘛，最后连监管也睁一只眼闭一只眼，不然显得你太没人情味儿。实在看不下去了，严打一下，严厉整顿一下，进入下一个循环周期。就企业而言，这种管理有不如无，这样的企业文化极其危险。

西方人的"一根筋式管理"并非全无害处。我们向他们取经，他们也到中国来取经。把西方管理学移植到东方，必须考虑土壤和气候问题，必须考虑落地和本土化问题。这个过程，也就是企业建立适合自身发展的管理框架模式的过程。如前所述，这是个中西结合的事情，不是那些全凭摸爬滚打起家的原生态企业家所能胜任的，它是总裁律师的专业课，也是企业家聘请总裁律师的意义所在。

中西合璧的华为

任正非曾说，管理就像长江一样，管理者修好堤坝，让水在里面自由流淌，白天你看着它在流，晚上你睡觉它也会流。水流到海里面，蒸发到空气中，雪落在喜马拉雅山，又化成水，流到长江，长江又流到海，海又蒸发。这样循环多了以后，它就忘了一个在岸上喊"逝者如斯夫"的人，这个人就是企业家。在华为发展过程中，任正非首先谋求的是管理的"无为而治"。他说，我们一定要摆脱对人才的依赖、对技术的依赖、对资本的依赖。摆脱三个依赖，从必然王国走向自由王国的关键是管理。华为起草基本法，就是要为管理构建起一个平台和一个框架，使技术、人才和资金发挥出最大潜能，依靠制度规范的约束力，使得华为最终实现"无为而治"。

此外，在发展过程中，尤其是与国际接轨过程中，华为逐步探索出了一套适合自身发展的中西合璧的企业经营机制。如"不让雷锋吃亏"的劳动鼓励机制、"与贡献者一起分享"的利益捆绑机制、"劳动、知识、企业家和资本创造公司的全部价值"的价值评价机制、"导师制度"的知识技能传递分享机制、"高效率、高压力、高工资"的绩效保证机制、"人力资本增值的目标优先于财务资本增值的目标"的企业成长机制、"优胜劣汰、群体人才成长"的人力资本增值机制、"小建议大奖励，大建议小奖励"的创新导向机制、"主动投身海外市场作为选拔和晋升干部的一个重要标准"的工作引导机制、"个人绩效与团队绩效、公司绩效联系在一起考核"的团队协作机制、"包括工资、奖金、股权或期权以及福利四个部分"的长期激励机制等这些林林总总的机制，正是任正非所说的"堤坝"的一砖一石。而总裁律师在这些一砖一石的铺垫当中起到了至关重要的作用，律师不仅可以帮助企业规避风险，同样还可以帮助老板管理企业，制定适合企业本身的管理制度,剔除一些阻碍企业成长的机制,使得企业良性发展,走得更远。

## 总裁律师帮助企业建立风险防控管理机制

《扁鹊见蔡桓公》是大家耳熟能详的名篇。不过,据说扁鹊还有两个哥哥,三兄弟都是医道高手,但以扁鹊最为有名。魏文王曾问扁鹊:"你们兄弟三人都精于医术,到底哪个最好呢?"扁鹊说:"长兄最好,中兄次之,我最差。"文王再问:"那么为什么你最出名呢?"扁鹊答说:"我长兄治病,是治于病情发作之前。由于一般人不知道他事先能铲除病因,所以他的名气无法传出去,只有我们家的人才知道。我中兄治病,是治病于病情初起之时。一般人以为他只能治轻微的小病,所以他的名气只及于本乡本里。而我扁鹊治病,是治病于病情严重之时。一般人都看到我在经脉上穿针管来放血、在皮肤上敷药等大手术,所以以为我的医术高明,名气因此响彻列国。"

我们知道,这个故事的作者韩非子是法家的集大成者,尽管春秋时期的法与今天的法有着本质的区别,但它也有着本质的相同点。**韩非子是极有可能成为秦始皇这个老大帝国创始人的首席总裁律师的**,当年秦始皇读到韩非子的书,大有相见恨晚之感,只不过由于师弟李斯嫉妒,韩非子未见秦始皇已死于非命。这个故事就选自《韩非子·喻老》,题目是后人加的。其目的在于说明一个道理:国君也好,企业家也好,个人也好,不能盲目相信自己,必须正视自己的缺点和不足,虚心接受别人的意见。

很多企业家,一切都顺风顺水的时候,会想到朋友,会想到兄弟,会想到家人,会想到不该想的人,就是想不到律师。这也难怪,迷信思想作祟,怕触霉头。直到真的"倒霉"了,实际上是违法犯罪了,马上要失去自由了,才想到律师。而律师此时就是再努力,再强大,再介入得及时,本质上也已经晚了。

上医治未病,但碰上蔡桓公那样的企业家,扁鹊重生又能如何?所以许多时候，一些案件不能遂当事人的意愿，并不是律师的过错。想避免牢狱之灾，要在陷入纠纷之前或者创办企业之初就聘请律师介入，防范各种法律风险，避免各种陷阱。经营企业，不是简单地遵纪守法那么简单，有些法，企业家犯的时候根本就不知道，直到执法部门找上门来才恍然大悟，但时间已经晚了，即使不影响企业生存发展，名誉、征信也已经受损。也只有律师，能为企业建立风险防控管理机制。当然，这不是普通律师能做到的。他不仅仅要懂得法律，还要**懂经营、会管理、通市场**。不但要懂，还要有经验丰富，非常成熟，无比老到。很显然，这是指我们一再强调的总裁律师。

不要再误认为企业没有违法、没有犯罪，律师就没用。不要看着律师没事可做很别扭，律师忙得不亦乐乎，甚至焦头烂额，表示你摊上大麻烦了。律师没事做只是表面状态，他正在观察、发现问题，思考问题，准备提出各种更好的方案。对律师来说，工作未必需要动手动脚。

### 企业家与死刑

很多把公司做得很大成为亿万富翁的企业家也免不了牢狱之灾，但不得不说，如果他们身边有一个能影响他们、拉住他们的人，即总裁律师，结局未必如此。

第一类是涉黑者。代表人物如 2003 年被执行死刑的沈阳嘉阳企业集团董事长刘涌，这个曾与沈阳高官马向东称兄道弟的黑老大，终因故意杀人罪等多项罪名受到了法律的严惩。

第二类是非法集资和诈骗者。如沈阳龙界商贸有限公司董事长孟凡辉炮制了"蚂蚁骗局"而非法集资过亿；原浙江溢诚投资管理有限公司董事长杜益敏用高额回报非法集资高达 7 亿元；安徽省万物春科技开发有限公司董事长唐亚南打着高科技的幌子诈骗高达 9 亿元巨资。

第三类更为低劣，在解决纠纷时，他们弃法律手段不用，而采取极端措施买凶杀人。最具代表性的是北京建昊集团董事长袁宝璟，坐拥数百亿元身家，为了 9000 万元的期货投资损失，多次雇凶杀人。被捕后，他曾捐出价值数百亿的资产，最终仍未能逃脱死刑的命运。

最后一类被执行死刑的富翁，则是因为有钱后放纵自己。如贾宋食品系列集团总经理吴天喜，一直迷信于"破处"能给自己带来好运和健康，数年间强奸了 24 名未成年少女，被执行死刑时已 61 岁。

## 总裁律师帮助企业实现资本跨越

尽管各大媒体的头条几乎总是被世界 500 强之类的大企业占据着，但当今商业世界总体来说还是中小企业的世界。以美国为例，2000 万家企业中仅 1.4 万家为大企业（500 人以上），有 60% 以上的就业人口是在为中小企业工作，另外中小企业还提供了每年新增就业职位的 70%。**在美国，总裁律师的使命就是帮助企业从小企业成长为成熟企业，从创业走向成熟。**在此过程中，**帮助企业实现资本跨越是最为重要的一环**。就美国而言，其自身金融环境非常成熟，在企业从零到 IPO 的过程中，不存在什么明显障碍，都已经机制化、流程化乃至订制化，美国企业家对律师、总裁律师也根本不似国内企业家这么陌生。基本上每个小企业都配备有法律顾问，美国电影中的企业家动辄说"我要见我的律师"，绝对不是虚构。

企业要发展，最重要的是资金。对国内企业来说更是如此。不必讳言，尽管随着改革开放的深入，中国早已建立起证券市场，也正在逐步完善法律监管和对私有产权的保护，鼓励创业投资，但至少目前中国仍缺乏扶持中小企业的机制，中国的资本市场也未成熟，证券市场门槛较高。而对广大企业家来说，企业上市时间长、费用高抛在一边，问题在于，大家根本就没有上市融资这个概念。

这同时也是中国的总裁律师团队初萌未动、缺位太久的缘故。而对中国未来的总裁律师们来说，专业的法律服务自不必谈，更重要的职能可能还在于帮助企业实现资本跨越层面。由于众多原因，中国的企业家普遍视野狭小,缺乏更上一层楼的远见,更谈不上全球视野,相应地也不太可能了解国内企业海外挂牌上市要符合的海外市场要求、标准等。如果说这仅仅是中国企业家急需补上的一课,并不厚道,毋宁说,这是中国的总裁律师们急需补上的一课。

**延伸阅读**

孙大午集资案

十几年前,一起非法集资案曾引起金融界、学术界、企业界的高度关注。民营企业家孙大午为筹措企业发展和兴办义务教育所需资金,在无法获得银行正常贷款的情况下,以高于银行利率、不收利息税等手段,非法吸收公众存款,累计达1.8亿余元,被河北省徐水县公安局逮捕,后被地方法院以"非法吸收公众存款罪"判处3年有期徒刑,缓刑4年,定于是日释放。这起非法集资案不仅因为其典型性引起了各界的关注,而且暴露了我国金融业存在的诸多弊端,进一步说明我国中小企业发展过程中的融资问题亟待解决。

据孙大午说,创业20多年,他年年跑银行,但只拿到过两笔因荣誉而特批的政府扶持性贷款。一次是1995年大午集团被国家工商总局评为全国最大的500家私营企业之一,另一次是1996年孙大午被评为河北省"养鸡状元",两次一共贷得430万元。后来,因为贷款被拒,倔强的孙大午与当地银行断绝了关系,并在向律师咨询后,转而向公司职工和周围农户借款。但他没想到,律师认为合法的"民间借贷"行为,却让他背上了"非法吸收公众存款"的罪名。在这个案子中,融资问题已不是根本问题,向什么样的律师进行何种程度的咨询才是。仅就我们本书的主旨而言,总裁律师的职能极其重要,不是事到临头随手抓个律师、随口问几个问题就能替代的。

## 谁站在马云背后：
### 总裁律师帮总裁打天下

高老师为1000名企业家和律师授课

# 06课．总裁律师是企业家的参谋长

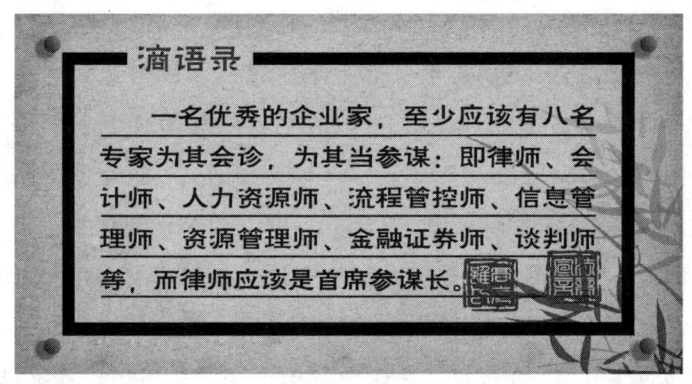

摘自高度强著《滴语录》

### 古有诸葛亮，今有总裁律师

折桂令·咏史

问人间谁是英雄？有酾酒临江，横槊曹公。紫盖黄旗，多应借得，赤壁东风。更惊起南阳卧龙，便成名八阵图中。鼎足三分，一分西蜀，一分江东。

以上这首小令的作者叫阿鲁威，元朝人，历史上并不太知名，但他别开生面，把诸葛亮与曹操、孙权并称为"英雄"，同时把先主爷刘备给抛在一边晾晒了起来。从三分天下的角度看，诸葛亮确实是个英雄。但我们知道，刘备也不是平庸之辈。事实上，二人是相互成就。没有诸葛亮，刘备仅是一个刘皇叔而已；没有刘备，诸葛亮永远是卧龙罢了，谈不上飞龙在天。

高级人才与总裁之间的关系，恰如千里马与伯乐的关系。今人总是津津乐道于一些家喻户晓的高才，比如诸葛亮，其实人们谈论的只是成名之后的诸葛亮，而不是高卧隆中的孔明。高卧，是一种无奈，是好听的说法，用现在的话叫不得志，隐于茫茫人海。总裁需要高级人才辅佐自己，高级人才也需要总裁有独到的眼光，发现自己，委以重任。

例如腾讯，如果没有马化腾赋予张小龙（Foxmail及微信的创始人）的信任、尊重、自由及权力，以及张小龙最需要的实现自我超越的平台，就没有张小龙在QQ邮箱、微信上的成功。这成就了张小龙这种技术型人才的追求，更是对马化腾这位伯乐的最好的回报。

马化腾本人固然也是技术型人才，但当他成为总裁之后，技术便居于次要地位了，他更需要关注的是资本、财务、法律，以及引进各种各样的人才。他也确实做到了这一点，比如我们前面提到的刘炽平，此人是腾讯上市之前马化腾特意从高盛挖来的干将。相比较而言，此人更接近于诸葛亮的角色，腾讯的O2O战略、电商战略、视频战略、互联网金融战略等，都始自刘炽平，用他本人的话说就是"要让腾讯三条腿走路"。也有人说，马化腾、张小龙与刘炽平是腾讯的三驾马车，这也没什么不可以，谁规定一个企业家不可以有两个诸葛亮？

无独有偶，总裁律师在企业的经营过程中，扮演的正是诸葛亮的角色，企业家可能需要很多专业的人才，但总裁律师必然是其中一种，也是很重要的一种，总裁律师更多的是站在企业家的角度，帮助企业家规范

## 谁站在马云背后：
### 总裁律师帮总裁打天下

经营企业，共同谋划企业发展方向。所以说，总裁律师是企业家身边的参谋长。

### 当代"刘备"

易中天曾这样讲诸葛亮："诸葛亮我很喜欢，小时候甚至是崇拜的，就想当个诸葛亮。三顾茅庐，让一辈子想出来做官又要摆一摆臭架子的文人羡慕到死。"其实不必羡慕嫉妒恨，当今时代，并不乏谦卑的刘备，只怕我们自己还不是诸葛亮。

如百度公司副总裁朱光，当年在联想任职，因成绩瞩目，百度下决心要挖他。前后共花了两年时间，"七顾茅庐"，包括李彦宏亲自出面，最终"精诚所至，金石为开"，成功吸引到朱光的加盟。

再如58同城的创始人姚劲波，他曾说为吸引一个高端人才加盟，他愿意一年内和候选人谈50次，每两周跟对方见一次面去谈理想。后来，他就是用这种办法挖到了58到家的CEO陈小华。陈小华当时在58的竞争对手赶集网任职，姚劲波约了对方几次，陈小华都不来见面。不来，就接着约。最终，陈小华经不住软磨硬泡，终于答应见面。一见面，就相见恨晚，爽快地答应加盟。

## 总裁律师是企业家的军师和参谋长

中国民营经济已经过了最初百舸争流、千帆竞发的草根崛起时代。最初是野蛮生长，像在小溪山涧里，跟着感觉走，业绩至上；然后逐步汇成滚滚江河，波涛汹涌；如今到了长江口，一下子不知道往哪里去了，也暴露出很多问题。处理不好，企业甚至可能崩溃。既然已经到了入海口，将要进入"大航海"时代，作为民营企业，想在大海里稳步前进，不被惊涛骇浪打垮，就迫切需要"航海图"。航海图，也就是我们平常所说的战略。

中国的民营企业是典型的野生动物，就像逐水草而居的"野马"。总裁律师的任务就是把这些"野马"调教成"战马"。"野马"是机会主义的，而"战马"是有着明确战略方向的；"野马"是散兵游勇式的，而"战马"是团队式的；"野马"虽然生命力强盛，有野性，但缺乏战斗力，而"战马"训练有素，蹄声隆隆，所到之处，攻无不克。这个过程，就是在战略上加以引导，在产业上加以规划和调整的过程。没有战略，战马也会迷失，弄不好还会自相践踏。

诸葛亮能让刘备三顾茅庐，那是因为他有值得让人三顾的成熟战略，那就是与曹操和孙权三分天下，鼎足而立。这样的谋略，建立在对历史、时势的洞悉，丰富的知识加卓越的智慧之上，甚至还需要一点点机缘，可遇而不可求，具有不可复制性。虽是简单的几句话，但很多人打破脑袋、穷尽一生也未必看得透、想得出。这恰恰也是高级人才的价值所在。当今企业，大家都在谈论融资，仿佛融来资金，就能搞定一切。其实对企业来说，融智永远比融资更重要。以刘备为例，遇到诸葛亮之前，不是没打过胜仗，不是没有过地盘，但总是难以持续发展。有了诸葛亮运筹帷幄，指挥调度，其战略才实现升级，不再迷茫。用刘备的话说，那就是他得到孔明，如鱼得水。

这里有个细节需要注意，当时刘备依附于刘表，有一重身份相当于做刘表的军师。换句话说，刘备是有相当智慧的人。事实上，也只有做过军师的人，才真正知道军师的重要性。同时它也在提醒我们，即使我们自己足以胜任企业的军师，也无妨汇聚众智，多请几个高手助拳。怕只怕武大郎开店，容不得高人。

链 接

### 战略共识

关于战略共识，阿里执行副总裁、参谋长曾鸣讲过两个很典型的案例。

**谁站在马云背后：**
　　总裁律师帮总裁打天下

　　一是曾鸣在别的公司做培训时，喜欢在培训伊始让大家拿一张纸，把自己公司的战略写下来。他培训了大概20多家公司，只有一家20余人的小公司，所有人写出来的公司战略一模一样。别的公司也能写出来，但无非是"我们今年的销售目标如何""我们要做行业第一"之类，还不一致。唯一能完整地写出企业战略的那个团队，执行力很强，战略达成得也不错。为什么，因为他们有"战略共识"这个基础。

　　二是曾鸣与一些董事长聊天时，对方总是讲：我们公司啥都好，就是缺人。然后和他下面的副总裁聊，如果他有4个副总裁，至少有3个会表示"我们公司战略不清楚，不知道老大想什么"之类。这很有意思。当时曾鸣很困惑，后来意识到：很多董事长不是没有战略思维，而是他的战略停留在脑袋里，他自己想明白了，甚至觉得自己讲清楚了，事实上不是这样。也就是说，他没有完整地传达自己的战略，遑论共识、施行与修正。

## 总裁律师帮助企业进行顶层架构设计

　　什么叫顶层架构设计？
　　我们还以诸葛亮为例具体阐释。
　　东汉末年，大量民企崛起，比较著名的集团包括曹操、孙权、袁绍、刘表等。白手起家的刘备，手下虽有高级技术人员关羽、张飞、赵云，但缺乏整体经营思路，陷入战略迷失。如何自我定位？要制定怎样的战略方针？又如何去实现它呢？刘备知道自己做不来，他需要去找一名架构师，而诸葛亮就是最好的架构师。
　　面试过程中，诸葛亮就向刘备展示了他为其量身定制的架构概览。他分析了当时的大环境，分析了主要竞争对手，指出了刘备的机会与优势，做出了架构决策：占据荆、益两州，据险固守，待天时，谋天下；对内革新政治，交好少数民族，对外东联孙权，北拒曹操……
　　这番分析深深打动了刘备，他即刻正式聘请诸葛亮为首席架构师兼副总裁。然后,诸葛副总亲自出马,前往江东,成功建立了孙刘联盟,最终取得了赤壁之战的胜利。这为刘备赢得了宝贵的喘息之机,并争取到了反攻荆州的机会,仗着天时地利人和,很顺利地攻下了荆州四郡:长沙、零陵、桂阳、武陵。后来又"借"得南郡,占得荆州七郡中的五郡,基本实现了初步架构目标荆州。随后,又以荆州为根据地,以协助刘璋抗击张鲁为名,发兵西川,历尽波折,夺下了益州。

这一过程中,虽然有另两位同样不容小觑的架构师参与进来,也就是庞统和法正,但再有多少人加入进来,整体架构仍不脱"隆中对"这个基础架构,所有的战术动作也都是在为实现夺取荆州、益州,外联东吴,北拒曹操,三足鼎立于天下而奋斗。

诸葛亮是幸运的,也是不幸的。他的顶层架构设计中,"对外结好孙权"是至关重要的一环,但具体执行这一方针的高管关羽,自始至终未曾深刻领会。结果把好事变成坏事,也就是拒绝与孙权联姻,并辱骂对方使者。最终,孙权大怒,关羽被杀,荆州被夺。刘备兴全国之兵,攻打东吴,就事论事,这属于调整顶层架构的范畴。经验告诉我们,任何违反顶层架构设计初衷的做法都是炸弹,都是对现有架构的巨大冲击。调整架构谈何容易?最终刘备命丧白帝城,给诸葛亮留下了必须重新设计顶层架构的烂摊子。

此例给后人提供的最重要的经验教训,或许是:架构师不仅要负责顶层架构设计,还必须参与到架构的实施过程中,确保所有战略战术动作始终按设计思路实施,避免错误的实施给架构造成破坏,带来额外的成本和风险。

### "管理者得知道自个儿是谁"

这句话是柳传志的名言。很多组织都不乏关羽式的人物,仗着自己有些能力,往往不把别人放在眼里。自以为了不起,处处想表现自己,什么话都敢说，什么事都敢做，什么人都敢顶。最终因为摆不正自己的位子，引发他人的反感和反击。自己倒霉也就罢了，还会连累追随者，伤害组织的利益。作为组织一员，尤其是独当一面的高管，要时刻知道自个儿是谁，注重大局观，从而在激烈的冲突中恰到好处地表现自己，为自己也为组织争取一个更好的结果。作为顶层架构设计者，则要慎重考虑这类人的具体职能划分。所谓性格决定命运，不容忽视。这也是柳传志将"搭班子"置于其"管理三要素（搭班子、定战略、带队伍）"之首的原因所在。就事论事，诸葛亮的悲哀或许在于他也知道关羽不太适合守荆州，但又没有更好的人选。即便有更好的人选，总裁刘备也未必愿意把荆州交给"外人"。诸葛亮毕竟只是架构师，不是总裁。架构师固然重要，总裁在多大程度上信任架构师并授权于他才是重心所在。

## 总裁律师如何做好总裁的参谋长

众所周知，部队团级以上作战单位都设有参谋长一职，其主要职责是：负责分析整理战斗信息，为军事主官提供建议；协助军事主官进行指挥，帮助军事主官打胜仗。

诚然，一支部队能不能打胜仗，主要取决于军事主官与这支部队本身，参谋长可以帮助这支部队打胜仗，但不能替代这支部队，但参谋长本人也是这支部队的构成部分。帮助企业成长，为企业增值，训练一支能够执行自己的战略的队伍，是参谋长的职责所在。

作为企业的参谋长，总裁律师首先要读懂行业、读懂企业、读懂老板，找到自己在整个商业体系中的价值创造点，充分调动企业全体员工的积极性及老板的智慧，做出好的战略规划，并参与其中，确保实现。

今天的中国比较特殊，市场快速变化，技术不断变革，因此带来的商业大变化不但激烈，而且迅猛。在这种情况下，非常难以判断到底什么才是未来的趋势，也就难以做好战略选择。如果趋势判断错误，战略上就容易打败仗，这是个很大的战略挑战。

以零售为例，2008年，淘宝全年零售总额达到999亿元。当年最大的三家零售企业分别是国美、苏宁和百联，刚过1000亿元。如果回到2008年这个时点，传统零售发展很好，而淘宝虽然每年都在翻倍增长，但毕竟总量还小，模式还受到很多人质疑，这个时候，关于未来到底会怎么展开，其实谁也不是很清楚，在这个时点做战略选择，既痛苦又关键。到2012年，也就是4年以后，淘宝全年销售已超过1万亿元，遥遥领先。如果能够穿越回2008年，做战略选择肯定很容易。但谁也没有预见未来的水晶球。事实上，在未来，企业几乎每天都面临着同样的挑战。正因为这样，企业家才需要总裁律师为自己运筹帷幄。优秀的企业家，也一定善于选择参谋长，善于借助参谋长的智慧，推动企业的改良和成长。

怎样做好企业家的参谋长，具体情况需要深入展开，这里只提供一些基本面：

（1）提供思想体系与方法体系，帮助总裁建立管理体系与顶层架构设计。

（2）不断观察，不断思考，逐步完善企业管理体系，必要时调整战略方向，有病治病，无病强身。

（3）发掘老板的智慧，做好总裁的助手，提供可行性建议，必要时要求总裁进一步授权。

**延伸阅读**

### CFO的三重境界

有着"传奇CFO"之称的蔡崇信在湖畔大学讲课时，曾经把CFO的职能讲得非常透彻，核心内容就是CFO的三重境界。

第一重是基本功：对企业的财务状况、收支平衡有充分的认识，和CEO之间的信息沟通畅快无碍，辅佐企业运营，确保不让企业出现资金问题。

第二重就是风险管控：通常认为，风险管控就是踩刹车，在CEO踩

**谁站在马云背后：**
　　总裁律师帮总裁打天下

油门向前冲时，不让财务失控。但蔡崇信讲，风险管控最难的地方在于帮CEO下决心，拿着大筹码去下注未来。巴菲特有句名言，"别人贪婪时我们恐惧，别人恐惧时我们贪婪"。懂得"恐惧"的CFO能帮企业家活下去，懂得"贪婪"的CFO才能帮企业家"活得好"。贪婪，意味着风险大。万一输了怎么办？但不赌又极有可能输掉未来。最终拍板固然是CEO的责任，但没有CFO的种种计算，CEO下决心时也心慌。阿里有句格言，马云做重大决策时会问两个人：一个是首席战略官曾鸣，当他说肯定不能做时，就绝对不要做了，因为战略上他已经想得很通透；第二个人就是CFO蔡崇信，当他说可以做时，就可以放手一搏，因为他已经算计得很明白——这个风险值得冒，而且输得起。

　　第三重境界则是资源调配：所谓"资源"，就不仅仅是指钱了。人力资源也是资源，物力资源也是资源，影响力资源也是资源，最大的资源（也是最紧缺的资源）则是高管们的注意力。作为一个优秀的CFO，他和他的CEO要懂得哪些仗该打，哪些仗该放手；哪些阵地可以丢掉，哪些战争绝对不能输，等等。

　　金蝶软件创始人、CEO徐少春则赋予了C"F"O更加全新的解读："F"可以有很多解释，第一就是Find，找到机会，发现价值。第二是Fast，在激烈变化的市场环境中，快速地支持、快速地服务、快速地决策。第三是Finish，发现矛盾、发现问题时，第一时间处理掉。第四是Future，发现未来，做企业的未来官。第五是Fashion，做与时俱进的、时尚的、高技的、核心的领导者。

## 07课．总裁律师与传统律师的本质区别

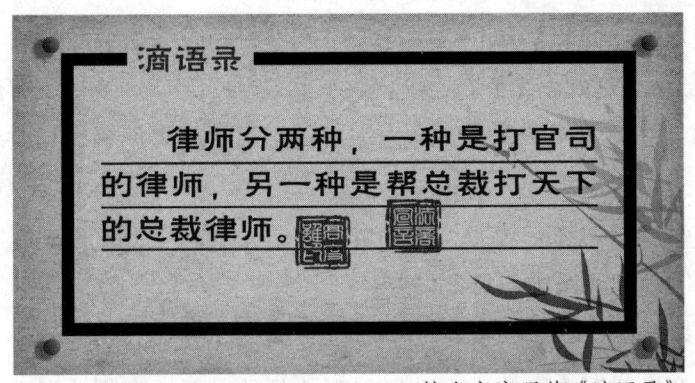

摘自高度强著《滴语录》

### 传统律师的几种存在危机

这是一个焦虑的时代，各行各业的从业者都充满危机，律师也不例外。有些律师或许修炼得不错，胸有惊雷而面不改色，但内心真的是压力山大。这并不像某些人说的，是律师的职业特点使然——心里装着那么多官司，自然免不了一脑门官司。真正的原因是，律师的职业敏感决定了他们思考事情比较长远，比寻常人有着更多的危机意识。别人不说，我自己为什么从一个传统律师转行为提供法商服务的企业家？很简单，我怕过不好下一个10年。本节我们不妨站在10年以后，探讨一下律师职业未来的N种存在危机。

（1）停止学习，故步自封

首先要说，律师这个职业很开放，允许个性也重视个人价值，同时律师行业可以涉及的领域很广，这给了律师个人更宽阔的发展平台和更高远的发展层次。同时，行业中充斥着很多保守、刻板、不思进取的人士，对

## 谁站在马云背后：
### 总裁律师帮总裁打天下

他们来说，当初考律师就是为了吃碗饭。律师没有开拓进取精神是不行的，因为这是一个与时俱进的行业，社会每一天都在变化，每一天都会给法律行业出新的题目。因循守旧、刻板保守注定无法跟上变化、跟上时代，这就需要律师一直保持一种学习的心态和蓬勃的朝气。

读书是最简单有效的学习方式，建议同行们多读读哲学著作。众所周知，一个人在一个行业内工作久了，会形成一定的思维模式，很限制个人和事业的发展。而哲学是一门宏观的基础学科，它会给读者以更宽阔的知识面和视野，以及更严谨的逻辑，这些对律师工作大有裨益。有的时候，有些案件无法用法律条文来解释，需要我们用法理来理解，这时就要借助于哲学的力量了。此外，心理学、文学、历史、伦理学的书籍都可以读一读。心理学有助于人际沟通，文学可以夯实文字功底，历史则让我们有一个纵向的、宏观的角度去看待问题。

（2）不能与客户共同成长

时至今日，国内一些大企业已经对律师的重要性有所认识。即使未配备专职的总裁律师，法律顾问总还是有的。从某种意义看，这些客户是不会轻易换合作律师的。但是，这些客户能够走到行业前面，就说明他们够理性且有前瞻性，他们自身及企业的发展也往往较普通企业家为快，当你不能提供相应服务时，他们只能理性地舍你而去。举例说明，一家公司以前可能只需要一个小律师，在签订合同时看看是否符合一些基本法。但当这家公司有了新三板上市需求，或者直接海外上市，抑或和福耀玻璃一样需要海外设厂时，他们的法律服务需求显然也从简单的合同调整、口头咨询提升到了公司发债及资产证券化等高端层面，律师如果无法与客户共同成长，固有客户都跳槽了，这应该是很难看的一种死法。因为你败给了自己。

（3）无法与时代共同成长

最具说服力的例子就是互联网。互联网是工具，也是生活方式与思维方式。很多人，尤其是一些年龄较大的执业律师，由于跟不上时代发展，备受冲击，也备受打击。在我看来，互联网是很简单的事情，否则它不可能普及开来。律师必须跟上时代的步伐,尽可能地利用互联网,如网上检索、寻法律依据、相关案例、相关文章等,再如网上办公、立案、案件查询、案件进展等,都可以通过互联网直接办理。再次,互联网也是律师承揽案件、进行品牌宣传推广的重要途径。国内诸多知名律界大咖,对互联网的运用都非常娴熟,一般来说,律师可通过微博、微信、公众号、个人网站等方式,构建品牌宣传矩阵。具备互联网思维的律师,必然会在未来竞争中占据先机。

(4)无法提供组合式的法律服务

紧跟时代,与客户共同成长,仅仅是对执业律师的小小要求,更大的调整方向在于,随着立法的不断增加,只会打普通官司的律师将无法安身立命,时代需要更多总裁型律师,有着多元化、层级化的需求,对法律服务要求更加专业化、精细化、组合化。如果一个律师不能提供类似服务,而另一个同行能够提供,其可替代性就非常强。我们向着总裁律师的方向修炼,说到底还是修炼一种无可替代性。人也好,物也好,只有达到无可替代,不可复制,才谈得上价值。

综上所述,律师是一个需要终身学习的职业,学习力就是竞争力。一旦停止学习将被其他人迅速超过。被超越是社会进步的必然状态,被迅速超越则要拷问自己是不是变成了自己讨厌的样子。避免出现这样的结果,办法只有一个:修炼!修炼!再修炼!

### "微软杀手"大卫·博伊斯

美国律师大卫·博伊斯是华尔街首屈一指的诉讼律师,他曾在美国政府诉微软案中"烤焦"比尔·盖茨,被媒体称为"微软杀手"。他也曾在收购案中重创花旗,时任IBM总裁赠予他一顶巴顿将军佩戴过的钢盔,对他为IBM服务十年间的功勋"聊表敬意"。2002年,他被《时代》周刊评为"年度人物"第二名,仅次于总统小布什。

### 谁站在马云背后：
总裁律师帮总裁打天下

博伊斯和传统律师的最大不同在于，他永远以开放的姿态、个人魅力以及沟通的真诚意愿将一众媒体吸引过来，谈论案子中他们感兴趣的话题。通过法庭内外的综合表现，为客户争取最大的权益，所带来的副产品则是高度的影响力，从而使他成为"整条华尔街都在追逐的律师"。

### 【传统律师的几种"死法"】

1. 经常是给别人维权，却自己权利难保——羞死
2. 有理有据的官司，却离奇输了，被当事人臭骂——气死
3. 经常被指替坏人说话——冤死
4. 吸风饮露，朝出暮归，凡事必须自己亲力亲为，团队打造不起来——累死
5. 天天为明天有没有案子办而担心——愁死

摘自高度强老师课件

## 总裁律师与传统律师的六大本质区别

归纳起来说，传统律师与总裁律师有以下六大本质区别：

（1）前者是工匠型思维，后者是领袖型思维

工匠思维与时下正在强调的工匠精神完全不同，后者强调的是"如何把事情做得更好"，前者简单说来就是一种来活就干、来料加工的消极状态。用在传统律师身上就是只知埋头干活，一门心思打官司、找案源，不懂得跳出诉讼的小圈子，开拓一下其他业务。而所谓领袖型思维即指总裁律师的思维，它要求传统律师站在更高层面思考社会与人生，不再自我设限为"打官司的"，而是立足自身优势开辟更大的发展空间。

（2）前者是局部性、事务性、滞后性工作，后者是全局性、战略性、前瞻性工作

对需要的人来说，律师无比重要。尴尬的是，如果当事人不需要，律

师就是可有可无的。传统律师的工作还表现出明显的局部性、事务性、滞后性，律师不可能提前介入案件，也不可能全面介入案件，这决定了传统律师很多时候有心无力。总裁律师则不然，其工作性质强调全局性、战略性与前瞻性，而不是头痛医头，脚痛医脚，更不是、也不需要力挽狂澜。

（3）前者是诉讼业务、无法把控、模式落后，后者是非讼业务、品质可控、模式先进

有个讽刺的段子说，医生就喜欢天下人都生病，律师就喜欢天下人都打官司，棺材铺的老板干脆希望多死人……事实是怎样的不重要，重要的是就算有些无良律师真的心怀恶念，也未必心想事成。因为传统律师主要对接诉讼业务，活多活少无法把控，而且一般每次只能跟一个人。有些律师看上去风光，实际上服务一个当事人也赚不了几个钱，还不如普通白领。总裁律师则不然，其对接的是非讼业务，服务于企业，一般来说签约后还能永续合作，并且不局限于服务一家，只要你的服务够水准，费有所值！

（4）前者面对公众、客户高风险、非刚需，后者面对企业、客户无风险、刚需

传统律师的服务范围主要是普通公众，属于非刚性需求，有时还要面对电影《无人区》中的律师会遇到的"尾款的问题"，风险不可谓不高。总裁律师主要面对企业，未来，每一个不想落伍的企业都会配备自己的总裁律师，这是多么大的刚需缺口。

（5）前者出入法庭，"卖身"，后者立足平台，创意

传统律师安身立命于诉讼案件，出入法庭，但不属于公务员，赚个辛苦钱，劳务收入有限，还往往吃力不讨好，有卖身的感觉。总裁律师立足企业平台，贡献的是综合能力，拿的是高薪，甚至是巨额股权，能接触更有价值的圈子，进入资本市场，拓展更大的空间。

（6）前者依靠个人、无法传承，后者是平台作战、财富可以传承

传统律师单打独斗，同行即是冤家，相互制约，难以发展，收

## 谁站在马云背后：
### 总裁律师帮总裁打天下

人有限，能力难以传承，财富不必传承（太少）。总裁律师是平台作战，有团队可供调遣、有资源可供整合、有效益可供分享、有财富可供传承。

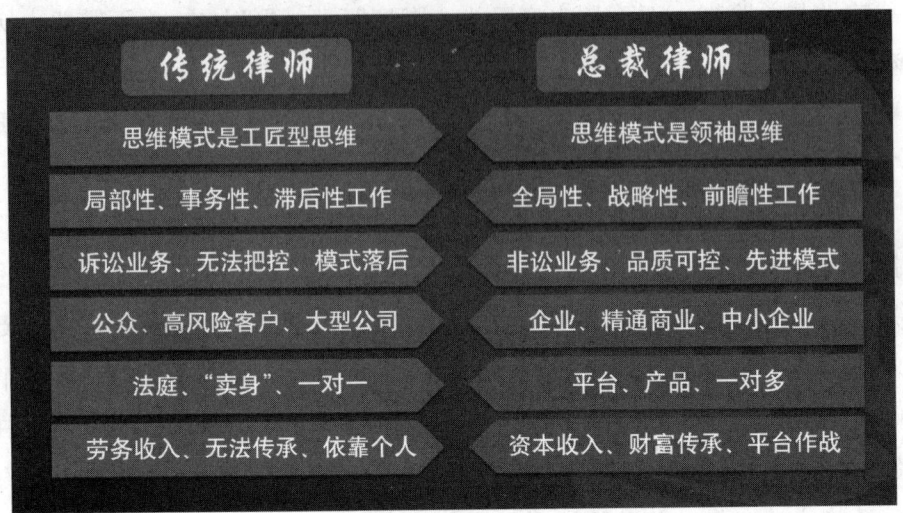

传统律师与总裁律师的区别（摘自高度强老师课件）

 **延伸阅读**

法商产业巨著《总裁律师来了》出版助力总裁律师与企业家互生共赢

2016年5月，一部同时面向律师和企业家的法商产业巨著《总裁律师来了》成功出版，本书是由高度强发起，联合国内近百位极具代表性的总裁律师，用互联网思维指导下的众筹理念，结合当下最热门的社群思维，让法商融合之道深化普及，同时面向总裁与律师的思维颠覆之作。

《总裁律师来了》发布会现场

《总裁律师来了》利用微信粉丝倍增方式，采用众筹模式，筹人、筹智、筹资，是近百位总裁律师的通力之作，其专业涵盖法律各个领域，针对企业发展过程中的各类难题，结合自身多年执业实战经验，为企业家量身打造了一套规范经营的实战系统，增强企业的核心竞争力，实现企业基业长青的最终目标。

《总裁律师来了》

此书一经出版便受到了律师和企业家的深度喜爱，行业内的大咖纷纷

**谁站在马云背后：**
　　总裁律师帮总裁打天下

背书站台。很多企业家表示，《总裁律师来了》这本书融百家之长，深刻揭示企业经营过程中的问题，从战略角度帮助企业防范、规避法律风险，还可以全方位提升企业家领导能力，精通经营之道，让管理不再是难题，是企业发展的"战略图"，企业家身边的"参谋长"，基业长青的"核武器"。

## 只会打官司的律师将无法打天下

　　戴军是大众熟悉并且喜欢的一位主持人。很多人也知道，他此前是一位歌手。他的转型，"得益"于一场官司。因为当时没钱，打官司请不起律师，只好自己上庭去辩，足足有半年时间，来来去去，口才就这样被逼着练好了。用戴军的话说，"我觉着其实每个律师都会是一个很好的主持人"。事实上，戴军的经历也在提醒着我们律师：打官司不一定要请律师！尤其是在占理的时候。而在当事人不占理的时候，律师也不应昧着良心，把黑的说成白的，把错的说成对的。

　　实际上，官司都得当事人自己去打。律师只是帮人打官司。

　　这么说，不意味着律师没用，只是说，律师不能停留在只会打官司的基础上。未来需要的、急需的，是防患于未然的律师，是拥有法律背景的总裁律师。只会打官司的传统律师，很难在未来主体需求转变的大环境下为自己打造一个天下。

　　提起律师，人们总习惯性地将其与"打官司"联系在一起。虽然有越来越多的机关、企事业单位和个人不打官司也聘请律师作为自己的法律顾问，但大部分人还是只在遇到法律纠纷的时候才想到找律师，甚至还有相当一部分人遇到问题也总是习惯性地找熟人、找关系而不是通过法律途径去解决。也许觉得自己生活简单、业务单纯或是规模不够大，犯不着去请律师。那么，平时请一个"不打官司的律师"有什么用，这样的律师能替我们做些什么，我们如果要请这样的律师又应该如何选择呢？

　　对传统律师而言，给当事人打官司的过程就是为自己打天下的过程。而对总裁律师来说，其打天下的过程恰恰也是为总裁、企业打天下地过程。那么，总裁律师又是怎样帮企业打天下的呢？

（1）防患于未然

也就是防范法律风险，包括刑事的、行政的、民事的法律风险。企业也好，企业家也罢，成长过程中都不可避免地面临越来越多的法律风险，大到如仰融在企业产权问题上、刘晓庆在税收方面的法律风险，小到企业员工与企业间的劳资纠纷，稍不留神就可能给企业、给个人带来巨大名誉和经济损失，乃至倾家荡产、家破人亡。无数事实表明，事先的风险防范远胜于危机发生后的补救措施。律师作为专业的和职业的法律从业人员，以其专业知识和职业经验，可以有效地帮助企业和个人建立防范法律风险机制，如风险的预警机制、评估机制以及遇险紧急预案等，以避免因对现行法律法规的错误理解所导致的决策失误，以及因商业伙伴的不诚信甚至误入对方圈套所致的风险等，同时对资金运作、企业产权取得、企业家本人经营行为、家庭变故等容易出现问题的环节上可能存在的风险提前防范，避免不必要的损失。

（2）提高工作效率，优化资源配置

法律日趋专业化，聘请专业律师处理相关事务，可以在更好地处理法律事务的同时，腾出企业家的时间精力专心做好擅长的事情，从而节约机会成本，获取可观利益。所谓"有事请找我的律师"，律师自然也要担得住。如果律师能进一步成长为总裁律师呢？相信没有任何一个企业家会嫌自己的律师有本事。

（3）提高工作质量，提升企业品位

古人重德治胜于法治，因此忌讳打官司。事实证明，法治化才是真正的大道。在走向法治化的时代里，拥有自己的律师某种意义上成为衡量一个企业发展状态的标志。尽管有些公司目前还未配备哪怕一个法律顾问，但在不远的未来，相信总裁律师会成为一众有追求的企业家的"标配"。

（4）优化企业结构，提升企业竞争力

现代律师的法律服务早已不限于传统的法律服务领域，对企业而言，好的律师可以参与企业决策，可以协助企业更好地建立现代企业制度（如企业改制、管理人员的薪酬设计等），可以更合理地设计企业运行机制，

## 谁站在马云背后：
### 总裁律师帮总裁打天下

可以更稳妥地消除企业内在矛盾，可以对企业的资产债务重组提供科学的法律意见，帮助企业做大做强。而对于蔡崇信之类的卓越总裁律师，能力更强、贡献更大，看似薪资不菲，实则性价比更高。

**总裁律师领袖营　让总裁具备规则思维　让律师具备商业思维**

2014年4月21日，高度强首次在国内提出"总裁律师"的概念，并成功创立"总裁律师领袖营"，致力于提升传统律师的商业思维和市场思维，打造懂经营、会管理、通市场的总裁律师。

总裁律师领袖营课程在全国各地开展

总裁律师领袖营创立伊始便在全国火热开来，"总裁律师"宣导的理念得到了全国上万名律师的认可与支持,很多传统的律师通过总裁律师领袖营的学习迅速转型成为总裁型律师,打破传统的执业思维,紧跟互联网发展趋势,积极开拓企业市场,成为总裁身边的律师,总裁型的律师,专门为总裁服务的律师。

高度强老师为律师授课现场

截至目前,已有上万名律师和企业家通过总裁律师领袖营的学习成功转型。总裁律师领袖营将律师和总裁完美地结合在一起,用实践来提升中国律师的执业现状,让总裁具备规则思维,让律师具备商业思维,让总裁与律师助推我国法商理念的落地,从而助推民族企业基业长青。

## 总裁律师同时具备规则思维和商业思维

又一次说到规则了。

不过对于一个律师来说,规则再怎么强调也不为过。"总裁律师"的重心,不是"总裁",而是"律师"。律师能否成为总裁律师,主要还看主业是否扎实。

如前所述,法律规则是律师需要精心耕耘的领地,律师也正是因为对法律

## 谁站在马云背后：
### 总裁律师帮总裁打天下

规则的精熟，才彰显出自身价值和功能。因此，规则思维的重要性不言而喻。问题在于，律师如何形成规则思维？或者说，规则思维对律师意味着什么？

在笔者看来，所谓规则思维，是指以规则为基础对有关事实进行剖析和解构的思维方法、路径和方式。律师的规则思维首先离不开对法律规范的系统性学习，这是每个律师的必修课，这里不必罗列。一个做不好普通律师的人，是不能指望他胜任总裁律师的。其次，律师的规则思维建立在对规则的反复推究上。对于总裁律师，注重点肯定不能与传统律师一样，而应有所侧重，比如在一些合同纠纷中经常援用的条款。最后，律师的规则思维要体现在实务上，不能夸夸其谈。很多事情，在法律上具有怎样的意义，彼此之间的关联关系等，非专业人士看不懂、看不透、看不清，而作为专业律师，必须把复杂的事情简单化，以最通俗易懂的语言解释给总裁和高管，并引导大家找出解决问题的基本路径。

什么是商业思维呢？这同样是个老生常谈的问题，但真正能说中要害的人并不多。

商业思维首先是套利思维。在改革开放之初，很多创业者的第一桶金都来自套利。简单来说就是南下广东取货，拿到北方出售，没有运输条件就自己当运输工人。一南一北，便有巨大的价格差别，通常电器价格可以翻倍，甚至更多。当然，这需要两个先决条件：他们拥有更多的信息，拥有更大的胆量。现如今市场经济飞速发展，套利空间越来越少，很多商品的价格都已经透明，但市场总是不均衡的，套利空间仍然存在。有人称套利为投机，并人为赋予其负面色彩，其实套利行为是中性的，并且对资源优化配置有重要意义。以李嘉诚为例，他曾购买过电信企业的股份，10年后出售净赚1000亿，这是利用时间差套利。你能说李嘉诚做得不对？其实，李嘉诚捂着现金当守财奴不去市场上投资才是真的不对。市场是需要流动、需要投资的。至于你把它叫投机还是投资，全凭一心。

其次是品质思维。某些人产品卖得好，是因为他可以找到相同产品的新卖点，由此形成了基本品质相同但附加品质却不同的产品或服务。举例说明，饭店老板以为味道好是品质，但其实包括等待的时间、接待的态度、吃饭的环境、用具的品质等,都是品质的构成部分。其中一些品质具有基础性,比如等待时间和卫生。大S的婆婆张兰当年能把一家连锁餐饮做到上市,就在于她赋予了"俏江南"更多的内在品质。当然,其结果我们也是知道的,一纸对赌合约,让"俏江南"成为了别人的江南。她若有个优秀的总裁律师多好!

再次是不均衡思维。前面提及,存在不均衡就有机会套利。于是就有人为地制造不均衡,也就是创新。只有创造新的不均衡,用新的产品或服务打破固有的市场均衡,才有可能形成局部垄断,并通过局部垄断获利。比如,支付宝问世前,相关业务只有银行能做,这是均衡,也是最大的不均衡。支付宝问世后,随即打破了原有的平衡,并在一定时间内形成了垄断。尽管有百度钱包、微信支付等紧随其后,但三足鼎立(实际上是两家)巨大的市场也足够马云、马化腾晚上睡觉笑醒了。

怎样训练自己的商业思维呢?

其一是观察。观察的目的是让自己能够区别不同品质、不同价格,发现潜在需要。观,是经常涉猎许多看起来没什么意义的对象,什么都观,什么都有兴趣。察,是注意到差别,也叫留意,把一些信息记下来,以备不时之需。

其二是解析并利用。也就是分析、解析观察结果,并设计出利用该差别的、有创意的、可实现的商业方案,也就是企划书。

事实上,蔡崇信那样的总裁律师和马化腾、马云之类的商业领袖具有不可复制性,但律师的规则思维和企业家的商业思维,可以学习也应该学习。正如同所有律师最初都是从最基础的法条学起的,尽管商业思维远比法条更不可捉摸,更加复杂,但只要用心,只要有着明确的目标,也终有抵达的一天。

 **延伸阅读**

商业思维小故事

有位培训界的同仁讲过一个小例子:某女生在头脑风暴时讲到,她们

## 谁站在马云背后：
### 总裁律师帮总裁打天下

宿舍里经常有人在夜里用电脑上网，聊天打字的声音很响，吵得人睡不好觉，所以她想发明一种无声键盘，肯定很好卖。刚讲到这里，一个男生说："这个已经有了……"教授立即阻止了男生的讲话，因为这不是商业思维。商业思维重要的不是"已经有"，而是"哪儿有"，只要这里还没有，就有商机。并且不能说出来，要自己心知肚明，然后采取行动。让教授欣慰的是，这时另一个女生立即站起来，对那个男生说："请出来一下，借一步说话。"然后悄悄问他："什么地方有卖的，我们一起做做同学的生意吧？"这就是商业思维，确切地说是套利思维和合作意识。那么什么是总裁律师该具备的素养呢？那就是该女生更进一步，当即与男生签订合约，明确约定该男生只能跟自己合作、各出资多少、占股多少、谁负责融资、谁负责经营，等等！

## 08课．每一位总裁背后都需要一位总裁律师

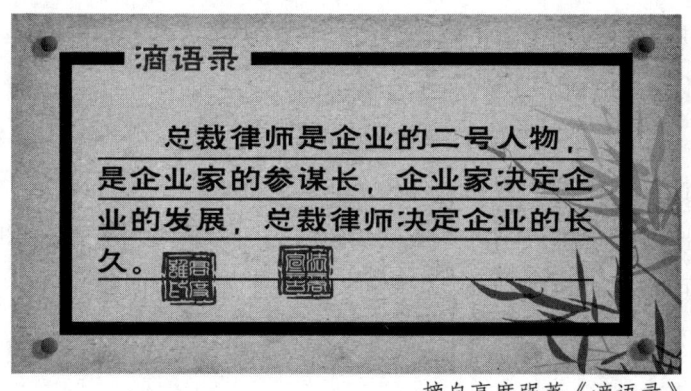

摘自高度强著《滴语录》

### 总裁律师要像总裁一样去思考

所谓"总裁律师"，顾名思义就是有总裁思维的律师，像总裁一样去思考问题的律师。

## 第一部分 企业家需要懂经营、会管理、通市场的总裁律师

当今时代，没有人不知道，想实现真正意义上的人生价值，就是做自己的老板。老板就是总裁，总裁就是别出心裁地裁决一切事务。用过去的一句套话说，相较普通律师，总裁律师强调的是主观能动性。

在现实阶段，普通律师对很多企业和企业家来说还可有可无。但在未来，总裁律师不仅会引起企业界的重视，而且必然也应该成为企业的二号人物，成为企业发展的风向标。

有的律师会说：我现在还是个小律师，我能做到吗？我恐怕不能吧。

王健林说过，"清华北大，不如胆大"；小律师想成为总裁律师，先要练大气魄。现在是不是不重要，重要的是要有逆推思维，其要诀无非三个字——先成为。先成为，就是假定角色的预先实现，预先体验这个角色的一切感觉、格局和思考模式，按照这些去做，最后你就会拥有这个角色能够给你带来的一切。

简单来说，从一名普通律师成为总裁律师，你首先要把自己想象成总裁律师，当然不是让你想如何锦衣玉食、挥霍奢靡，而是让你想象在成为总裁律师后如何进一步预设——把自己预设、想象成总裁，想总裁之所想，急总裁之所急，先总裁之忧而忧，后总裁之乐而乐。想得到，先付出。企业家精明干练，连个小律师都不想请，连个法律顾问的费用都不想出，凭什么让他们请一个薪资更高甚至要拿大笔股权的总裁律师？想让企业家聘请你为二把手，得先具备二把手的素质。

拥有了总裁思维，即使不去做总裁律师，去从事任何一个行业，比如自主创业，也会非常出色。商场如战场，错综复杂，但只要总裁的思维、格局和意识不变，万变不离其宗。简单来说，有的人会这样想：成为总裁律师好是好，但培训费那么贵，有没有免费的呢？这就不是总裁思维。在免费盛行的互联网上，到处是寻找免费资讯的人，但为价值埋单的心态和习惯，是建立在总裁的格局和意识之上的，普通人不具备。

即使你还没有自己的公司，但你也是自己的首席运营官，这种意识潜移默化的力量很大，非常神奇，它是大脑编程里非常难以置信的一个程式，只可意会，不可言传。当你能够意会的时候，证明你的程式已经

### 谁站在马云背后：
**总裁律师帮总裁打天下**

启动。

同理，即使你现在还不是总裁律师，但你必须启动一个成为总裁律师的程序。有些事情你现在看不透，有些趋势你现在看不明白，那只是因为你站得低。坐过飞机的人都知道，在地面上乌云密布，但乌云之上则是晴空万里。重要的是你得抓紧时间登机。

#### 李嘉诚：没有律师的意见，我不敢在合同上签字

李嘉诚先生曾经说过一句话：没有律师的意见，我不敢在合同上签字。离开了律师，我什么也做不了！

很多企业老总见到律师的第一面，就开门见山地说："我们为什么要聘请法律顾问？我们开公司都好多年了，也没有打过一场官司，请律师到底有什么用处？"

那么，企业法律顾问的价值体现在哪些方面呢？一家现代企业，之所以要聘请律师做法律顾问，主要有以下几点原因：

（1）社会专业分工的必然选择和要求

目前社会高度分工，让专业的人做专业的事情是社会化分工的必然要求。现在已不是封建落后的农耕社会，农民、工人、军人、政治家、会计师、律师、精算师……各种职业，各司其职，说明这个社会已发展到分工非常精细和明确的阶段。律师是法律方面的专家，选择律师做企业的法律顾问，是社会分工的必然要求。

（2）律师可对企业的规范经营提供强有力的保障

律师具有专业的法律知识和专业技能，可对企业的规范化经营提供强有力的保障。律师必须通过严格的律师资格考试或司法统一考试，然后再通过实习考核，才能取得执业资格。和一般的法务人员相比，律师更具有专业知识和经验。而恰恰是律师的这种非常专业的能力和水平，可以为企业起到强有力的保驾护航作用。

（3）律师有丰富的办案经验

律师通过不断的诉讼、仲裁等代理活动，积累了丰富的办案经验和处理问题的应变能力，这种经验和能力是无法从书本上直接获取的。企业与其自己去尝试打官司，从中获取经验，倒不如直接聘请律师做法律顾问，并让律师直接处理。可能会有企业老板说，我们有自己的法务部。不可否认，有些大企业的法务人员水平确实很高，但是和律师的整体水平相比，法务还是无法超越律师。因为法务侧重于为某一企业服务，某些方面受到局限，而律师则为无数的当事人提供过法律服务，处理过无数的诉讼、非诉讼案件，身经百战，无论是思维还是能力，普遍远高于企业法务，这已是一个不争的事实。

（4）企业可以获取最新法律法规

律师一直在不断地学习专业知识，并掌握最新的法律规定，聘请法律顾问，企业随时得到优质的法律服务和立法动态，律师会为企业及时提供各项立法信息，帮助企业了解与其经营相关的立法信息和动态。

（5）律师能帮公司做好风险控制

不要在打官司时，才想到找律师，而应当在平时就做好风险控制。律师可以帮助企业建立各种法律风险预警机制或制度，防患于未然。风险防范对于企业而言是非常重要的，老板总是在极力规避各种风险，包括财务风险、交易风险等，但最重要的却是法律风险。如果企业的法律风险没有控制好，给企业带来的灾难将是毁灭性的。

（6）规范企业运作，提升企业形象，提高竞争力

富士康公司跟企业合作的一个前提条件就是，合作单位必须有顾问律师。试想，一家大公司，如果连法律顾问这一标准配置都没有，哪里还称得上现代企业？因此一家成熟的现代企业标志之一，就是要有自己的顾问律师团队。

阿里巴巴集团总裁马云的创始团队中就有律师。如果离开了律师的支持，阿里巴巴集团能否像今天一样强大，我们也不得而知。

（7）随时随地得到律师的有效法律意见

很多企业认为认识一两个律师朋友就行了，只要有法律问题，打电话问问他们就行了，如果感到不好意思了，大不了就请律师朋友吃吃饭。这种想法是错误的，大家要知道，天下没有免费的午餐。一个优秀的律师，要做出一个负责任、有水平的法律解答或者意见，首先是要了解相关的案情，综合考虑法律关系、交易的细节，可能出现的违约责任，等等，然后再根据经验判断的法律规定，做出一个相对比较精准和妥当的咨询解答。这些都涉及法律智慧和职业素养的运用。有的企业家打电话给律师："我手上有一份合同，马上就要签字了，我就想问一两个问题，然后应该就没有问题了吧？"律师在电话里就说："你要注意……"然后做一些提醒。你想一下，律师连合同都没有看，所做出的法律意见，能否精确，是否适用于这次交易，条款如何约定，违约责任如何界定，这些仅凭电话或口头沟通，是无法解决的。这也是为什么律师做得越久，越不敢随意给当事人出法律意见或者建议的原因！因为这是法律问题，不是拉家常。等到发生纠纷，才找到律师，这时不是诊断，而是救火！已经为时已晚。而聘请律师后，企业可以随时得到更为专业、更为负责任的解答和意见，这是何等的方便！

（8）有利于公司的长远发展

无论是家族私营企业，还是合伙企业，抑或是国有企业，要想长久发展，就一定要考虑到其中的各种风险，经济风险、财务风险、法律风险、投资风险……可以说，开一家公司非常不容易，要在各种风险中生存下来并得到良好的发展，已不是一件易事。各种风险中，最大的风险就是法律风险。

根据专家的数据统计，中国企业的平均寿命是七年，很多企业甚至不到七年就关门大吉。很多老板在经营公司多年后，公司倒闭，一夜回到解放前。为什么？因为没有做好规范运作，平时没有法律顾问做风险控制，关键时候没有律师帮助。

（9）律师担任法律顾问是法治时代的需要

目前政府都在提倡,各党政机关、职能部门要聘请律师担任法律顾问,以规范其运作。我相信,不会有哪一家企业的规范化程度能够越过政府,也没有哪一家企业敢说自己比政府还懂法律和政策,但是政府都要聘请法律顾问了,企业为什么还不请法律顾问呢?律师除了能打官司,还能像医生一样为企业诊断,发现企业的症结在哪里,以及如何开药方,等等。可以说,律师担任法律顾问,已经是法治时代的必然需要。

所以说传统律师转型为总裁律师是何等的重要,总裁律师拥有更大的市场发展空间,可以站在总裁的角度来帮助企业家更好地治理企业,与企业家互生共赢。

滴慧商学创始院长高度强与全国百名分院院长一起宣誓:培养总裁律师,帮助中国中小企业健康发展,实现基业长青

## 总裁律师帮助企业家提升领导能力

最有力的例子依然是蔡崇信与马云。

在接受《福布斯》杂志专访时,蔡崇信曾坦言马云在公司管理方面有

## 谁站在马云背后：
### 总裁律师帮总裁打天下

很大进步。换句话说，马云并不是一上来就被称作所谓的"教父"和"大师"的。回顾十几年的相处，蔡崇信在谈到自己对马云作为商界领袖的印象时说："我认为，与阿里巴巴早期的马云相比，他的性格没有发生变化。但是，马云对员工管理及业务管理的理解已经有了大幅提升，达到了更为成熟的水平。"

领导能力简称领导力，马云无疑是有领导力的，这也是他能够在创业初期、百事维艰的情况下吸引蔡崇信加盟的基础。用蔡崇信的话说："我与马云见面的时候，我被他的人格魅力深深吸引了。他非常平易近人，还极有魅力，他一直都在谈论伟大的愿景。我们没有谈商业模式、盈利或者其他业务上的东西。马云的创意够得上伟大，却不是什么惊天动地的想法。我欣赏马云的个性，真正打动我的地方，不仅仅是马云本人，也不是他本人以及一两位跟随者，而是马云与一群追随者患难与共的事实。基本上，这些追随者都是他的学生。马云当过英文老师，这些在大学跟马云学习英语的大学生要么是工程师，要么是进出口人才。我看见了这种非凡的能量。他们工作非常努力，他们很快乐，我还看到他们眼中的光芒。我想：'这家伙有能力将一群人聚集在一起，是个有影响力的领导者。马云真的有能力做成一番事业。'那就是最终说服我的原因。

但马云的领导力是最基础的、土生土长的领导力，真正的领导力则是一种能够激发团队成员热情与想象力的能力，也是一种能够统率团队成员全力以赴去完成目标的能力。举例说明，马云只能给他的学生们讲故事，告诉他们"我们将来成功会如何如何"；蔡崇信不仅可以讲故事，而且他本人当时就是故事，同时他还能通过十八份英文合同让这个创业故事不再是个口头上的故事，而是铁打的事实！

领导力可以被形容为一系列行为的组合，而这些行为将会激励人们跟随领导去要去的地方，不是简单的服从。这正如中国人民的老朋友、美国前国务卿基辛格博士所说的："领导就是要让他的人们，从他们现在的地方，带领他们去还没有去过的地方。"通用汽车副总裁马克·赫根也曾这样说过："记住，是人使事情发生，世界上最好的计划，如果没有人去执行,那它就没有任何意义。我努力让最聪明、最有创造性的人们在我周围。我的目标是永远为那些最优秀,最有天才的人们创造他们想要的工作环境。"

总裁律师帮助企业家提升领导能力——这句话可不是随便说的。现代律师源自西方,领导力的概念同样源自西方。在著名的牛津大学等西方高等院校,还设有专门的领导力奖学金。如英国历史上首位华裔议员麦大粒(Alan Mak),他最初在剑桥大学读法律,随后进入牛津大学研习法律与商业,获得了牛津领导力奖的亚军。毕业后,他进入伦敦金融城一家国际律师事务所任职,后来开始经营自己的公司,主要为创业公司提供服务,并成为多家企业的投资人和非执行董事。在他身上,我们看到了一个青年人的奋斗史,也看到了律师的更大前景——不仅仅是总裁律师。

### 领导力从做"坏人"开始

史玉柱曾在他的书中提到,他和马云在飞机上讨论过"企业家一定要是坏人"的话题,而且谈得很投机。事实上,不光史玉柱和马云,"坏老板"的案例比比皆是。无数证据表明,"坏老板"领导团队的执行力远远胜过"好老板",严格就是大爱嘛。更有点评称,历史往往是由"坏人"创造的,比如半个"流氓"出身的刘邦、从小调皮捣蛋的曹操、逼父造反的李世民、没脸没皮的朱元璋等,因为只有"坏人"才敢起来造反和变革。创造好公司或许也是如此,因为"坏老板"有更坚强的神经,更与众不同的思维模式,敢于打破常规的圈圈,突破习惯的桎梏和传统的束缚。总裁律师的工作中,很重要的一项就是替总裁当坏人:制定一条条铁律,然后铁面无私地执行!

| 谁站在马云背后：
总裁律师帮总裁打天下

### 总裁律师帮助企业插上互联网和金融两只翅膀

以《大败局》一书著称企业界的吴晓波，在2014年说过一番在今天已被准确验证了的预言：未来，企业要想生存，必须插上金融和互联网的"翅膀"。吴晓波用以下几个关键词概括道：

第一个字是"鸟"，未来，越来越多的人和组织会变成鸟，什么意思？意思是说你要有翅膀，这个翅膀就是互联网。在今后几年，我们会看到互联网渗透到我们生活、工作的方方面面。毫无疑问，我们早已看到，而且大部分企业已经做到了或者正在做"互联网+"。

第二个词是"化蝶"，也就是破茧成蝶，转型升级，除了上面讲到的"互联网+"这个标配外，还要进一步革故鼎新，转变自己。因为我们所处的环境每天都在进行着质的变化，今后会有更多质的变化发生，如果你还在以过去的惯性生活和发展，就会碰到大麻烦，所以我们必须用新的心态去看我们的视野、工作和自己。

第三个词是"二维码"，事实上，在当时二维码已经非常流行了，随便买什么商品，交什么费用，拿出手机扫一扫就可以了。我们的生活进入了基于互联网的新常态，新信息技术渗透到我们的商务、生活领域里，我们的思维模式肯定也要互联网化。

那么，总裁律师如何帮助企业插上互联网和金融这两只翅膀？这里不要把简单的事情复杂化，所谓插上互联网和金融翅膀，无非是指互联网思维和金融思维。

究竟什么是互联网思维？雷军曾经提出过"专注、极致、口碑、快"这一互联网七字诀，在马云看来这并不准确。首先，"专注"和"极致"并非互联网行业所独有的特质性思维，一个人如果专注于做包子，一辈子啥都不干，就做包子，然后把这个包子做到极致好吃，超过庆丰包子应该也不在话下，但你不能说这是互联网思维。而"口碑"，高品质的产品或服务，一定能得到用户的接受、认可甚至赞叹，从而产生口碑效应，但这是基本规律，和互联网扯不上太特殊的关联，比如西湖龙井、苏州刺绣口碑都不错，这显然和互联网思维没半毛钱关系。至于"快"，更加牵强。天下武功，唯快不破！兵贵神速，这是自古以来就有的法则，实在是不能拿来作为互联网思维的代表。

在马云看来，真正能体现互联网思维的应该是九字诀——跨界、大数据、简捷、整合。

（1）跨界

举例说明，谷歌、百度为人们提供准确、便捷的搜索查询服务产品，新浪微博、腾讯微信向人们提供社交服务……他们并不向用户收费，但巨大流量所蕴含的广告价值及衍生出的其他商业价值，远超传统商业。这也是许多传统行业在互联网时代不堪一击的原因。而形成跨界思维的核心其实是价值发现思维，当你为新的利益相关方提供了价值，那原有模式的颠覆就显得顺理成章了。换句话说，当总裁律师为大众所熟知的那天，传统律师就很难有所作为了。另外，"总裁律师"这四个字，不也是最浅显的跨界思维吗？

（2）大数据

何谓大数据？就是一切皆是数据。你买了中国移动的手机号，你的名字就保存在了中国移动的数据库中。你实名注册了微信号，你就是腾讯公司的数据。所有做"互联网+"的企业最热衷的事情就是让人注册他们的APP，为的就是建立自己的数据库。数据库就是资源库，除了从中筛选客户，精准推销，相关分析人员还可以通过对大数据的分析，了解自己公司的盈亏乃至整个行业的兴衰。另外，在物质极大丰富、竞争日益激烈且用户需求日益个性化、差异化的互联网时代，大一统的标准化产品往往不再容易获取用户的青睐，通过对目标客群行为习惯的数据收集、分析不仅可以更好地把握其偏好，还可以更好地满足其个性化需求。

我们凭什么判断时下传统律师就业紧张、生存维艰？因为我们手上有数据。

我们为什么要修炼成总裁律师？因为可以满足企业家的综合化，个性

**谁站在马云背后：**
总裁律师帮总裁打天下

化需求。

（3）整合

以往，建美食街、修电子城、辟工业园等业态模式因资源集中，形成产业集聚优势效应的例子不胜枚举，然而在突破了时间与空间局限性的互联网时代，原有产业集聚效应瞬间便显得弱爆了。看看阿里，从最初的B2B平台到淘宝、天猫，再到支付宝、余额宝、娱乐宝……根本停不下来。为什么？为的是致力于构建一个更高效的商业生态圈，一旦形成了这个生态圈，这个商业圈就能自我生存与发展，不依托外力，或者说不那么依赖外力。

（4）简捷

一定都有这样的经历：10年前，买一部相机或手机，一定要花上一两天的时间来研究它那厚厚的产品说明书，而现在，好产品的定义是使用简单、便捷。当然，所有简单、便捷的功能实现背后，是以用户需求为导向的产品经理思维和功能强大且复杂的数据信息处理技术，而这显然是互联网时代最为擅长的专利。

那么，金融思维又具体指什么呢？

其实我们在上面已经广泛涉及了：支付宝、余额宝、娱乐宝……还不明白的话，我们再讲讲小黄车的例子。是什么让资本着迷于共享模式呢？难道仅仅是理念？NO! 真正令人着迷的是它背后的金融模式。可以说，共享单车救活了一大批自行车企业。但把积压的自行车卖出去，充其量只是商业运作思维。小黄车的高明之处是资本运作：尽管你每次只需付费1元乃至更少，有时甚至免费，但你是不是需要先预存99元？想想市场上一共有多少辆小黄车，你就知道背后盘活了多少资金了。

另外，我们都知道，今天的马云早已是财神爷，早已完成了从融资到投资的转变，小黄车就是其投资项目之一。所谓金融，无非就是融资、投资这两件事。以前，这些都是银行垄断的。但社会在进步，政府在放开，只要具备互联网和金融思维，只要有蔡崇信之类的总裁律师帮企业家把关，说企业家拥有无限天地并不为过。

 链接

### 美国金融律师——行走在华尔街上的"白鞋"

在美国传统中，历史悠久、信誉卓著、专做大生意的律师事务所通常被称为"白鞋公司"。据考证，"白鞋"原本是指20世纪50年代的新英格兰上流社会绅士，尤其是常春藤名校的学生必备的一款时尚休闲鞋，白色系带式，磨砂皮或软皮红底子。早期的华尔街，充斥于大律师事务所的往往是那些"蓝血精英"，即受过常春藤教育的新英格兰"白种盎格鲁—撒克逊新教徒"。他们所供职的事务所，也顺理成章地成了"白鞋公司"。这个词最初多少带点贬义，后来逐渐中性化，代表业内顶级的名望、声誉和专业水准。今天，这些事务所的合伙人完全可能是犹太裔、印度裔、华裔或非洲裔，但一如既往的"精英主义"依然不变：一流法学院的荣誉毕业生，精明强干，举止得体，以近乎宗教的虔诚恪守律师职业的专业水准、职业道德操守与社会责任，要求自己不仅要是成功的专业人士，更是绅士、知识分子和社会栋梁。

"金融律师"并不是一个科学、准确的概念，它特指"主要从事金融市场、金融交易及金融机构相关非诉讼法律业务的律师"。其服务对象从商业银行到商人银行再到投资银行，以及保险公司、信托公司、大中小企业及个人等。业务范围涉及兼并与收购、重构与重组、置换交易、权证交易、投资级及混合债发行、破产买断及其他危机并购交易、私有化退市交易、竞价收购，等等。没有这样的金融背景、履历和资源，这些律师在选择走进企业时，为企业插上金融的翅膀，谈何容易？

## 总裁律师帮助企业基业长青

遇到马云之前，蔡崇信已经非常成功了。不遇到蔡崇信，马云未必不能成功。但他们二人无论是谁，不遇到彼此，都不可能取得今天的成就。类似的好搭档，古今中外都不可多得。古今中外，也有不少人错失

## 谁站在马云背后：
### 总裁律师帮总裁打天下

了好人才或者好伯乐。那么，又是什么原因让当初的蔡崇信与当年的马云相见恨晚呢？

是因为价值理念——《基业长青》一书的作者、管理大师柯林斯如是说。

举例说明，乔布斯是伟大的领导者吗？在很多人看来，答案不言而喻。然而柯林斯不那么认为，他说："乔布斯更像是一个产业界的贝多芬，他不是一个优秀的领导者，甚至，他根本算不上是一个领导者。相对而言，乔布斯更像是一个创造者。"为什么这么说呢？因为一个伟大领导者的标志，不是他自己创造了多少令人叫绝的个体，而是留下了一个伟大的公司，一个在自己消失之后依旧可以继续伟大的公司。如果马云离开阿里，阿里便无法运转，我们只能说，马云这些年经营的还是个作坊。当然我们知道，至少从蔡崇信加盟开始，阿里就不再是一个凭借个人能力支撑的公司，而是一个靠无数个怀着共同价值观、共同愿景、共同情怀的团队共同承载的集体。

正如蔡崇信所说的："就人员管理而言，在公司发展初期，我们必须传达一种目标明确的公司文化——那就是公司使命，我们需要定义明确的价值观。这两个方面，再加上公司经营理念，基本上都是员工深信不疑的东西。我们必须用文字明确表达出来，写下来，成为我们的价值观，而且得让员工认同公司的文化。如果员工的行为与我们的价值观不吻合，这将影响到员工的绩效评估结果，奖金就会打水漂。员工的行为是否与我们的价值主张一致是绩效评估的内容之一。如果没有团队合作精神，不拥抱变化，绩效评估就好不到哪里去。我们的一大价值主张就是拥抱变化，因为我们生活在全面革新的环境之下，我们必须领会这点。当公司的企业规模扩大，当你开始管理很多的员工，价值观的沟通就变得异常重要。"

企业是由人组成的，对高瞻远瞩的公司而言，大家所要回答的唯一一个问题就是"我们明天怎样做得比今天更好？"如果企业家意识不到这一点，那么就需要蔡崇信之类的总裁律师赋予它。不必质疑蔡崇信，他一出场就带着理想主义的色彩——辞掉70万美元年薪，每月拿500元人民币的薪水！

核心价值是组织长盛不衰的根本信条，不能为了财务利益或短期权益而自毁立场。很多企业家都说，自己的责任就是帮公司挣钱。我们也不反对利润，利润是生存的必要条件，但是对真正高瞻远瞩的公司而言，利润不是目的，企业必须有利润之上的追求，也就是所谓"务实的理想主义"。何谓"务实的理想主义"呢？用惠普前CEO约翰·杨的话说就是："我们的基本原则，从创办人构思出来后一直维持不变，我们把核心价值观和务实分得清清楚楚，核心价值观不改变，但是实务做法可以改变，我们也清楚地表明，利润很重要，却不是惠普存在的原因，公司是为了更基本的原因而存在。"

至于马云，他当年曾经讲过："不挣钱的企业家是不道德也不负责任的。"但现在他还讲吗？不讲了。这不是说这句话本身有问题，而是说马云的境界在提升，说话越来越和光同尘——这其实也是一个企业应该达到的境界。

 **延伸阅读**

### 太极生两仪

柯林斯在写作《基业长青》一书时，将中国传统的道家智慧整合在其中，其视角之独特，令人印象深刻："简单地说，高瞻远瞩的公司不希望把阴和阳混合成为灰色，成为既非至阴，也非至阳，不清不楚的圆圈，而是同时和随时以阴和阳来区分目标。"中国传统文化反对走极端，强调阴阳调和、强调和稀泥，于是便有了中庸之道。但是，真正伟大的人物和组织，却往往又是非常极端的——实际情况和我们所宣扬的理论恰恰相反。因为阴阳混合成灰色，只需善于妥协。而该至阴的地方则至阴，该至阳的地方则至阳，需要的则是分清阴阳分布情况的智慧与魄力。妥协之心毫无技术含量，而分清阴阳的初心却难能可贵。

## 谁站在马云背后：
### 总裁律师帮总裁打天下

高度强老师在台上演讲

2016年7月20日，"2016'小企业 大梦想'论坛暨大众创业万众创新国际高峰论坛"在国家会议中心隆重召开，中顾法商集团董事长高度强发表《企业转型升级4.0时代，如何插上互联网和金融两只翅膀》的主题演讲。

高度强老师接受北京电视台采访

第一部分 企业家需要懂经营、会管理、通市场的总裁律师

## 09课．总裁律师是懂经营的律师

摘自高度强著《滴语录》

### 总裁律师帮助企业规避经营过程中的法律风险

杰克·韦尔奇是美国通用电气公司原总裁,也是少数能让所有人服气的管理大师,在2001年的通用电气全球高级经理人大会上,他给与会高管们留下10点临别赠言,其中提到:"常常有人问我'在通用电气你最担心什么''有哪些事会使你彻夜不眠'之类的问题,其实我并不担心通用电气的业务,而是某人在某个环节做出了从法律上看非常愚蠢的事,而这些蠢事给公司的声誉带来污点,并且也把他们自己和他们的家庭毁于一旦。"有人把这段话归纳为"诚实"或"诚信",其实并不准确,至少不能全面概括。

诚信有时与法律有关,有时无关。而韦尔奇所强调的是与法律有关的那部分。他也曾经说过:"最大的挑战就是做到公平,但是却从来没有人训练你如何成为一个法官。"没有人训练你,你就自己训练自己。不懂得训练路径,那就请个总裁律师时时监督你。总裁律师不仅兼任着企业的法

## 谁站在马云背后：
### 总裁律师帮总裁打天下

官，也兼任着企业的警察，为你警钟长鸣。

杰克·韦尔奇本人也并不是法律专业毕业的，那么他的此类管理哲学源自何处呢？

韦尔奇对自己的母亲非常尊敬乃至崇拜："她是一位非常有权威性的母亲，总是让我觉得自己什么都能干，是母亲训练了我，要我学习独立。每次当我的行为稍有越轨，她就一鞭子把我抽回来，但通常都是正面而且建设性的，还能促使我振作起来。她向来不说什么多余的话，总是那么坚决，我对她心服口服。"

一鞭子抽回来——这正是总裁律师的职能。当然具体实践中，不能等企业家犯了错再抢鞭子，到那时你要跟企业家一起挨鞭子、遭万人唾骂了。要提前从战略上规避，从制度上防患于未然。在自我鞭策的同时，总裁律师这根鞭子也可用来洞察竞争对手的险恶伎俩，坚决、及时地一鞭子抽出去，内外共同发力，才能帮助企业规避经营过程中的法律风险。

 链接

### CLO，企业的守夜人

CLO 即首席法务官，在西方公司，作为现代公司法人治理的三驾马车，CEO 统筹公司整体运营，CFO 负责公司财务和利润，CLO 负责公司律师和风控。在很多公司，CFO 和 CLO 是 CEO 的左右手，地位显赫，如影随形。有时，后者的重要性甚至更大。这一方面源于公司外部日趋严厉的政府监管和合规要求，另一方面源于公司内部因知识经济产业革命引发的战略调整，以及面对全球化经营巨大风险的积极布局和有效控制。以比尔·盖茨为例，其于 2003 年 2 月 27 日访华时，可以不带他的老伙计、微软 CEO 史蒂夫·鲍尔默，也可以不带首席财务官约翰·考纳斯，但有一个人如影随形，那就是法律事务官比尔·诺伊康。

## 总裁律师帮助企业实现专业化、职业化和中立化

据说，美国石油公司成立人类史上第一个公司法律部时，也没把法律部当回事儿，只是觉得相比外聘律师，自己有律师可以给公司节省很多相关费用。万事开头难，在律师的国度，总裁律师一开始的处境比我们也好不到哪儿去。

不过100多年过去了，通过内外部生存环境中"艰苦卓绝"的努力，尤其是看到那些一度辉煌无比如今却极具教育意义的背影——新华人寿董事长关国亮遭调查并辞职；天发董事长龚家龙涉嫌经济犯罪被刑拘；物美董事长张文中辞职并配合中纪委调查；金冠涂料董事局主席周伟彬因涉嫌偷税被刑拘；福禧控股董事长张荣坤被捕——由不得那些还活得很滋润的企业老总们有点儿危机意识。但关于总裁律师对企业的重要性究竟有多大，大多数人并不了解。

其实，上述反面教材型企业之所以一夜间灰飞烟灭，表面上看是由个别问题引起，本质上却是企业整体法律风险已到无法控制的临界状态且为时已久，才会被一根导火索点燃了埋在自己体内的炸药包。总裁律师最主要的作用就是为企业引入法律意识，设置种种保险措施，不给这样的炸药包产生的机会。

所谓术业有专攻，专业事就应该交给专业人士。企业从设立到注销，存在着方方面面的法律风险，非专业人士自然难以全部防范，而专业人士的优点则在于为企业建立风险防范体系。专业的风险防范体系能最大限度地减少和控制损失的发生，是企业参与市场竞争的客观需要。一般来说，它包括公司治理结构、公司人力资源法律保障体系、知识产权和商业秘密保护体系、经营合同管理体系和商账管理体系、公司法律风险预警和救济机制、公司重大经营和重组项目风险防范体系、企业信用管理体系、公司法律培训体系、公司法律风险年度评估报告等，限于篇幅，不再赘述。

在帮助企业实现中立化层面，海尔的"市场仲裁庭"很有代表性。海

## 谁站在马云背后：
### 总裁律师帮总裁打天下

尔内部有一个颇具特色的"市场仲裁庭"，它照搬法院审判模式来解决内部的纠纷，即解决集团内单位之间因过去没有标准或对工作标准理解不一致出现的纠纷、上下级之间的纠纷、员工之间的纠纷、给企业造成损失的内部责任追究等。市场仲裁庭不仅切实有效地仲裁了很多纠纷，也强化了内部员工的法治意识。

### CLO，绝对的朝阳事业

让人欣喜的是，越来越多的迹象表明，当下如果你是一名公司律师，那么恭喜你即将迎来一个公司律师大发展的黄金时代。我们的法治环境在改善，公司治理结构逐步完善，自由、公平的市场竞争环境在重塑，民主的思想在逐步深入人心，企业家也越来越重视公司律师的作用。在很多大公司，比如海尔、国家电力集团等企业均要求负责人签字前，必须由法律顾问审核，未经法律顾问审核的签字财务部门不能划款。中石油、上海大众、大港油田则实施重大决策法律部门"一票否决权"制度，律师一言九鼎。

高度强老师与奥巴马总统竞选顾问黄力泓

## 总裁律师帮助企业实现经济效益最大化

日本索尼公司是世界视听、电子游戏、通讯产品和信息技术等领域的先导者，也是世界最早便携式数码产品的开创者。20 世纪 80 年代，它研发的随身听全球销量达 2.5 亿台，20 世纪 90 年代，它研制的游戏机全球销量更高——4.2 亿台。但之后，索尼便再无这般风光的景象了。

进入新世纪，破产传闻一直困扰着索尼。如 2013 年 8 月，曾有人发布央视新闻频道视频"截图"，称索尼正式申请破产；次年，恰逢微软收购诺基亚，索尼破产的消息再次被抛出；2015 年，又有"索尼正式申请破产，并发表公开致歉信"的消息在网上不胫而走。为什么"被破产"的总是索尼？简单来说，索尼的效益越来越差，直抵破产边缘。

导致效益越来越差的原因又是什么呢？索尼前常务理事、机器人研发负责人土井利忠曾以天外伺郎为笔名，写过一篇文章叫《绩效主义毁了索尼》，给出了自己的答案，也引起了轩然大波。他的主要观点是：20 世纪 90 年代中期，索尼引入美国式的绩效主义，扼杀了索尼的创新精神，最终导致索尼在数字时代的失败。

万科创始人王石也曾指出，"绩效主义像企业的脓包"，但他同时也讲过，绩效主义之所以被奉为"企业圣经"，必然有其值得肯定的地方，索尼以及万科自己运用标准化管理方式，不代表绩效主义本身失败。

让我们再来看看同样引进了绩效主义的韩国三星。三星原本不是索尼的对手，但它在数字时代打败了索尼，就像我们不能把绩效主义当作索尼失败的根本原因一样，这里也不宜直接把绩效主义当作三星胜出的必杀技。不过，从越来越多的企业先后引入绩效主义本身来说，绩效主义的重要性便不言而喻。

事实上，从绩效考核与管理的角度看，索尼不是因为绩效考核导致失败，而是因为绩效管理缺乏系统性、整体性而失败。在天外伺郎的文章中，我们可以充分感受到他本人及公司上下对于技术研发的重视和关注，很少把着眼点放在关注外部的市场和客户需求变化上，体现不出以市场为导向的战略变革，体现不出对员工的持续激励和关注。而这些，恰恰是绩效管理的关键和活的灵魂。

效益是企业的生命线，总裁律师帮企业加强对部门及员工的绩效管理与考核，建立以业绩与效益为主要导向的绩效文化，是企业从初创迈入正常、从放养步入正轨的必要环节。

**延伸阅读**

企业绩效管理中的法律风险控制

企业中的绩效考核便是对员工的一种规范化的评估制度。通过有效科学的评定方法，评估员工对于整个企业的工作行为和效果，最终达到企业和个人发展的"双赢。"绩效管理需要从企业实际出发，重视以下几个方面的问题。

一、对不能胜任工作员工的认定与管理绩效考核通常是对员工工作量，工作效果的考核，并且作为薪酬发放、岗位变换的重要依据。

二、淘汰制度的正确使用。许多企业为增加员工之间的竞争，将末位淘汰引入企业的绩效管理体系中，作为与员工签订劳动合同的条款之一。从管理角度而言，末位淘汰可以强化员工的工作动力，促进企业合理流动，但也有着法律上的风险。绩效考核应在评估方面予以灵活处理，对绩效评估考前的员工进行奖励，对于排名较后，但业绩目标已经完成的员工不予惩罚。其次，根据岗位的实际情况予以置顶，对于适合进行流动轮换的岗位进行末尾套谈，并且各项制度标准要征得职工同意、公示。

三、合理合法的业绩任务制定对员工进行业绩任务的制定，一方面企业可以据此考察劳动者是否具备与该岗位相匹配的专业能力与个人素质，另一方面也是企业自身制定发展计划的重要标准。但在实际的推动过程中有很多制约绩效管理有效推进的因素，不利于绩效管理工作的开展。所以，企业可以让总裁律师来辅助此项工作，全程跟进绩效管理实施的每一个环节，有效控制绩效管理中的法律风险。

## 10课．总裁律师是会管理的律师

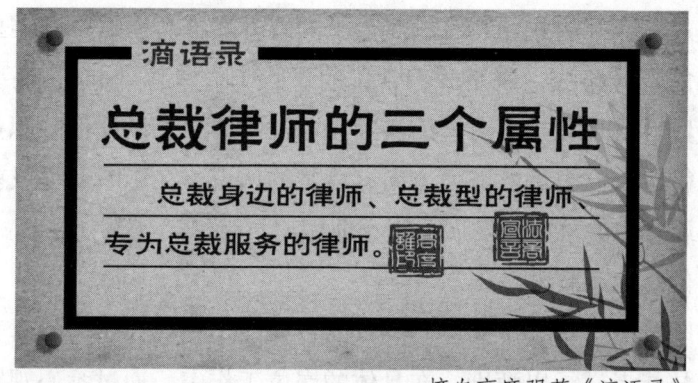

摘自高度强著《滴语录》

### 总裁律师帮助企业识人、用人、留人

众所周知，战略规划决定了商业模式，商业模式决定了组织架构，组织架构决定了人才选拔，人才选拔决定了服务质量，服务质量决定了价格体系，价格体系决定了战略规划。在这一企业经营管理实践闭环中，人才居于核心位置，也始终居于核心地位。

没有人才，谁去管理？没有人才，谁去研发？没有人才，谁去营销？没有人才，管理谁？……作为企业的智囊，总裁律师的首要任务就是帮助企业识人、用人、留人。

识人是一门技术，用人则是一门艺术。综合来看，以品德、才华为衡量人才、使用人才的准绳，乃是识人用人的不二法门。以此为认识基础，便有了古人的"八观六验"之说。它的要义是不仅要察色、察气，还要察事。也就是说，用人不光要从人的神态举止、出生门第、文凭高低，更要从他的具体行为去考察，看他在各种具体情况下的反应，看他处理问题的方法、能力,考察他的过往经历、人格品行,以此连贯起来思索,从而准确识别一个人。认识人越有深度,用起人来才会越得心应手。

俗话说,"打江山容易守江山难",人才也是如此。识才能力固然重要,但如何做,才能留住人才呢?

(1)设计职业生涯

作为总裁律师,制定规则是其首要工作。为留住人才,要事先在企业内部搭建一套开放式的并且相对公平的晋升通道。根据不同类型的高管设置不同的晋升路线,就是我们常说的"职业阶梯"。同时,还要针对不同年龄阶段、成长背景、高管的实际需求及岗位专长设计他的职业发展道路。使高管对自己今后的努力方向有清楚的认识,在不断获得成就感、认同感、归属感中追求职业发展,为企业做出贡献。

(2)做到人尽其才

在招聘时应当认真审查应聘高管的各项证书和既往履历的真实性,并通过职业技能考试予以甄别。在具体的岗位工作中,通过悉心观察和严格考核进一步了解高管的能力和潜力,把高管安排到能发挥出他最大价值的位置,使他有机会充分发挥、展示才华。

(3)公平的报酬

报酬永远是最有效的激励载体,无论CFO多高明,企业如何高大上,都必须以物质力量为后盾。稳定的收入,是高管们工作动力的永久源泉。大多数人都希望在付出超常的智慧的基础上,获得超出常人的报酬。人们最不满的,就是别人干同样的甚至更少的工作,却获得比自己更多的报酬。不按劳分配是令人不满的,这样的环境很难留住人才。

(4)下放的权力

企业要快速成长,离不开充分发挥人才的积极性与主观能动性。总裁律师要相信专业人才在其专业方面比自己更强悍,要充分信任他们,放权给他们。授权不仅仅是封官任命,也要同时授予他们一定的权力,否则就不算授权。

（5）提供培训机会

调查数据显示，提供免费或部分免费的培训机会，会使员工的流动率大大下降。在许多公司，雇员，特别是高管都认为教育和培训是公司为他们提供的最好的福利。因为教育和培训是投资大脑、提升自己的最佳方式，是比薪资待遇更容易留住员工的激励措施。

### 蜀中无大将

"蜀中无大将，廖化做先锋"这句歇后语，直指诸葛亮这位蜀汉集团总裁律师的失职。他事必躬亲是出了名的，"政事无巨细，咸决于亮"，大权独揽，小权也不肯分散，不注意培养和使用人才，以至于当他抱憾而逝时，蜀中竟无一人可堪任将帅之才。总裁律师是企业的二把手，在创业时期，在各方面人才、资源不够齐备时，与老板冲锋陷阵、拼杀角逐是应该的，但等企业上了一定规模，总裁律师不仅要劝总裁逐渐退出一些事务性工作，自己也应有所选择地退出，把具体的事务交给各类人才，这样，自己才能腾出手，致力于企业的发展战略、梯队建设等根本大事。

## 律师在企业管理中的作用

律师在企业管理中发挥的作用可谓庞杂，但"立法"与"执法"永远是重中之重。

"立法"，这里特指建立或引入科学的管理体系。目前比较通用的是PDCA循环模型，也叫质量环，最早由现代质量管理的奠基者美国人休哈特构想，后被美国质量管理专家戴明博士在1950年挖掘整理出来，并加以广泛宣传和运用。

PDCA是英语单词Plan（计划）、Do（执行）、Check（检查）和Adjust（修正、校准）的首字母缩写，一些中国企业结合自身管理实践，把它简化为4Y管理模式，使之得到新的发展。

4Y即：Y1计划到位、Y2责任到位、Y3检查到位、Y4激励到位。

计划到位：好的结果来自于充分的事前准备和有效的协同配合。

责任到位：计划的完成需要行动的支撑，责任到人才会有真正的行动，国内企业普遍存在指令不清、责任不明的状况，所以必须要责任到位。

检查到位：人们不会做你期望的，只会做你监督和检查的，不要指望人们自觉，要检查并且检查到位。

激励到位：有反馈必有激励，好报才会有好人，所以激励必须到位。

"执法"，强调的是铁面无私，赏罚分明。没有规则的企业几乎是不存在的，差别只在于员工在多大程度上认同并执行了企业规则。在实操中，总有人会漠视、挑战、破坏组织的规章制度，这些人起着"破窗效应"的作用，会作为坏榜样使一部分成员效仿，最后像蚕吃桑叶一样把规章制度破坏掉，使规章制度形同虚设，流于形式，失去应有的权威与效力。作为总裁律师，要明白企业中出现这些人是正常的，这是人性的弱点使然，无视它才是不正常的。为维护纪律与权威，必须用企业赋予的权力，对一切损坏企业的行为进行打击与惩罚。当然，惩罚不是目的，只是手段，是为了教育大多数成员，起到惩前毖后的作用。

### 酒与污水定律

管理学上一个有趣的定律叫"酒与污水定律"，意思是说把一匙酒倒进一桶污水中，你得到的是一桶污水；把一匙污水倒进一桶酒中，你得到的还是一桶污水。显而易见，污水和酒的比例并不能决定桶里的物质，真正起决定作用的是那一匙污水。只要有它，再多的酒都成了污水。几乎任何组织里都存在这种污水式的人物，他们存在的目的似乎就是为了把事情搞糟。他们到处搬弄是非，传播流言、破坏组织内部的和谐，破坏力惊人。一个正直能干的人进入一个混乱的部门可能会被吞没，而一个无德无才者能很快将一个高效的部门变成一盘散沙。总裁律师的作用就是及时发现这些传播"污水"的人并排除，在其开始之前就进行有效的制止，使企业多一些正能量的人，少一些负能量的人，多一些和谐的氛围，这样更有利于员工高效的工作。

## 律师在企业员工关系管理方面的作用

企业员工关系虽是新概念，却是老事实，我们看看其主要内容就知道：劳动关系管理、法律问题及投诉、员工的活动和协调、心理咨询服务、员工的冲突管理、员工的内部沟通管理、工作丰富化、晋升、员工的信息管理、员工的奖惩管理、员工的纪律管理、辞退、裁员及临时解聘、合并及收购、工作扩大化、岗位轮换等。同时我们也不难看出，其中很多内容都是律师的老本行，那么由总裁律师去负责这方面事务再合适不过。

员工关系管理是全面关系管理的一部分，也是主要内容，包罗万象，总裁律师日理万机，在具体实践中要把握其精义，规避三大误区，直奔最高境界。

员工关系管理的首要误区是"包论"，即认为只要是员工的事，就什么都管，一切全包。上管祖宗，下管子孙，外管世界观，内抓潜意识。从进入企业到离开企业，从生管到死。受原先吃大锅饭、搞计划经济的影响，很多人想当然地认为企业就应当把员工的生老病死、吃喝拉撒睡都管起来，就应当大包大揽。结果不仅分散精力，效果也未必理想，人际关系也是越来越复杂，给企业带来了巨大的压力。更为严重的是，这样的管理遥遥无穷期，犹如雪球，越管越多，越管越大，越管越杂，而且企业与企业之间、员工与员工之间相互攀比，只会给企业埋下不安定的隐患。试想，马云麾下那么多子公司，都管起来，他管得了吗？

其次是"均论"。不患贫而患不均，是中国特色。所谓平均主义，就是要求平均分享一切社会财富的思想。纵观历史，平均主义是对人类社会

**谁站在马云背后：**
　　总裁律师帮总裁打天下

产生了重要影响的一种意识形式。在现实经济生活中，平均主义与按劳分配原则迥然相悖。它否认以劳动作为分配的根本尺度，否认劳动者的差别，以及由此所产生的劳动报酬的差别。平均主义导致人们干多干少一个样，干好干坏一个样，干和不干一个样，必然会扼杀效率。平均主义，等于没有激励，相反还会形成一种后挫力，加速企业的衰败。

　　最后是"文凭论"。员工关系管理的目的是提高员工素质，怎样提高员工素质则存在很多争论与误区。很多人认为，提高员工素质关键在于提高员工的文化素质，而提高员工文化素质的手段就是提高员工的文凭级别，初中成为高中，高中成为大专，大专成为本科，本科成为研究生，如此类推，似乎文凭一高，素质就完全提高了。只要有文凭，就会有水平。这显然连片面都算不上，而是绝对的荒谬了。遗憾的是，这种情况在很多企事业单位都广泛存在着。

　　那么，什么才是员工关系管理的最高境界呢？

　　简单说来，员工关系管理的起点是让员工认同企业的远景，并在具体管理过程中完善企业的激励、约束机制，其核心则是与员工建立心理契约。心理契约不是有形的，但却发挥着有形契约的作用。建立了心理契约的员工，相信并且认同企业能满足他们的需求与愿望，从而愿意为企业的发展全力奉献。反过来，企业也愿意并且切实、清楚地了解每个员工的需求和发展愿望，并尽量予以满足。

　　而这，显然已超出普通律师的能力范畴，同时它又是一个总裁律师的必修课。

 **延伸阅读**

　　总裁律师如何帮助企业进行员工关系管理？
　（1）制定政策、规则和工作程序
　　任何一个企业需要制定规则从而使每一个员工知道管理者对他们的期望。管理者需要不断地与员工进行沟通进而使企业制定的政策、规则和工作程序得到下属的支持,并且需要一贯地加以强化。总裁律师可以帮助企业家制定一系列员工管理制度,并制定切实可行的推进方法。

(2)进行有效的管理

首先,管理者应当根据员工是否能够完成任务为标准来进行工作分配。其次,管理者需要对自己的时间进行管理。因为拙劣的时间管理的后果,可能导致员工和外部顾客的不满,优秀员工和外部顾客可能就会消失。再次,管理者要善于对冲突进行管理。冲突影响企业的绩效以及目标的达成,与员工积极地沟通好的以及需要改进的绩效是管理者的一项义务。

(3)确保良好的沟通

经验表明:建立自由沟通、和睦友好的气氛,可为企业实现管理目标提供精神支柱和思想动力。有效的沟通可以快速掌握员工的思想情绪以及心理状态,及时发现问题并解决。所以,沟通不仅是信息传递的重要手段,还是建立良好员工关系的主要方法。

高度强老师在直播中心为10万总裁和律师授课

**谁站在马云背后：**
总裁律师帮总裁打天下

# 11课．总裁律师是通市场的律师

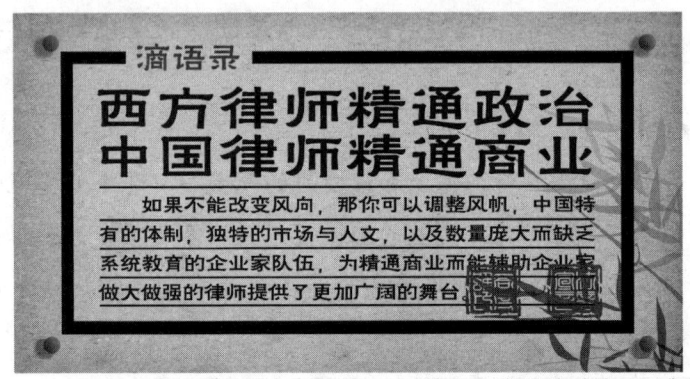

摘自高度强著《滴语录》

## 新常态下的法律服务市场现状

近日，一则不算重磅的消息在律师圈被热议，江南某地政府部门的法律顾问费开出了 40 万元一年的高价，让不少面对鸡肋现状的律师感慨不已。因为几乎与此同时，还有一条信息无情地提示着我们：某地政府部门的年度法律顾问的支出，从不超过 3 万元，但依然要靠"走关系"才能拿到！

这就是新常态下的法律服务市场现状的一角：漫天压价，恶性竞争，不顾律师业的成本，接近无耻的心态。崇尚法治，从尊重律师开始。而律师，也应自重。

无可否认，在大学扩招的背景下，传统律师每年飞速递增，市场早已饱和过剩。一个律师，看似光鲜体面，每日出入法庭，但连全国基本工资线都达不到，这实在是值得反思的。

事实上,有鸡肋,就有鸡腿;有红海,就有蓝海。一方面,是小律师、小事务所为几个小案子争破头、撕破脸;另一方面,是中国至少拥有亿万级的非诉蓝海市场,但鲜有人进入。

非诉级蓝海市场,也就是总裁律师市场。传统律师业是案源难求,企业界则是总裁律师,尤其是专业的、优秀的总裁律师难求。

有人总是担心:请法律顾问的费用太高,企业舍得出吗?

其实这种担心是多余的。市场经济时代,一切都在确立中,一切都是新常态,一旦掉入他人的合同陷阱中,损失就远不止聘请总裁律师的费用了。更何况,总裁律师一身多能,远不止帮企业把控法律风险关那么简单。所以,越来越多的企业家愿意投入资金,健全自己的组织架构,为企业稳健发展保驾护航。

借用李嘉诚的话来概括:"没有律师的意见,我不敢在合同上签字。离开律师,我什么也做不了!"尽管有些企业家依然无动于衷,但明智是迟早的事情。而当大家都明白了,你再行动,再考虑升级为总裁律师,还来得及吗?

### 增加竞争力才是根本

香港一家媒体曾经撰文说:"20多年前,当你来到香港,也许人人都会期冀经过自己的努力,有一天会变成李嘉诚,这也是香港社会的核心精神所在;然而当下,没有人认为自己有机会能成为李嘉诚。"

就此,有媒体对李嘉诚进行了专访,李嘉诚本人也说,香港不能只有一个李嘉诚,他几十年来致力于慈善,世人也是有目共睹的。不过李嘉诚也强调:"我也当过穷人,很明白天天要担忧生活的感受,经历家徒四壁的滋味,这是刻骨铭心的。但社会的重点是如何解决问题,而不要停滞在愤怒情绪的阶段。法治对香港是最重要的,如果香港没有法治的话,我们便什么都没有。我觉得港人需加强危机意识。虽然这个说法或许令人感到

## 谁站在马云背后：
### 总裁律师帮总裁打天下

不安，不过若要向前迈进，必须具有危机感的态度。人是非常难以满足的动物；增加竞争力才是根本。"

这些话，是不是也非常适合我们的传统律师们呢？

高度强老师为来自全国各地的500名律所主任讲课

## 律师如何找准自己的市场定位

律师与总裁律师的区别在哪里？

这是我们首先要搞明白的问题。

传统律师就不需说了，总裁律师，简单来说可以理解为上了船的律师。

总裁律师是相对于公司或企业而言的。如果把公司比作一艘驶入汪洋大海的大船，那么，自你进入公司担任总裁律师那天起，或者说哪怕你只是公司聘请的一个普通律师，从你进入公司那天起，你就已经是一名船员，将自己的命运与大船绑定在了一起。公司这条大船有风平浪静的时候，船员可以四平八稳、各司其职，闲时还可以钓钓鱼、喝杯红酒；也有惊涛骇浪的日子，这时候船员就要与大船共生死，你很难独善其身，因为你都不知道下一秒大船会不会翻覆，只有将自己完全变成大船的一分子，才多份活下来的希望。而且我们知道,作为一名律师,尤其是作为总裁律师,公司走到这一步,很大程度上与你脱不了干系,全船人能否得救,很大程度上也要看你的表现。

总裁律师首先是商人,其次才是律师。不仅仅是律师,会计师、税务师、工程师等拥有社会独立职业身份的人,只要他们进入公司,就应该立即忘掉自己的原有身份,而以一名公司成员的崭新身份与公司同舟共济了。不难想象,一个总裁律师,不懂商业运作,整天只会强调自己律师的身份,侃侃干巴巴的法律政策,他迟早会被赶出董事会。

### 法律救济、法律控制、法律策划

法律服务主要分三个层面,法律救济、法律控制和法律策划。

10年前,某专业机构曾在上海进行调研,发现在第一个层面,律师的参与度是百分之百。第二个层面,如起草合同,买房子、买车等,在这个层面律师的参与度为30%~40%。第三个层面是策划层面,有人经过奋斗,手里有了资金,但选取哪个行业,怎么投资,怎么与人合作,等等,需要法律策划人员参与进去,但在这个层面律师的参与度为个位数。这还是在上海这样的大城市,在其他城市,基本为零。现在,情况有所改观,但发掘潜力还很大,关键问题在于很多律师无法合理地自我定位。很多人总想:我要做就做个大律师、名律师、金牌律师,一个案件便名扬四海那种。但社会上名律师的数量有限,就那么几个。而在案件之外,社会上各行各业尤其是商业又非常需要律师的参与。比如,有的企业采煤,开采过程中需要用到炸药,要不要办爆炸物品使用许可证?经营者自己根本没这个意识,或者根本不在乎违法与否,先买下来,先干起来再说,结果就有可能构成非法买卖爆炸物品罪。社会是需要律师的,非诉讼业务也开始可以渗透到各行各业。律师更广阔的舞台不在法院。

**谁站在马云背后：**
总裁律师帮总裁打天下

总裁律师名企游学活动

## 律师要打开企业市场需先转变思维

律师是具有法律专业知识的人士。但想成为一个优秀律师，除了要有法律知识，还要知道"怎样做"，以及"为什么这样做"。这属于律师思维的范畴。但对于想要进入企业的律师，则需要进一步转变思维。

思维变，生活变，命运变。但改变思维定式很难。而律师要打开企业市场，又不得不转变思维。从职能的设定来看，合格的总裁律师应该是具有法律思维的商人和具有商人思维的律师的聚合体。

前面讲过，进入企业的人要有上船意识，传统律师既然进入了企业，做了总裁律师，他原本的职业身份就应该被淡化，从这方面讲，他更多是商人的身份。但如果他完全不具备法律背景，企业请他做什么？事实上，从合规监管和独立性的角度，公司董事会也更愿意明确公司律师独立的职业身份，更多一些律师的职能。再说确切些，总裁律师首先是法律思维的商人，然后才是有商业思维的律师。如果他想不清自己的定位，并且不能在两种身份、两种思维中恰到好处地切换，他就会整天在二者之间摇摆不定。

其实不必摇摆，公司有大有小，总裁律师可以根据公司的规模调整自己的身份与思维。很多经验显示，公司越小，其总裁律师考虑的商业问题越多，法律问题越少；公司越大，其总裁律师考虑的法律问题越多，商业问题越少。这是因为在中小型公司，总裁律师会对公司的业务和盈利有直接的感受，他不会也不应出具一些不切实际的法律意见，而是要更多地以法律的思维考虑商业的可行性。而在大型公司，分工越来越细，总裁律师考虑问题时，首要的以及更多地需要考虑专业法律问题及风险控制问题。

**延伸阅读**

### 传统律师如何通过转变思维开拓企业市场？

"像律师一样思考"，很好地表明了律师思维的独特性。在很大程度上，律师思维决定了律师处理实务问题的模式和路径。律师思维的宽度、广度和深度，是优秀律师的重要标准，也是鉴别执业水准的重要指针。

爱因斯坦曾经说过"天才是99%的汗水加1%的灵感"，这句话对于律师思维的培养同样适用。对于法律人来讲，思维方式甚至比他们的专业知识更为重要。

律师思考分析问题必须建立在法律的基础之上，做出的任何结论都不能脱离法律这条主线。虽然律师每天与不同的对象打交道，面对不同对象都有特殊的应对方式与解决策略，但这并不能影响到我们的法律属性，思考分析的每一个问题，都必须以法律为向导，让法律作为我们思考的出发点。律师在思维的过程中，要始终受法律的约束。

传统律师所具备的思维像当事人思维、事实思维、证据思维、规则思维、程序思维等，是大家所熟知的，但由于时代的不断进步，加上互联网浪潮的冲击，传统律师要想开拓企业市场是非常困难的，新时代的市场为

## 谁站在马云背后：
### 总裁律师帮总裁打天下

律师提出了新的要求，所以，传统律师要想开拓企业法律顾问市场，必须要先转变思维，由规则思维向商业思维进行转化，由传统律师向总裁型律师进化，成为总裁身边的律师，具有总裁思维的律师，专门为总裁服务的律师。

首先，传统律师要接受自己从社会律师到公司律师身份的转换。一旦进入到公司从事法律顾问相关工作，意味着自己的工作并不是仅仅出具法律意见书那么简单。

其次，培养自己的商业兴趣。总裁型律师要以公司的商业为基础，懂得老板的想法，知道老板的追求，帮助老板及时把握公司商业机遇并预测法律风险从而帮助公司盈利。

再次，总裁律师需要养成主动迎接商业风险、评断商业风险和转化商业风险的意识和思维。大多数法律顾问都认为，商业问题应该由公司的商业决策机构或者人员进行评断和决策，和自己没有关系，但不知道长此以往，自己就会远离公司商业决策机会，与商业决策无缘，进而导致在公司的地位只仅仅限于法律事务的处理，很难有更大的发展空间。

所以，想要开拓企业市场，律师们需要付诸实际行动，不仅要保持自己基本的法律思维的素养，还要提升自己的商业思维，这样才能逐步转型，为自己带来更多发展的机会。

# 12课．总裁律师与总裁互生共赢

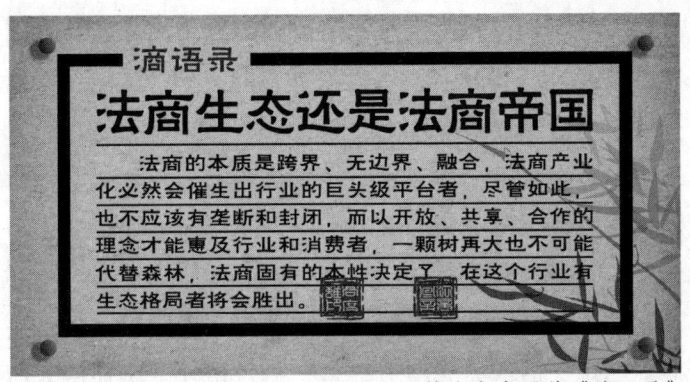

摘自高度强著《滴语录》

## 律师应该站在企业家角度考虑问题

2012年9月14日,一位曾经声名显赫的民营企业家走出监狱、重获自由,并迅速以头戴纸糊的高帽像是过去斗地主一般的图片蹿红微博圈。

这位企业家就是顾雏军。他是我国早期为数不多的高学历民营企业家之一,辉煌时期曾跻身中国百富榜,当选2003年中央电视台年度经济人物,荣登"胡润资本控制50强"榜首……但2005年,因为"郎顾之争"引发的所谓"国退民进"的危机,顾雏军被送上了审判台,终审被判有期徒刑10年。

顾雏军提前3年恢复了自由。但他再也不是从前的顾雏军了。许多网友第一感觉是他老了许多。更为滑稽的是,他自己用纸糊了一顶高帽子,上写"草民完全无罪"六个大字,自己戴在头上,让媒体记者拍照,声称其个人资产,包括房子、股票、现金全部被"抢夺",仅靠前同事接济为生,而且身患多种病症,包括糖尿病、高血压,等等。

## 谁站在马云背后：
### 总裁律师帮总裁打天下

虽然顾雏军在纸帽子上写着"草民完全无罪"，但他既不是草民，也不是无罪。重要的是，昨天不可再来，他基本上已不可能恢复昨日的辉煌。更重要的是，即使他真的无罪，他拿不出证据！没有证据，花钱聘请最好的律师为他辩护，律师使出浑身解数，该争取的都争取，还是无能为力。

试想，如果他能在事业启航阶段就聘请律师把关，把该收集的证据收集、保存下来，把一切可能引起法律争议的问题指出来，这样即使不能确保他绝对不会"出事"，但至少会降低相应可能性。相比被公权力查封、没收财产，当初聘请律师的这点代价算得了什么？

当然，我们只是举个例子。企业家聘请律师固然是越早越好，而律师也应该站在企业家的角度考虑问题。中国有些企业家在事业有成后，愿意聘请一身肌肉的保镖，却舍不得花钱聘请律师，有人认为这是一种怪现象。其实企业家们傻吗？企业家们之所以这样选择，主要原因还是我们的律师不能真正辅佐、保护企业家，一门心思只想从人家那里拿钱，越多越好，丝毫没有利益共同体、命运共同体的意识。

#### 第三波移民潮

新中国一共出现过三波移民潮，分别是"文革"结束后、20世纪八九十年代和2006年开始到现在还未结束的这一波。在这一波办理移民的国人当中，虽然缺乏具体的数字，但民营企业家是主体。毫无疑问，他们是整个中国经济的活力源泉，他们的离去势必给中国社会带来不可估量的损失。

无独有偶，另有研究学者指出，未来全世界的竞争本质上是人才的竞争，而中国则是世界上人才流失最严重的国家。这里所说的人才，不仅仅局限于科技人才或者学者、某一方面的专家，人才也应该包含那些民营企业家，正是他们的努力和创业精神才使得中国经济呈现出无比的活力，他们理应得到社会的尊重和认可。

对此,国人没有理由去责怪这些选择移民的同胞。反而要扪心自问,我们向国人提供了什么样的制度,才使得他们选择投资移民?事实上,相关调查机构直接指出,这波中国富豪移民海外的原因,法律安全是一大方面。

由此可见,中国大多数企业家的"逃离"是因为对法律制度认识的不到位,不知道通过律师来帮助自己和自己的企业,所以导致了国内人才流失。如果企业家早一点认识到律师的重要性,每一位企业家身边都有一位懂自己、了解自己企业的总裁律师,企业就能早日实现基业长青、健康发展的愿景,而我们的国家也会留住更多的人才。

## 律师要和企业家做"终身情人"

有这样一个经典案例:

十几年前,武汉知名影楼"王开照相"的李老板,有两位朋友因货款纠纷闹得不可开交,他出面调解此事,双方都给面子,达成了一个书面还款协议。在那位供货商朋友的再三要求下,他还在还款协议上签了名,当时说好只是作个见证。但后来,那位拿了货的朋友还不了钱,供货方起诉了李老板。在法庭质证阶段,李老板傻了眼:自己的签名前添加了三个字——"保证人"。他竭力否认"保证人"这三个字是他写的,法院也认定不是他写的,但无法确定是别人写了"保证人"三个字后他签了名,还是他签名后别人添加了"保证人"三个字。最后,法院判他承担保证责任。

厉以宁教授曾讲过,民营企业有"十种死法":病死、拖死、找死、压死、憋死、猝死、冤死、挤死、老死、捅死。这位李老板因一时仁心侠气签了个名,白白赔了人家27万元,自己经营得很不错的影楼就这样被"冤死"了。

**谁站在马云背后：**
  总裁律师帮总裁打天下

有句话叫"把你的事业当情人"，企业家们总体来说执行得不错；针对上面这种情况，我们不妨套用这句话，建议企业家找个律师做"情人"。在做出重要决策之前，抽出一点点时间，和自己的律师沟通有关情况，出具法律意见。尤其是可能涉及刑事犯罪时，一定要听取律师的法律风险分析。

当然最好的办法是在条件允许的情况下，聘请总裁律师，设立法务部，让专职人员从宏观层面到技术层面为公司经营层层把关，努力将企业经营风险降到最低，并在此前提下做好总裁的参谋和助手。

*和律师做朋友*

考虑到"情人"这个词语的特殊性，将律师比作企业家的"情人"不很贴切，但企业家至少应该与律师做朋友。在国外，医生关照你的健康，律师看护你的财富，这是基本常识，成功人士都会聘请私人医生、私人律师。

有些老板认为，律师不就是会背几句法条吗？翻翻书我也会。这是对律师的误解，律师的专长不限于法庭论辩，更善于风险管理。在你提出目标之后，律师不是照搬法条，告诉你该做什么，不做什么，而是教你做的方法和程序，这是一种法律技能，而不只是书本上的知识。

如果你身边恰好有人品、学识和执业技能都值得信任的律师，不妨与他做一辈子的朋友。没事就多和他聊聊你的企业，他的职业敏感性能有效帮你的企业诊病、治病，规避可能的各种暗礁险滩。

## 总裁律师是专为总裁服务的律师

前面我们讲过法商，以及智商、情商等，近些年还有一个词胆商（DQ），泛指一个人的胆量、胆识和胆略。胆商表现为一种冒险精神，胆商高的人能够把握机会，凡成功者，都具有非凡的胆略和魄力。

改革开放后一波波的下海创业者，胆商都不低。他们擅长创新、务实、成本思维，经济头脑与生俱来，无师自通。他们敢冒险，有胆识，知道哪里有黄金宝藏，会赚钱做生意，但也很容易赔得两手空空。这些人可以当老板，但不能当总裁。总裁律师的责任，就是帮助这些"土老板"成长为真正意义上的总裁，或者叫企业家。

有人说，胆商第一，情商第二，智商第三。我并不认同这个排名，但胆商真的很重要，重要到了与法商并驾齐驱的程度。胆商法商，缺一不可。所谓艺高人胆大，心里有底，有什么不敢干的呢？

总裁与老板的区别在于，前者不仅会赚钱，还应该知道市场游戏规则，预知风险、控制风险，按照既定目标将企业一步步做大做强。总裁者，个人能力肯定不能太小，个人智慧肯定不能太少，不然怎么总揽全局、定夺裁决？但总裁不仅仅依靠个人智慧，还要善于借助专业人士的智慧，让企业管理规范、经营合法，避免来自各方面的伤害。

商场如战场，但毕竟不是真的战场；企业如战舰，必须在法治的航线上前进。总裁律师一定程度上是总裁的专属律师，负责领航，他不仅懂航行规则，还了解航道状况，知道哪儿有险滩，哪儿有暗礁，哪里可以自由航行。牟其中、孙大午、禹作敏、周正毅、唐万新、黄光裕，商业舰队庞大，但稍稍起风，便下马落水，一夜之间成为阶下囚。智哉？愚哉？

小老板更是如此，小本创业，说好听点叫船小好调头，但从律师的角度看，船小就更禁不起风浪了。投入小、用人少，机构简单，没有充足的资金，没有优质的客户，没有规范的管理制度，冲出去了叫老板，冲不出去只好老板着脸。别的不说，在《劳动合同法》日益完备的今天，遇到劳资纠纷，几十个员工集体告你未签劳动合同，按法律规定支付双倍工资，就足以让企业关门倒闭。

那么，为什么不把该配备的律师配备上，把该签订的合同签订好？这都做不到，就不要说什么总裁与总裁律师了。

**谁站在马云背后：**
  总裁律师帮总裁打天下

### 延伸阅读

中国第一部《法商宣言》诞生 第一所以"法商"命名的希望小学建立

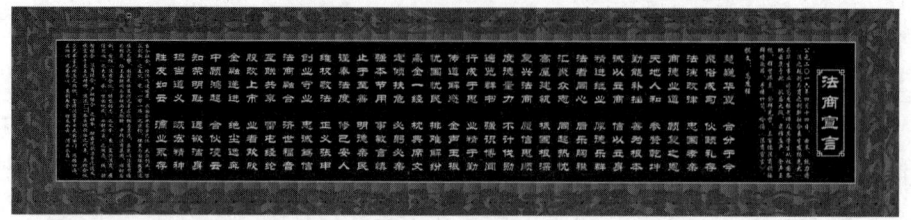

高度强老师著《法商宣言》长卷

2016年4月13日，第三届全球总裁律师大会暨LTT两周年法商领袖高峰论坛成功举办，由中顾集团董事长编撰的《法商宣言》正式面世，致力于将"法之规则与商之创新融合互生发扬光大"为毕生事业的高度强老师与300位法商领袖共同祭拜孔子，宣读《法商宣言》。

高度强老师与数千名法商领袖共同宣读《法商宣言》

2016年5月，中顾集团在德州禹城捐建的第一所法商希望小学正式投入使用，这是国内第一所以"法商"命名的希望小学，切实改善孩子们的学习环境，并感召社会法商领袖与爱心人士一起捐资捐物，建立法商爱心基地。

第一部分　企业家需要懂经营、会管理、通市场的总裁律师

高度强老师与数千名法商领袖共同宣读《法商宣言》

　　捐建希望小学是高度强一直以来的一个心愿，在未来的发展过程中，他希望可以用自己的力量捐建100所希望小学，真正地做到不忘初心，用实际行动回报社会，将法商文化传承开来。

## 第二部分

# 总裁律师如何帮总裁打天下

　　对于总裁律师来说，开辟企业市场需要哪些领域的知识、如何有针对性地开展学习、律师容易陷入哪些误区，都将在本部分中有所体现。

　　律师本身是一个学习能力非常强的群体，但对于企业市场而言，要学习的零碎知识点非常多，和企业结合的知识也非常多。那么如何将这些零碎的知识点系统化，其实是需要引导的，这也是本章节的意义所在。

|谁站在马云背后:
总裁律师帮总裁打天下

# 13课．股权激励治理与总裁控制权设计

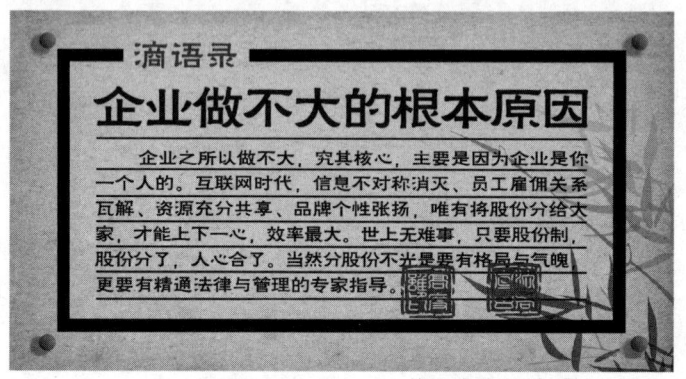

摘自高度强著《滴语录》

## 以阿里巴巴为例看股权激励的重要性

做企业只有一条生路,那就是做大做强;但至少有一百种"死"法。有些企业虽然还活着,但企业家生不如死:孤军奋战,人才流失,士气低落,利润下滑……

如此多的困境,法门只需一个:激励。科学激励,可使员工产生活蹦乱跳的动力。但员工激励是个大课题,很复杂。比如赫伊拉说过:"不要卖牛排,要卖煎牛排的滋滋声。"对员工,对为你冲锋陷阵的伙伴,只让他们听听滋滋声显然是不行的。但他们吃完牛排,跑到别家公司怎么办?最好的办法,就是送他们一副"金手铐",也就是股权激励。

"金手铐"这一比喻形象地说明了股权激励对员工的双重作用:既激励,又约束。马云曾经说过,自己的核心层,"别人出三倍的工资也挖不走",因为他们也是股东。马云最早的核心层是谁?是十八罗汉。不给股权,这些人也会跟着马云走。但是能走多久呢?所以蔡崇信加盟后,第一

件事情就是给十八罗汉讲股份、权益,不仅仅靠"感情""理想"维系,并且切切实实地给了股权——尽管在当时,只是画饼。

蔡崇信在接受采访时曾说,他是真心佩服马云。为什么?因为阿里巴巴有18位创始人,但原本只有一个创始人就行,也就是马云自己。当时马云打电话给他说:"崇信,请帮我组建公司吧。"蔡崇信答应了,并问哪些人将成为股东?这么问是有原因的:蔡崇信第一次去马云的家时,一堆人"乱七八糟"的,但马云称他们为"创始人",那么他们将成为股东吗?

很快,马云发了一份传真给蔡崇信,名单上有很多人,让人惊讶。基本上,在马云的公寓里工作的所有人,从第一天起就成为了创始人,马云把很大一部分公司股权让渡给了他们。这就是马云,独一无二的马云,在其他地方找不到的马云。因为其他企业家往往会说:"我想尽可能多持有股份,掌控公司。"马云,从第一天开始心怀就是开放的、与人分享的。如果你是蔡崇信的话,你会怎么想——在你即将加入阿里巴巴之前?

怎么想不重要,重要的是落在实处。据说,蔡崇信在阿里的股份比马云本人还高。但马云亏了吗?没有。蔡崇信帮他用股权留住了18位忠心耿耿的创始人,他则用股权吸引了蔡崇信这个重量级且不可复制的人才加盟。他们都在画饼,但最终都吃到了牛排。

### 阿里巴巴期权激励

阿里之所以能成为中国互联网业的传奇,主要在于蔡崇信、马云对股权激励的深刻理解和恰当运用。俗话说,"共患难易,同富贵难",阿里上市造就了一批百万富翁员工,而对阿里来说,让员工继续保持创业激情更加重要。其做法是,只要员工达到一定级别和业绩要求,就可获得股票期权或受限制股票。阿里员工分非管理岗位P和管理岗位M,P岗位分为14级,M岗位分为10级。其中P04、P05均为研发工程师,再往上为高级研

**谁站在马云背后：**
**总裁律师帮总裁打天下**

发工程师、专家、研究员、科学家等。M01为主管，与P06相当，M05为资深总监，有资格进入阿里集团组织部，即高管团队。从P06级开始，员工有权获得期权或者股票。一般而言，P06级员工可拿到1万股期权，P07级的员工可拿到2万股期权，行权价大约在5.5美元，正常情况下全部拿到需要四五年。

## 唯控制权不可让渡

曾经有一个阶段，马云被人称为"疯子"。马云不管不顾，反复进行着疯狂的尝试。今天，马云成功了，仿佛他一开始就成功了。实则不然，马云也有两次失败的经历。

第一次，1995年马云创建中国黄页，刚刚打开局面，竞争对手就如雨后春笋般冒了出来，尤其是有钱有资源的杭州电信。形势所迫，马云决定同杭州电信合作，马云以及团队占股30%，杭州电信占股70%，但合作很快出现问题，结果马云离开中国黄页，把自己的股份也送给了一起创业的员工。

第二次，1997年，外经贸部成立了一家公司——中国国际电子商务中心，由马云组建团队并且进行管理，马云占30%的股份，外经贸部占70%的股份。这次创业也以失败而告终。然后才有了阿里巴巴的故事。

事实反复证明，马云并不是贪婪的人。但公司控制权不可让渡。现在看，马云离开阿里，也不会造成太严重的影响。但在当初呢？没有马云像对待亲儿子似的付出、养育，今天的阿里能让他这么自豪？事实上，相对于阿里，马云对亲儿子的关心远远不够。

作为创始人，丧失公司控制权相当于将自己的公司拱手让人。也正因为控制权有这样的价值，它往往成为投资方、经理人等各利益主体相互争夺的对象，特别是经理人，如同国美的陈晓，运用一系列的手段驱逐了创始人黄光裕，取得了整个国美的控制权。同样的例子还有国内照明行业的领袖企业——雷士照明创始人吴长江，由于在引入资本的过程中股权不断被稀释,其控制权也不断被弱化,最终丢失了公司的控制权。

是不是保持第一大股东的地位,就必须拥有公司的绝对控制权?不尽然。反之亦然。在企业发展和壮大时期,创始人为融资或者引入股权激励制度,股权稀释在所难免。阿里上市后,马云的股份降到10%以下,然而他对公司仍有绝对影响力和控制权。对于个人股份问题,马云曾坦言在阿里自己并没有控股权。"从第一天开始,我就没想过用控股的方式控制,也不想以自己一个人去控制别人,这个公司需要把股权分散,这样,其他股东和员工才更有信心和干劲。"马云说。管理和控制一家公司需要靠智慧。这个智慧就是在阿里董事局,跟马云一起创业的合伙人占有董事局绝大多数席位,他们始终跟马云保持一致。无论马云的股权被稀释到何种程度,都能够在董事会中保持表决权的多数席位。这是不是出自蔡崇信的设计,我们不得而知。但我们知道,黄光裕之所以会失去对公司的控制权,就是因为他虽是创始人,也拥有公司接近34%的股权,是公司第一大股东,但在董事局无一席之地。

不过,马云并非中国企业界的特例,华为掌门任正非也仅持有不到1%的股份,但谁能质疑、谁又有能力动摇任正非的控制权?

### 坚守34%的控股权底线

保持第一大股东地位,并不代表拥有控制权。如果股东想获得公司实际的控制权,真正参与公司决策,还需要有表决权,而拥有控股权不代表有压倒多数的"表决权"。因为只有股东在股份不少于约34%的情况下,才能对抗股东大会提出的需要超过2/3多数表决权(66.6%)同意的提案。通常,一些事关公司发展的重大事项才需要股东大会2/3以上的表决权通过。为此,控股必须要守住34%控股权底线。如果实在不行,创始人要保证在股东会里至少有一个能和自己步伐一致,共同进退,且两个股份相加可以确保控股权底线的人。

| 谁站在马云背后：
总裁律师帮总裁打天下

如何设计股权方案，如何坚守控股权底线也是一门很深的学问，需要对企业情况有深入了解，需要有丰富的法律和财税知识，这就为很多企业家设置了门槛，此时他们就需要懂经营、会管理、通市场的总裁律师来帮助他们进行股权方案的设计，防止风险的产生。

## 股权激励治理为什么需要专业律师

2015年4月，京东CEO刘强东在"众创学院"成立现场给创业者上了一课：

"我管7.5万人，就靠这4张表格。"课上，刘强东分享了4张表格，其中第一张叫能力价值体系。这是京东管理员工的第一张表格，也是最重要的一张。根据该表格，京东按照员工的能力及其价值观（与企业价值观匹配度）把所有员工分为五类，其中能力非常强而且价值观和公司价值观高度匹配的员工，称之为"金子"，既可以是高管，也可以是技术骨干。这样的人才，是每个企业都想吸引、都想留住的。公司不实施股权激励也就罢了，实施股权激励，激励的对象首先就应该考虑这样的人。

问题是，应该不等于做到。很多企业，实行了股权激励，反倒不如从前，根本原因就是"戴错的金手铐"。实施股权激励的根本目的，是留住人才，然后激励人才积极地为企业创造最大化的价值。

所以，股权激励不是一个简单的散财的行为。它属于一种博弈，需要高超的财技和运营策略，必须聘用有专业知识与经验的律师，通过一系列的策划、筹备、流程、协议、法律文件、章程等，构筑强有力的法律基石，避免出现"早知今日，何必当初"的悔叹。

 **延伸阅读**

股权激励的持股平台，该选择有限合伙还是公司？
非上市公司实施员工股权激励计划，可以通过员工直接持股或者员工通过中间持股平台间接持股的方式进行。选择不同的持股平台，无论从法律还是税务上，都可能产生不同的影响。

通常而言，公司实施员工股权激励计划，是通过授予员工分享公司经济利益的方式，以达到激励员工积极参与和促进公司持续发展的目的。由于有限合伙人在法律上不享有执行合伙事务的权利，公司实际控制人可通过实际控制普通合伙人的方式，保留对公司的投票权等实质性管理权利。因此，相比有限责任公司，有限合伙企业更容易达到股权控制的目的。

从责任上，有限合伙与公司均可达到风险隔离的效果。在普通合伙人是公司的情况下，尽管公司本身承担无限责任，但公司股东仅承担有限责任，因此同样可以达到风险隔离的效果。

从税务角度，如果不考虑地方性的税收优惠，除了持股平台转让公司股权的情形外，有限合伙企业与有限责任公司在税收上区别不特别明显，当然还需要考虑扣缴义务和纳税地点和时间可能有所区别。

总的来说，实施员工股权激励计划时，是否要使用持股平台，是选择有限合伙企业还是有限责任公司，如何平衡公司与员工之间的利益关系，是需要从多个角度探讨的问题。

总裁律师到前海股权交易中心交流学习

**谁站在马云背后：**
  总裁律师帮总裁打天下

# 14课．法律顾问治理与总裁参谋系统设计

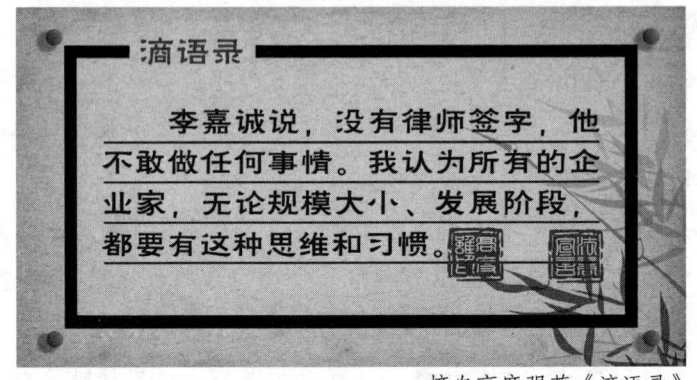

摘自高度强著《滴语录》

## 法律顾问对于企业的必要性

作为一名律师，我其实不太认同一些动辄美国如何、欧洲如何的同行的观点。做什么事情，都要立足国情。说什么话，都要顾全大局。这其实也是总裁律师的基本心态。"一个公司是一个世界"，公司作为市场经济的重要主体，它不能也不应依赖政府，抱怨也毫无意义，它只能自己寻找市场、挖掘市场、培育市场、发展市场、抢占市场，在市场中求生存寻发展。这样，公司自身素质的高低便是关键。同理，一个律师，首先要考虑、修炼的也是自身的素质。

很多人都注意到了这样一个现象：我国市场经济国家的地位并没有得到欧盟、美国等大部分国家的承认。而且因为如此，光反倾销一项，美国、欧盟给我国有关公司造成的损失已达数十亿美元。这是为什么？我们不能一味地抱怨，应该痛定思痛，寻找深层次原因。根据我国现行公司组织机构，企业设立有"三总"，即总工程师、总经济师、总会计师。但总

法律顾问的职位却一直空缺。对于过惯了没有律师不习惯的日子的外商来说，他们会很自然地想：中国的"市场经济就是法治经济"是喊在口头上的，因为你连法律顾问都没有。

我们知道，美国、英国、欧盟等发达国家，大中型企业都设立有律师或法律顾问等职务乃至机构。他们直接参与企业公司的决策，一个命令，甚至可以查封全公司的资金账号。我们当然不能追求形式的一致，不能因为外国人设了某职位就不加考证地设立。事实上，我们在前面已经多次讲过企业设立总裁律师的必要性，退而求其次，至少设立法律顾问是必要的。

一家公司，从筹划成立、登记注册，到变更、年检，以及合并分立、破产清算；从产品的科研、设计、开发、制造、销售，到售后服务、收回资金；从融资理财、上市并购、合同管理、涉外业务、内部规章，到知识产权保护、各类谈判以及诉讼和非诉讼代理……哪一件离得开法律？哪一件不应该有律师介入实操？

### 美国企业法律顾问制度

世界上最早的企业法律顾问出现在美国新泽西州的美孚石油公司，时间是1882年，距今已有100多年。美国的企业法律顾问制度不仅历史悠久，也更加完善和合理。目前，全美有近20万人从事企业法律顾问职业。几乎任何一家美国企业，无论大小，都有自己的法律顾问。大型公司则设立有专门的法律部门，配备数名专职律师。以通用电气公司为例，它设有专职企业法律顾问800余名，总部常年有上百名律师。"法律顾问鼻祖"美孚公司稍差，也有法律顾问700余名。其余大公司，如BP—阿莫科、雪佛龙等，都设有上百到几百名法律顾问。

这些企业对法律顾问的要求很高。即使取得了法学硕士学位和律师资格，也不能直接进入企业，还必须在政府部门、律师事务所或其他机构工

> **谁站在马云背后：**
> 总裁律师帮总裁打天下

作若干年，优胜劣汰，最优者才有可能被聘用为企业法律顾问。达不到公司的要求，随时还会被解雇。

## 法律顾问与企业家都需要与时俱进

法律顾问在国外被称作商务律师，国内之所以这么叫，主要是国内企业不太重视商务律师，所谓顾问，无非就是"我平常顾不上你，我有事才问你"的意思。

这还是好的。据统计，当前国内企业聘有法律顾问的不足10%，其中还有90%的企业属国有企业。表面上看这是成本原因，实质上没请法律顾问的企业多半不是穷得请不起律师，而是没有真正意识到法律顾问的重要意义。通俗地说，他们认为法律顾问是吃闲饭的，是"浪费钱"。

实际上，随着市场经济的发展，经济事务变得日益纷繁，越来越多的商事法律被制定了出来，没有专业律师做法律顾问，企业等于瞎胡闹。

法律顾问身兼多能，既是企业的保健医生，又是企业的手术医生；既是企业的救火队，又是企业的智囊。事前，可防范；事中，可处理；事后，可补救。调查表明，有些企业能较好地利用和发挥其功能，也有些企业虽然聘用了法律顾问，但收效甚微，甚至适得其反。这主要是因为有些企业天真地认为，自己有了法律顾问便可以打赢所有官司，从而无法无天、为所欲为；有些企业则是因为碍于"面子"，不主动听取、征求或不能被动接受法律顾问的意见，结果造成无法挽回的损失。

我们欣慰地看到，很多法律顾问凭借丰富的法律知识和实践经验，帮助企业建章设制，堵塞漏洞，预见风险，提供意见，避免或减少了企业不必要的经济损失，维护了企业的合法权益，实现了与企业的共同成长。我们也遗憾地看到：一方面，因为一些企业家法商较低，导致法律顾问不能发挥其功能；另一方面，没有金刚钻，难做瓷器活。很多法律顾问也应与时俱进，不可死板地恪守法律教条。须知，拥有一名具备灵敏商业思维的法律顾问固然是企业之福，但首先是自己的福分。

 链接

**不怕花钱，就怕不值！**

精明的企业家从不怕花钱，就怕花得不值。有人觉得自己的法律顾问没做什么，一年到头也就来公司几次，这并不都是他们的错觉。一方面，律师应加强沟通，给企业家"我虽然不在你的公司，但随时在你身边"的感觉；另一方面，在于部分律师没有养成良好的职业习惯，无法彰显自己的职能。一般来说，企业法律顾问可以通过工作日志或工作报表的形式，清楚记录哪天帮助企业解决了什么问题，哪天参与了公司的哪些经济谈判，哪天又参加了公司的哪些诉讼，为企业挽回了多少损失，等等。把这些一一记录在案，并写成工作报告，至少每半年时间，给企业发送此类工作报告或工作总结。此外，律师也要彰显必要的姿态，要经常去公司坐坐，了解公司动态，做企业的法务贴心人。

## 大企业要打造总裁参谋系统

优秀的法律顾问是企业及商务人士的好参谋、好助手，是企业立于不败之地的中流砥柱。但大家都听说过一句话，"县官不如现管"，现阶段我国企业配备法律顾问主要以兼职合作为主，这就使得法律顾问身份地位尴尬，无法更好地深入到企业的方方面面。实践中，法律顾问由于调查研究的需要，还难免给人留下过多"干涉内政"的嫌疑，让不明就里的企业家产生反感。

最好的破解之道就是聘请总裁律师，并以总裁律师为核心，打造专业的总裁参谋系统。

好的管理，恰如马克思对国家的定义一般："以一个集团去统治另一个集团。"企业家的任务是用将，而不是带兵，他要通过掌握关键的三五个人（COO、CEO、CFO）来掌握整支队伍。作为企业家的智囊，总裁律师也要学会用将，运用众智众力，共同掌控企业这艘大船。

## 谁站在马云背后：
### 总裁律师帮总裁打天下

COO、CEO、CFO之类，是绝对的领导者，也必然是企业的参谋乃至参谋长。但没几个得力且忠诚的人围在周围，形成一个骨干核心组织，他们也很难承受来自各方面的压力和意外。这个骨干核心组织就是企业的中层，也是企业参谋系统的根基。很多策略，高层拍拍脑袋就通过了，但是能否落地，执行得如何，中层说了算。他们一直在各方面发挥着显著的作用。没有他们，人心不会自己稳定，士气不会自己提升，任务不会按时完成，领导者的地位不会稳固，领导者的威信也不会建立……他们是有行动力的参谋，不是参谋胜似参谋。总裁律师的任务，就是帮企业家训练一支既能战斗又有智慧，并且忠心耿耿的亲兵。

此外，西方大企业均有为数不等的"不是领导的领导者"，也就是专业参谋人员，包括各种专家、智囊人员等。专业参谋只在专业领域进行辅佐，如企业中的市场研究、工业工程、劳资人事、技术质量和财务审计等部门。举个简单的例子，如果企业从事的是物流业，那么企业就应该聘请有相关经验的律师为专业参谋。企业进行多元化发展，那么企业所在的每一行业乃至每一子行业，均应有精通相关法律的律师保驾护航。

**延伸阅读**

### 唐骏与"美国第一移民律师事务所"

对于美国律师业的种种不合理之处，有"打工皇帝"之称的唐骏有着切肤之痛。他说，在美国的中国留学生最讨厌三种人：律师、医生和汽车修理站老板。留学生通常买不起新车，二手车又总是容易出故障，将车送去修，老板一下子就叫人将你的车顶得很高，把所有的零部件拆下来，心情好让你付200美元，心情不好就300美元。你说不，他都已经将车拆掉了。美国的药不贵，但拿到药很难。美国的医生很讨厌，知道你感冒了，哪怕你连病源都告诉他了，就让他开一下药，他还要从头到脚做一遍检查。本来是小小的感冒，这样一折腾就变成了重感冒。所以中国留学生随身带去最多的就是各种常用药。至于律师，则更是人见人怕。他们和你一说话就要开始收费,什么事还没有做,就把钱拿去了。但美国偏偏需要法律咨询的事又特别多,还不得不咬牙上门给这些律师送钱去。基于此,唐骏花100美元注册了一家公司,名头大得不能再大——美国第一移民律师事务所,专为来美华人解决签证问题。

怎么与哈佛、耶鲁的法学博士们竞争呢?别的律师按小时收费,事情办不成也要付钱,这是行规。唐骏则在广告上明确注明:从学生签证转工作签证600美元,转绿卡1500美元。不成功不收费,成功了再收费!这就完全摒除了以前将风险完全由客户承担的律师业陋习,自然会受欢迎。开业5个月后,第一移民律师事务所的效益就跑赢了洛杉矶地区所有的同行。

## 15课. 家族企业治理与总裁家事智慧设计

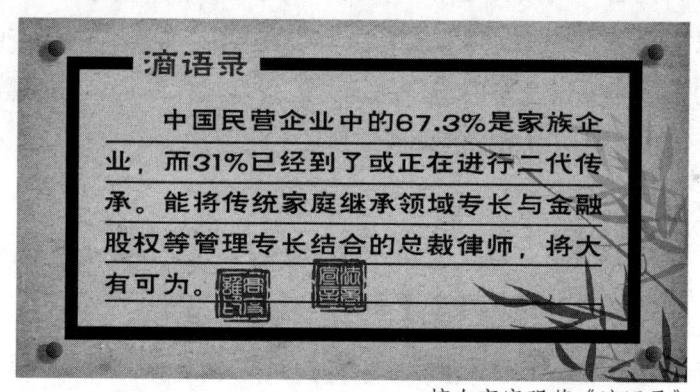

摘自高度强著《滴语录》

### 婚姻关系破裂风险防范

"学挖掘机哪家强?中国山东找蓝翔。"相信大家对这句广告语都不陌生。

前两年,蓝翔技校创始人荣兰祥的离婚事件动静也不小,毕竟是名

## 谁站在马云背后：
### 总裁律师帮总裁打天下

人，还刚刚挑战过冰桶。导火索，说白了还是围绕财产，还是因为股权。无论如何，离婚都不是让人愉悦的事。而更让人不愉悦的事情，则是婚也离了，钱也没了。就事论事，唯一有效的应对手段就是提前做好预案，将损失降到最低。

约定，尤其有法律效应的关于控制权的约定，必不可少。具体如何约定要看具体情况，不能一概而论。比如两个人都想说了算，其结果只能是两个人谁说了也不算，这只会让公司陷入僵持，不能发展，甚至死掉。如果没有能力的人说了算，失误的可能性就会大，同样不利于公司的发展。所以，夫妻二人在刚开始创业时就要约定控制权的归属，但分红权不变，都是一半。比如有能力或者贡献大的那个人可以拥有100%或者80%的表决权，另外一个人没有或者只有20%的表决权。这样产生争执时，不至于僵持。

此外，还要做好对下一代婚姻风险的规避。有些企业，孩子都已经接班20多年了，还是一分钱的股份都没有。为什么？因为父母对孩子的婚姻不放心，担心一离婚分走一半，再一离婚又分走一半，最后公司就没了，所以不敢把公司股权交给孩子。其实完全不必如此，约定在此仍是非常有效的手段。无论是婚前财产约定，还是继承权约定、股权赠予约定，都可以有效避免财产因婚姻破裂被分割。

 链接

**像经营事业一样经营婚姻**

股神巴菲特曾说，一生中最重要的投资并不是买入哪种股票，而是选择跟谁结婚，因此像经营事业一样用心经营好自己的婚姻，对企业家来说十分重要。李开复的一段话也说得非常到位："夫妻磨合过程可以让你具备同情心和团队精神，换尿布可以让你学会忍耐和坚持，养育青少年可以让你掌握情感管理和影响他人。"

"婚姻不易，且行且珍惜"，这句来自娱乐圈的流行语，用在企业界也

很贴切。婚姻管理的失败某种程度上也是企业家个人的失败,既然企业家们有能力管理好成千上万人的企业,为什么无法与最亲密的爱人处理好关系呢?

## 财产混同法律风险防范

财产混同,简单来说就是个人财产与企业资产傻傻分不清。企业家往往视企业为爱子,为了企业发展壮大,不辞辛苦,想尽一切办法为公司经营增砖添瓦。他们也总是认为:公司的钱就是我的钱。个人开销就从企业的公账中抽取拿来使用,然后发觉公司账面不对便让财务做假账来掩盖。这种情况已经构成了个人行为与公司行为完全的混同。他们不曾想到,个人财产与企业资产混同将会带来极大的法律风险,严重时企业破产、家财败光不说,还要吃上官司。

在我国,家族经营、家庭成员共同入股公司的现象十分普遍,其中又以夫妻双方共同出资设立公司的方式最为常见。以夫妻共有财产出资成立公司,其出资财产是夫妻双方的共同财产。以夫妻共同财产出资的企业,夫妻双方在企业中的实际地位是"合伙人",而不是"股东"。在这种情况下,公司债权人一旦主张夫妻财产与企业资产混同,法院通常会判决夫妻股东对该债务承担无限连带清偿责任。然而,在与企业主打交道过程中,我们发现他们有一个共同特点,那就是一旦企业缺钱,就毫不犹豫地将家庭财产奉献给企业,为企业增资输血。且不管这些家庭财产是以什么样的形式入到企业财务账上去的,结果总是令人叹息。

如我亲历过的一家企业:企业主与几位股东商量后,计划将企业扩大生产规模,因资金不够,他与妻子商议将家庭存款2000万全部输送给企业,但企业在扩大生产规模后却遇到订单急速减少的市场变化,企业不得不将部分厂房车间关闭,恶性循环的结果导致企业将部分资产转卖还债,但优先偿还的是银行借款和员工工资,轮到家庭输送出去的2000万时,已经完全没有什么可卖的了。

**谁站在马云背后：**
总裁律师帮总裁打天下

作为总裁律师，我们建议企业家给自己和家人预留一块"自留地"，确保企业万一不幸遇到意外时，家庭成员的生活至少有基本保障。

### 杨斌与欧亚集团

2002年10月，被光环和荣誉笼罩的杨斌被捕了。这速度，像他当年发迹一样突然。2001年，他刚刚被《福布斯》评为年度"福布斯中国大陆富豪排行榜"第二，身价9亿美元。他的欧亚集团还当选为"福布斯全球200家最佳小公司"之一。最拉风的是，在被捕前，杨斌刚被朝鲜政府任命为朝鲜第一个"资本主义"特区新义州行政长官。

有人说，杨斌是地地道道的骗子，但我们更愿意把他看作一个善于钻改革初期的政策漏洞的精明商人。随着法制的健全，不思悔改的杨斌必然会付出应付的代价。

2008年7月19日，沈阳市建筑承包开发工程公司等3家公司共同向辽阳市中院联合申请沈阳欧亚实业破产清算。根据北京中天和资产评估有限公司的资产评估报告，沈阳欧亚实业有限公司及沈阳万博商务有限公司等17个并入企业资产总计为83498.09万元，负债总计为164584.85万元，净资产为-81086.76万元。随后，辽阳中院把沈阳欧亚实业有限公司及沈阳万博商务有限公司等17个并入企业法人人格混同，即高管人员和内设机构混同、财务混同、资产混同、办公场所混同。最终，辽阳中院宣告沈阳欧亚实业有限公司与沈阳万博商务有限公司等17个并入企业合并破产，统一清算。

## 如何破解"富不过三代"的魔咒

中国大多数亿万富翁均起家于20世纪80年代，到现在基本上已到退休年龄。如何将苦心经营多年积累下的事业和家族财富传承下去，已成为迫在眉睫的问题。他们希望子孙后代能延续家族事业，希望他们过体面的生活，又担心子女没能力管理财产，或者躺在财富的温床上变成纨绔子弟。"富不过三代"这个古老的魔咒，萦绕在富一代们的心头。

有问题，找律师。近些年，我和我的同行们明显感觉到，富翁财富传承事务咨询的上升趋势极其明显。毫无疑问，孩子不仅是家庭的未来，也是民族的未来。有时候，一个企业选好一个未来的领袖和接班人，不仅直接决定了企业未来的发展走向、公司的崛起以及公司的发展和传承，也决定了很多人的命运。

王安父子的故事颇具代表性。

王安先生是王安电脑公司的创始人，他本人曾名列美国第五大富豪。王安1990年3月份去世，8月18日，王安电脑公司就宣布申请破产保护。这一变故轰动了华尔街，也轰动了整个世界。究其原因，就在于他一味"传子"，而又未事先把儿子王烈培养成贤才。他宣布儿子任总裁后，随即就有数名高管递交辞呈。大家都看在眼里，知道跟着王烈没有未来。但王安坚持让儿子做接班人，结果公司在王烈的主持下每况愈下，直至岌岌可危，面临破产。公司甚至出现了股东联名控告王安父子的恶性事件。后来，王烈被停职，公司却已经无药可救。

上面的例子说明，孩子的成长离不开教育，未来领袖的培育同样依靠教育，只不过后者所需要的教育更加系统化、专业化、实践化和有效化，不是到大学考个硕士博士那么简单。这需要专业人士的介入，帮助孩子量身定做，挖掘，实践，培育，辅佐，传帮带。众所周知的例子就是刘备托孤诸葛亮，尽管最终的结局不理想，但刘备自己把战略执行歪了，也就不要把责任推到儿子身上了。前面我们也讲过蔡崇信本人的例子：他从小就在当律师的父亲身边耳濡目染，长大后又经过多重历练，才最终练就了一身本事和一双慧眼，选定了马云，也成就了马云，造就了自己。

目前，国内比较容易让众多企业家接受的传承方式，还是子承父业。这也是国外家族企业的主流传承模式。凡事预则立，不预则废。企业传承过程漫长而复杂，必须精心计划和细心管理。只有这样，家族企业的传承才能具有有效性和持续性。只有尽早制订计划并付诸实施，才能提高家族企业传承的成功率。

## 谁站在马云背后：
### 总裁律师帮总裁打天下

**延伸阅读**

世界著名财团的财富传承之道

首先还是教育。无论是罗斯柴尔德家族，还是摩根家族，都极度重视教育，他们对自己的子弟绝不溺爱，从小就培养他们的学习意识和上进意识，很多孩子都是牛津、剑桥的博士毕业生，在学术、艺术、文化、管理方面有着很深的造诣。

其次是运用股份的力量，通过股份制甚至联姻的手段，不断吸收外部新鲜血液进入公司，实现对家族子女个人的解放。大名鼎鼎的杜邦家族，就是通过完善的股份治理结构任用能力超群的职业经理人，而不是用家族内部人士来管理企业。

再次是聘请专门的理财顾问，而说到这种家族理财顾问就不得不提在西方风行了上百年的私人银行制度，所谓私人银行就是针对这种富豪家庭有着非常专业的理财顾问，为自己打理大量财富，甚至某些很古老的家族还有自己专属的家族事务公司来打理财产，这些家族事务公司甚至都是"子承父业"的方式，通过几代人，甚至上百年的协作和信任实现家族财富的传承。

第二部分　总裁律师如何帮总裁打天下

总裁律师北大游学活动

总裁律师在北京大学举行结业仪式

> **谁站在马云背后：**
> 总裁律师帮总裁打天下

# 16课．知识产权治理与总裁商誉系统设计

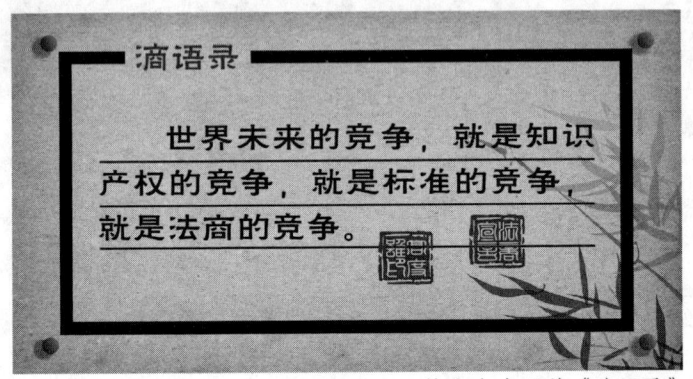

摘自高度强著《滴语录》

## 知识产权与总裁商誉系统的联系

说到知识产权，最典型的例子莫过于加多宝与王老吉了。

之前的纷纷扰扰我们就不说了，近日最高法院裁定，由王老吉与加多宝共享红罐包装。不得不说，这一场知识产权大战，加多宝再次完败。此前，加多宝人自己就总结出了一句无奈之语："做凉茶世界第一，打官司倒数第一。"

是这样吗？非也！这不是打官司水平是否倒数第一的问题，而是知识产权与总裁商誉系统设计错误。加多宝归根结底败于借牌运营，为他人做嫁衣。

如果没有这场纷争，大家可能都不会注意到王老吉背后还有一个加多宝。王老吉从地方小众品牌成长为全国知名品牌，得益于加多宝对品牌的成功运作。然而错就错在加多宝精心包装的是别人家的孩子。孩子被亲妈夺回去后，加多宝迅速调整营销战略，最为典型的莫过于将广告语"怕上

火喝王老吉"替换为"怕上火喝红罐凉茶"。然而王老吉马上以侵犯红罐装潢权为由再次将加多宝诉上法庭,广东省高级人民法院做出判决:"加多宝向王老吉支付1.5亿元赔偿金,并立即停止对红罐凉茶的包装及一切宣传行为,销毁库存侵权产品。"尽管,现在加多宝算是勉强扳回了一局,但看着自己辛辛苦苦、费尽心力打造的品牌、装潢先后被夺走、被分享,这是怎样一种凄苦的痛!又带给我们多么痛的领悟!

　　加多宝的这场官司实际上得到了消费者感情上的支持,大多数的消费者选择同情和支持加多宝。我们有理由认为,最高法的判决实际上考虑到了这层因素及更深层次的因素,那就是遵循了中国传统之道——和气生财。我们并不反对和气生财,但法治社会,靠法律保障自己的权益也无可厚非。反过来说,如果加多宝提前考虑到这一层,那么王老吉一个铜板也别想拿走。

　　作为一个知识产权的拥有者、这本书的写作者,我比普通人更能感知知识产权保护的必要性。大卫·奥格威讲,随便哪个傻瓜都能达成一笔交易,但创造一个品牌却需要天才、信仰和毅力。品牌如此,思想如此,所有与创作有关的东西都是如此。只不过现在国内公众的知识产权保护意识淡薄,每每让创新者成了弱势群体。比较典型的例子是郭敬明,抄袭了别人的作品,反倒有了更多的拥趸。这实在令人悲哀。但我们相信,随着法治进程不断加快,这些人最终会为之前的不道德、不守法付出代价。这恰如比尔·盖茨所说:"我就希望中国人盗版我的软件。这样,他们最终会埋单的。"有人认为,这是微软的套路,先让你白用,然后给你发律师函,不掏钱就起诉!其实,为知识付费本来是基本的常识,我们在自省之余,也应该加强自己的知识产权意识,毕竟"科研无产权,浪费血汗钱;技术无专利,廉价劳动力;发明不设防,送钱给外狼;创新不保护,甘愿被征服"。

## 谁站在马云背后：
#### 总裁律师帮总裁打天下

### 商誉无价

商誉，简单来说就是社会对企业的好感度、认同度。可口可乐、百事可乐、非常可乐都是可乐，为什么可口可乐卖得最好？因为大家对可口可乐公司有好感。商场里到处都是衣服，为什么阿迪达斯就要卖得贵些？因为大家觉得阿迪达斯就该卖贵些。同样是红罐凉茶，很多人愿意买加多宝，却不愿意买王老吉，因为王老吉虽然赢了官司，但赢不走大家对加多宝的好感。保护好自己的品牌，不做为他人做嫁衣的傻事，这仅仅是企业对总裁律师的基本要求。打造自主知识产权，并打造卓越的商誉，才是企业与总裁律师的终极目标。

一个公司的商誉值多少钱呢？这要看企业家及其团队的能力。表面上看，商誉好的企业无非是多赢得一些消费者，实际上对上市公司而言，商誉决定着它的市值。阿里巴巴这四个字，你认为值多少钱？答案是4000亿美元。众所周知，阿里巴巴的域名是马云从一个外国人手里买来的。试想，如果它至今依然为那个外国人所有，又该值多少钱呢？

## 强大的自主创新离不开强大的法务部

"不掌握自主知识产权，就谈不上真正的自主创新。而核心专利是自主创新的脊梁，一项核心专利可以成就一个企业，形成一个产业。"这句话出自华为知识产权部部长和首席法务官宋柳平。

掌握了知识产权，才能剑指全球。同时，法律的利剑也要同时挥舞，不然何谈"掌握"知识产权？以华为为例，刚做手机时，因专利储备不足，在全世界被巨头们碾压。3年时间，先后被苹果、黑莓、爱立信等起诉54次！另一国产品牌小米也曾因专利问题在印度被爱立信追杀，一度被禁售。2015年，形势开始逆转，当年，华为仅向苹果一家公司许可的专利就达769件。同时，华为在美国和中国提起对三星公司的知识产权诉讼，要求三星就其知识产权侵权行为对华为进行赔偿！

表面上看，那只是薄薄的一纸律师函，其背后则是一个强大的法务团队。作为这个团队的一把手，宋柳平不仅直接向任正非汇报工作，而且对华为的项目有一票否决权。其所带领的团队有多少人呢？答案是上千人。这些人当然不止打官司与保护知识产权。事实上，华为法务部的控制点几乎融入了华为所有的业务流程，离开了法务部，业务就无法展开。用宋柳平的话说就是："在华为，每一件事情都离不开法律。"

 链 接

### 盛大法务部——当之无愧的"传奇"

2014年10月30日，盛大游戏CEO张向东被去职，而长期负责法务工作的张蓥锋出任CEO，并增补为董事。法务出任CEO，让业界哗然，张蓥锋因此被称为游戏业从法务做到CEO的第一人。但对了解其战绩的人来说，这一点都不奇怪，而是实至名归。众所周知，盛大是靠代理"传奇"发家的，而盛大游戏法务部也可称为一个传奇，它可能是中国目前所有企业中唯一盈利的法务部门。此外，它还创造过一天之内发出200份维权公函的纪录，苹果、360、腾讯、豌豆荚、百度、九游、小米、华为、联想、多玩等大公司，均在索赔之列，索赔合计达5000万元人民币。用张蓥锋的话说，盛大法务部不只是盛大的护盾，也是盛大的利矛，是当之无愧的"传奇"。

## 律师在知识产权纠纷中的重要性

总的来说，当前我国企业在知识产权方面正处于"内忧外患"中。"内忧"，是指我国企业在技术创新方面缺少积累，许多核心技术的知识产权受制于人，这直接影响了我国企业做强做大。"外患"，则是指我国加入世界贸易组织后，屡屡碰到反倾销和知识产权纠纷。

## 谁站在马云背后：
### 总裁律师帮总裁打天下

应该承认，发生涉外知识产权纠纷并不可怕，经济交往过程中在所难免。但知识产权往往不只是一个法律问题，同时它还难免成为经济、外交问题。它既是"权"，也是"利"。自己的权、利，只能自己捍卫。别人的权、利，固然不应该侵犯，但也要以知道那是别人的权、利为前提——这是知识产权纠纷的特殊性造成的。

举例说明，中国铁建在阿尔及利亚东西高速公路施工中，因采用"中空六菱块"作为景观挡土墙，侵犯了某法国工程师的专利，由此支付了200万元的经济赔偿。如果在进入阿尔及利亚市场前，由专业律师及相关专家对工程所用的产品、技术、规范和标准中所涉及的专利进行分析，是不是就可以规避侵权风险？但事后，只能付出真金白银。

 **延伸阅读**

### 可口可乐品牌保护措施

2015年，可口可乐以560亿美元的品牌价值蝉联全球食品最具价值品牌。众所周知，可口可乐的核心价值是其配方，而为了不让他人掌握，可口可乐对配方的保护投入了很多心思：首先，将其用特殊配方配置而成的粉末运到上海；其次，以1∶99的比例，加水配置成原浆；再次，这些原浆从上海分配到全国各地的工厂，再以1∶99比例的原浆加糖水等配置成可口可乐。

鲜为人知的是，真正使可口可乐大展拳脚的还是两位美国律师。他们向当时的可口可乐公司老板阿萨·G·坎德勒提出了全新的商业合作方式：由可口可乐公司售给他们糖浆，他们自己投资生产公司及售卖点，按可口可乐公司的要求生产并确保品质。坎德勒答应了，此后可口可乐的工厂遍地开花，直至遍布每一个角落。

# 17课．企业财税治理与总裁财富全球配置设计

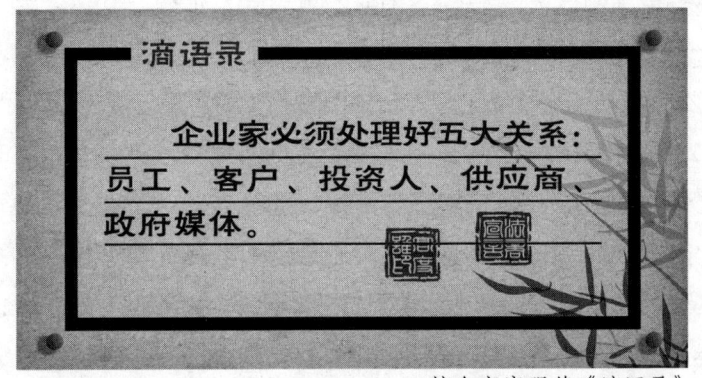

摘自高度强著《滴语录》

## 小心企业经营中的"定时炸弹"

何谓企业经营中的"定时炸弹"？——税务风险。

经营企业必有风险，因为有些风险是绕不开的。对于战略风险、财务风险等显性经营风险，企业一般比较关注。但对税务风险，企业却显得不那么重视。总觉得纳税是赚钱以后的事。其实，税务风险与其他风险同样重要。企业税务上出了问题，补税、罚款自是必然，同时还会影响企业的信誉、股价和商业伙伴的信心。再加上当前税收法律法规日益完善、企业经营业务种类和涉税事项不断增多，税务风险已经成为影响企业经营的一个"定时炸弹"。

总裁律师也罢，首席财务官也罢，作为企业高管，要明白税务风险绝不仅仅存在于税务的核算、申报、发票领购、涉税事项的报批等。涉税事项中，诸如重大投资、并购、重组、利润分配、关联交易以及各类会计准则和税法差异等事项中，都存在税务风险。这就要求企业家及相关负责

人有前瞻意识，将税务风险管理关口前移到企业的各项决策环节，逐项排查，全程管控，将税务风险拆解、化除。

### "忽悠大王"林春平

林春平是温州人，原中国春平集团董事长，他有一句名言当年说得掷地有声："不管哪一行，脚踏实地，有多少钱做多少事，把诚信和口碑做好。"这么"好"的一个人，为什么叫他"忽悠大王"呢？因为他在2012年1月12日编造了一起子虚乌有的"大西洋银行收购案"。当时正值温州深陷局部金融危机，他在《温州商报》刊登广告，称收购了位于美国特拉华州的美国大西洋银行，需招募员工若干。其后，林春平又向多家媒体介绍说这家银行有85年历史，曾由特拉华州的犹太人控股，于2009年破产，林春平斥资6000万美元将其成功收购，改名为新汇丰银行，试营业期间每月盈利就有七八十万美元，云云。这是大长中国人志气的事情，引起了新华社记者的关注，但调查结果却是：根本没这回事儿！

仅仅是这样也就罢了。自2011年9月始，为赚取4%~6%的非法开票手续费，林春平指使员工进行相关虚开发票犯罪行为，向全国各地共计315家受票公司虚开增值税专用发票共计1266份，合计金额5.2亿余元，给国家造成税金损失7600多万元。

"大西洋银行收购案"被拆穿后，他干脆畏罪逃跑，不久被警方擒获，判处无期徒刑，剥夺政治权利终身，并处没收个人全部财产。

## 为什么需要专业律师做企业财税治理

前面讲过，蔡崇信进入阿里做的第一件事，就是帮马云注册公司。注册在哪儿了呢？如果你认为是杭州，那就大错特错了。真正的地点是开曼群岛。为什么要注册在这里呢？因为蔡崇信知道，开曼群岛虽然只是英国在西加勒比群岛的一小块海外属地，面积仅36平方千米，但却是世界上第四大金融中心，有十几万家公司，而且都是世界级的大公司，包括苹果、可口可乐、宝洁、英特尔、甲骨文、脸谱等大型公司的子公司。国内企业除了阿里，在开曼群岛注册或开设子公司的包括腾讯、百度、京东、奇虎360、优酷网、当当网、碧桂园、李宁、安踏、人人网、网秦、世纪佳缘、分众传媒、小肥羊等。

国内企业扎堆在这儿，主要是因为这里是去纳斯达克敲钟的中转站。流程是先在开曼群岛注册公司，然后对国内公司进行100%股权收购，再将开曼公司提交中国香港或是美国上市。这主要是因为目前国家对互联网、教育以及传媒等重要领域引进外资设有必要限制。

那么国外企业是为了什么呢？避税。

开曼群岛是英国海外领地，它在1978年获得过英国皇家法令，规定永远豁免其缴税义务，所以该岛完全没有直接税收，只对公司象征性地收取少量年度管理费，人称"避税天堂"。

企业为了经营，只要不违反法律，合理避税无可厚非。世界经合组织近年来一直在研究跨国企业的合法避税策略，经过盘点，发现苹果和谷歌等超级公司堪称避税天才。它们的律师团队及会计人员利用对美国法律的精通以及对全球商务的了解，尽可能地逃避美国国内的高税率。比如今天早上我刚看到一条信息显示：苹果等24家美国大公司共持有现金1万亿美元，其中有0.8万亿美元位于海外，并且没有准备将它们汇回美国。究其原因，也不外乎美国征税太高。

### 当"天堂"开始征税

小小的开曼群岛令全球众多公司心驰神往，并不能证明它的税收制度合理，相反，它凸显的是其监管和税收政策的不完善。合理避税无可厚非，但避税过多就不再合理，难免变为逃税。有些国企也在开曼群岛开设子公司，为的是把国际收入进行合理避税。但通过设离岸公司转移赃款也很常见。中国逃到国外的犯罪分子带走的巨额资金，相当多的部分是通过离岸公司向外转移的。还有些离岸公司通过高买低卖，将利润留在海外，将亏损留在国内，从而避开缴纳增值税。典型的避税案例是2010年高盛在境外转让双汇发展的股权，获得丰厚收益，但并未向河南省国税局纳税，此举逃避企业所得税4.2亿元。

魔高一尺，道高一丈。2014年，全球51个国家和地区的代表在德国签署了一项有关纳税信息自动交换的协议——CRS，旨在通过加强全球税收合作提高税收透明度，打击利用跨境金融账户逃避税行为。截至2016年年底，已有101个国家和地区承诺实施CRS，涵盖了几乎所有的发达经济体，包括开曼群岛和百慕大群岛等"逃税天堂"，也包括中国内地及香港地区。届时中国税收居民在其他100个参与国或地区开设的金融账户信息，将会自动呈报给中国税务机关，这无疑是对基于避税以及财富隐秘需求进行境外资产配置的企业的巨大挑战。

## 企业全球布局与财富全球配置顶层设计

改革开放过去很多年了，社会财富急剧增加，但公众"不患寡而患不均"的过时财富观念依然故我。尤其是网络上，关于"别让李嘉诚跑了""别让王健林跑了""别让赵本山跑了"之类的声音，此起彼伏，不绝于耳。

其实，上述企业家完全没必要站出来表态，做自己绝不移民之类的声明。法治社会，只要是依法所得，跑与不跑，都无可厚非。不要总是看到"这些企业家赚了中国人的钱"，也要看到他们为中国做的贡献。

财富如流水，不在这里就在那里。全球化时代，哪里有商机，财富就天然地流向哪里。同时，全球化时代，炒股散户都懂得不能把鸡蛋放在一个篮子里，企业为了避险，为了主动防御未来严峻的考验，必须具备全球视野与顶级财富、资源配置。

最近，《福布斯》对财富在2亿美元以上的美国家庭或个人做了一份关于资产配置的调查，他们的方案值得我们学习、借鉴与运用。

整体配置上，传统投资占49%，另类投资占43%，现金占7%。

传统投资中，全球股票占14%、美国股票占18%、市政债占7%、国债信用债占10%。

另类投资中，对冲基金占18%、股权投资占10%、房地产投资占6%、大宗商品投资占5%、创投占2%、直投占2%。

整个资产配置篮子里，股票与股权占了42%，是头等大事。为什么不是别的选项？因为有了股票，相当于拥有了公司份额，手持全球各大公司的股票，相当于在全球投资，何必一定在异国他乡建厂？其次是对冲基金——对冲什么？风险。再次是债券，收益稍低，但妥妥的，资产配置里必须有这一块。房地产投资占6%，这与国内明显不同，这与国内畸形的房地产发展有关，国内这种不动产看似稳妥，但比例过高必然导致风险集中。大宗商品、创投和直投一共占比不到10%，属高风险、高收益类，也称得上理性。

有人注意到，还有1%哪儿去了？

据说是用来保命的，任何时候都不能动。除了本人和律师，任何人都不会透露。

**延伸阅读**

中国富豪艺术品投资热的背后

2013年以来，王健林、王中军、刘益谦等中国富豪频频出手，不惜巨资购买毕加索、莫迪里阿尼等欧洲艺术大师的名作，引起了民众的关注与热议。看问题要看本质，富豪们纷纷出手购买欧美艺术作品，与他们在全球进行资产配置的步伐息息相关。相对于中国富豪在欧洲、北美、澳洲、新加坡及港澳地区购买房产、开设或收购公司，购买艺术品仅仅是他们进行资产配置的一小部分。很多人买了艺术品也不会带回国内，而是保存在他们在海外的房产或保险库中。这一方面是出于分散资产和风险控制考虑，同时也和税务安排有关。

总裁律师领袖营线下俱乐部活动

## 18课．企业文化治理与总裁识人用人系统设计

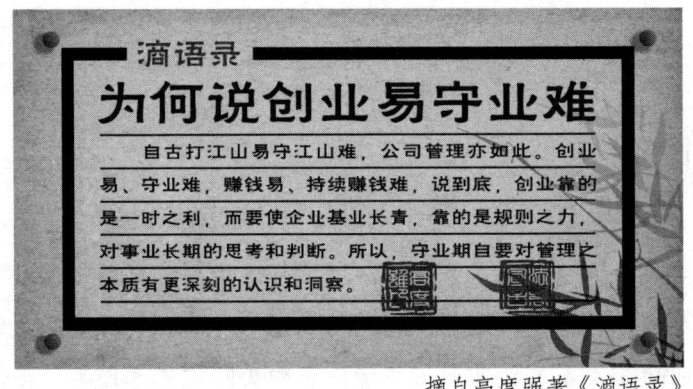

摘自高度强著《滴语录》

### 企业文化与公司治理

"小公司靠感情，中公司靠制度，大公司靠文化"——这句话在管理界流传甚广。备受认同的原因，不外乎它言简意赅：

在小公司，老板能够照看所有的员工，这种情况下对老板管理水平的要求客观上很低，主要依靠老板的个人魅力来管理公司，老板更像一个突击队队长，团结所有员工冲锋陷阵，碰到困难即召开群体大会，发挥所有人的智慧，渡过难关，实现公司的发展。

对中等规模的公司来说，制度就是必要的了。因为此时公司人也多了，事也多了，老板看不过来，也顾不过来，此时就需要分工的专业化、协同化，老板要从突击队队长变身为指挥员，必要时还要同时指挥多场战役。这种情况下，就需要制度和流程两个抓手，即所谓"制度管人，流程管事"。人是有惰性的，"勿需扬鞭自奋蹄"的员工总是少数，高度自律的人总是少的，这是企业需要管理的根本原因所在，也是管理的开始。

企业发展成为大公司，或者说企业想实现从中小企业到大公司的跨越，就需要靠文化取胜。因为公司规模大了，相应的问题也就在所难免，部门与部门之间、人与人之间的关系变得更加复杂，想问题各有观点，往往是公说公有理，婆说婆有理，到底谁有理，就看企业怎么取舍。此时企业家就要承担起统一思想和认识的职责，他的世界观和方法论就是整个公司的灵魂，会指导和约束公司每一个人的思维和行为方式，这就是企业文化。此时的企业家，也不再是以往的突击队队长或指挥员，而是领袖或教主。如果他不具备这种能力，就要懂得让贤，聘请职业经理人，借力借智，相辅相成。

### 企业文化师

企业文化最好是企业家自己的文化，这样才能如臂使指，挥洒自如。有些企业家拒绝学习，宁愿花大价钱请人精心设计企业文化，其实这样做后患无穷。大凡设计皆有套路，比如追求语言的华丽、口号的响亮，然而它们往往与企业家的价值观、性格、心理等不相一致，久而久之，就会与

| 谁站在马云背后：
| 总裁律师帮总裁打天下

创始人的初衷背道而驰，企业也越来越不像企业家想要的样子。在这种情况下，企业可考虑配备企业文化师，帮助企业家和总裁律师制定和建立符合企业发展战略的企业文化体系，塑造、提炼和推广企业的愿景、共同价值观和使命。

## 企业文化治理与"以人为本"

文化是人类特有的现象，企业是人的集合体，所以企业文化治理与企业文化建设都应以人为本。有人会说：我一直以人为本啊，但为什么还是得不到认同？这往往是因为对"人"的理解出了问题。这里的人，可以指自己，也可以指员工，还可以指消费者。

完全没有企业文化的企业是没有的，只有好与坏之分。有些企业家没文化，把员工当机器，把消费者当傻子，这显然是以己为本，而且是非常短视、非常弱智的以己为本，最终只能是害了自己。有些企业家比较高明，懂得企业虽是由每一个员工组成的，但它不是单个员工的无效、无序的机械相加，而是由公司全体员工在公司整体架构下，结合公司各个职能部门，联结成一定所谓的"关系"而构成的一个有机的系统整体；公司的发展离不开企业每一个员工个人的发展，企业的每一个员工都发展了，企业也必然会发展。极少数企业家懂得，恰如员工是企业的构成部分，企业是社会的一部分，只有那些懂得敬畏消费者的企业，才会受到消费者的尊敬。换言之，真正的以"人"为本，包括所有人。

 链 接

### 砸冰箱与赔空调

1985年，张瑞敏刚到海尔任职不久，一位朋友要买一台冰箱，结果张瑞敏带着他挑了半天，每台都有毛病，最后勉强拉走一台。朋友走后，张瑞敏派人把库房里400多台冰箱全部检查一遍，发现共有76台存在各种各样的缺陷。张瑞敏把职工们叫到车间，问大家怎么办？多数人认为，也

不影响使用，便宜点儿，处理给职工算了。当时一台冰箱价值 800 多元，相当于一名职工两年的收入。张瑞敏说："今天我要是允许把冰箱卖了，就等于允许你们明天再生产 760 台这样的冰箱。"他宣布：这些冰箱要全部砸掉！谁干的谁来砸！并抡起大锤，亲手砸了第一锤！很多职工砸冰箱时流下了眼泪。然后，张瑞敏告诉大家——有缺陷的产品就是废品。3 年以后，海尔人捧回了我国冰箱行业的第一块国家质量金奖。

1989 年，海尔又首创"星级服务"概念，起因是青岛一位老太太买了一台海尔空调，雇车拉回家，她上楼叫家人下来搬空调的工夫，空调被无良司机拉走了。张瑞敏无意中听说了这件事，马上决定赔偿这位老太太一台空调，因为若是海尔提供送货服务的话，就不会有这种状况，由此拉开了售后服务的序幕。

## 律师必读

### 企业领导人识人用人之道

"经商要学胡雪岩，做官要做曾国藩"，这又是一句圈内无人不知的话。但胡雪岩结局凄惨，显然不值得效法。而曾国藩，不仅立功、立德又立言，至今还研究者众，模仿者众。

用现代的话说，曾国藩相当于大清国的总裁律师，同时他手下也有无数的小总裁律师。如果说曾国藩是大清国的顶梁柱，做到了挽狂澜于既倒，那么他手下的幕僚群就是这根顶梁柱的有效支撑。

曾国藩不像诸葛亮等人，呼风唤雨，智慧超群，说好听点他大智若愚，说不好听点他是智商未抵一流境界，"结硬寨、打呆仗"未必不是无奈。好在曾国藩懂得，作为领导，最重要的是发现人才，将各有所长的一群人凝聚成团队，向着共同的目标共同发力。

曾国藩聚才、爱才也惜才。他是发自内心地喜欢那些有才华、有能力的人，当时他麾下名士、才子、专家与修补官员不下两百人，规模不可谓不大。除了广取天下英才，他特别注意培养副手和接班人。用他的话说就是"办大事者，以多选替手为第一义"。替手，就是代替自己的人。部分

**谁站在马云背后：**
**总裁律师帮总裁打天下**

的替代，就是我们通常讲的副手；将来全面替代，就是接班人。曾国藩讲得有道理，做得也很好。无论是陆军方面，还是水军方面，都选择了不错的、称职的替手。

很多人会说，重视人才不难，难的是识别人才。什么样的人才算是人才呢？曾国藩很有章法，简单说来就是"德、识"为主，"才、学"为辅。"德"指道德、品行、操守；"识"指眼光、见解；"才"指才干、能力、本事；"学"指学问、资历。

"德"与"才"之间，"德"为主，"才"为次。"德"好比水之源头，"才"好比水之波浪。"德"好比木之根本，"才"好比树的枝叶。德才兼备是最好的，如果不能，他宁愿要"才"差一点的，但是"德"必须好。

"学"与"识"之间，"以识为主，以才为辅"。才能建立在学问的基础上，学问建立在见识的基础上，单纯的赋诗填词之类的纯文艺、纯才艺没有实质意义，一头扎进学问里的人也不适合企事业单位。

 **延伸阅读**

因量器使——曾国藩的用人之道

因量器使是曾国藩的用人之道。因量，指根据一个人的才量；器使，是把人当作工具使用的意思。《论语》有说"君子不器"，但曾国藩不这么认为，他讲真正的"不器"是指那些全才，能领导全局的人。这样的人是很少的，绝大部分人都是"器"，你要把他当工具、当机器来使用。他是锤子就当锤子用，他是镰刀就当镰刀用。用人用得"当其时，当其事"，庸才也能成神才。不当其时，不当其事，神才也可能变成庸才。重要的是让合适的人去干适合的事。

高度强老师为企业家讲授中小企业发展困境解决之道

## 19课．企业融资治理与总裁金融体系设计

摘自高度强著《滴语录》

### 总裁律师与企业投融资

我们仍以"阿里的财神爷"蔡崇信为例。

## 谁站在马云背后：
### 总裁律师帮总裁打天下

在 2013 年之前，蔡崇信一直担任阿里集团 CFO，这也是外界对他最熟悉的身份，有媒体将他比喻为"马云的张良"。其实这是一个不恰当的比喻，马云与蔡崇信的关系，更接近于嬴异人（秦庄襄王，秦始皇之父）与吕不韦。张良能带给刘邦的，只有计谋。吕不韦不仅有智谋，而且有实打实的真金白银。很多创业者说，幸福莫过于找一个"蔡崇信式"的 CFO。无他，找到这样的 CFO，就再也不必为融资作难。

蔡崇信加盟阿里之前，马云进行过 37 次融资尝试，无一例外全失败了。投资界不仅不相信他的梦想，连他本人也不相信。这是必然的，谁会相信一家尚未进行工商注册的公司？

如前所述，蔡崇信加盟时考虑到了阿里的经营困境，只要求月薪 500 元人民币。但情况比他想象得还要糟，马云早期筹集的 50 万元几乎耗尽，500 元的最低工资马上也要开不出来了。

蔡崇信给马云带来了生机，在他的运作下，包括蔡崇信的老东家 Investor AB 在内的一众投资机构迅速注资阿里 500 万美元。紧接着，日本软银的孙正义找到马云，决定投资 3000 万美元，换取阿里 40% 的股份。蔡崇信却提出了反对意见，因为此时的阿里已不缺钱，引入新的投资会稀释第一轮投资者的股份，将引发高盛等股东的不满。考虑到马云坚持引入这笔投资，蔡崇信推出了妥协方案，并配合马云，在谈判过程中连对孙正义说了两个"NO"，最终将合作条件敲定为 2000 万美元、30% 的股份，但董事会由阿里合伙人主导。不久，互联网泡沫就破灭了，大量互联网企业倒下，阿里靠着这笔融资，幸运地躲过一劫，并依靠自我造血成长起来。

链接

### 张兰与俏江南

你或许不曾亲口品尝过俏江南的精品川菜，但你多半听说过它。想当年，知名艺人大 S 与俏江南掌门张兰的独子汪小菲喜结连理，全国轰动。

要说张兰,她也是励志偶像。其第一桶金来自加拿大,在异国他乡,她靠打黑工挣钱,做保姆、做美发、打杂,甚至扛过猪肉。后来,她怀揣2万美元血汗钱回国,开了一家菜馆,叫"阿兰酒家"。又过了9年,她完成资本积累,创办了俏江南。

2008年金融危机,张兰为缓解现金压力,引入了外部投资者鼎晖,以2亿元的价格换取了俏江南10%股权,并签署了对赌协议:若俏江南不能在2012年上市,张兰需花高价从鼎晖投资手中回购股份。俏江南最终未能上市,张兰对赌失败,命途急转。

此前,俏江南是纯粹的家族企业,张兰对公司有绝对的控制权。但引入鼎晖后,就像张兰自己说的,"引进他们(鼎晖)是俏江南最大的失误"。

## 融资常涉风险防范

钱!钱!钱!

资金是企业的血脉,没有人不知道资本能为企业发展插上翅膀,但资本的逐利性与残酷同样为人熟知。在深不可测的资本市场,创始人要时刻提防家门口的"野蛮人"入侵。除了上文举过的张兰的例子,创始人从呕心沥血、一手经营的公司出局、离职的现象屡见不鲜,比较著名的如"万宝之争",若非主管部门喊出禁令,已被逼到门槛的王石很难起死回生。

点击科技创始人与董事长王志东,逢人便说"千万要注意吸取我当年的教训"!他当年创办过一个更有名的公司——新浪网。由于在融资过程中饥不择食,没过多考虑企业的控制权,导致股权释放过快,最终由创始人变成小股东,在与投资方意见不合的情况下,还被投资方一脚踢出门外。

但是,谴责"野蛮人"不如把自己锻炼得更强壮。机制是中性的存在,"野蛮人"能利用,企业家也能利用,而且要比他们用得更好,让资本为我所用。这是博弈资本市场应有的态度,也是总裁律师的职责所在。

## 谁站在马云背后：
### 总裁律师帮总裁打天下

此外，总裁律师或法律顾问还要帮企业家守好融资借贷的21道红线，很多企业家都是因为一念之差或者完全不懂法律，败在了上面，毁在了上面，具体说来如下：

（1）欺诈发行股票、债券罪。

（2）对非国家工作人员行贿罪。

（3）高利转贷罪。

（4）骗取贷款、票据承兑、金融票证罪。

（5）非法吸收公众存款罪。

（6）伪造、变造金融票证罪。

（7）妨害信用卡管理罪。

（8）伪造、变造股票、公司、企业债券罪。

（9）擅自发行股票、公司、企业债券罪。

（10）诱骗投资者买卖证券、期货合约罪。

（11）洗钱罪。

（12）集资诈骗罪。

（13）贷款诈骗罪。

（14）票据诈骗罪、金融凭证诈骗罪。

（15）信用证诈骗罪。

（16）有价证券诈骗罪。

（17）虚开增值税专用发票、用于骗取出口退税、抵扣税款发票罪；虚开发票罪。

（18）非法购买增值税专用发票、购买伪造的增值税专用发票罪；虚开增值税专用发票罪、出售伪造的增值税专用发票罪、非法出售增值税专用发票罪。

（19）非法制造、出售非法制造的用于骗取出口退税、抵扣税款发票罪；非法制造、出售非法制造的发票罪；非法出售用于骗取出口退税、抵扣税款发票罪；非法出售发票罪。

（20）合同诈骗罪。

（21）提供虚假证明文件罪；出具证明文件重大失实罪。

### 企业与银行那些事儿

马克思曾经明言：人们为之奋斗的一切无不与其利益有关。而银行在这方面给人的印象尤其复杂，有时候善良得像天使，有时候也狠辣得没商量。这里讲两个企业与银行的案例，为企业家及总裁律师提供些借鉴。

长沙某造纸厂在某国有控股银行贷了 2000 万元，贷款已经到期，但由于竞争对手增多，纸媒被网络、视频媒体冲击，用纸量大幅减少，企业销售困难，资金紧张，此时还贷就会停产关门。为此，企业向银行提出贷款展期。银行坚持先还后贷，为打消企业的顾虑，银行行长还在协议书上签字画押，注明在企业还贷后，七天之内保证再贷给企业同等数量的贷款。加上过去企业家和行长私交不错，称兄道弟，企业家就还了贷款，并一心指望着七天之内的放款。但七天过去后，一问银行，说是总行审查委员会不同意，分行也没办法。企业家走投无路，只好去借高利贷，六个月后利滚利多到还不起，企业就此倒闭。

汕头一家集团公司，该公司拥有房地产项目、农业项目、化纤工厂、服装工厂，在全国各地有 256 个服装经销商，在某省级银行有贷款 1 亿多元，到期后遇到了困难。省级银行的行长平时也是与企业家私交甚好，同样说只要企业先把到期贷款还上，后续马上再贷给企业。于是企业迅速把贷款还清了，再贷却没有下文。企业资金链已经断了，生产只好暂停，材料货款、工程欠款、设备欠款也无法支付。债主天天上门，大家一挤兑，企业就不复存在了。

最后要说的是，银行的钱该用时还是要尽量用。为了贷款，还要尽可能使自己形象"高大上"。谁有钱，银行就愿意委身给谁。跟银行打交道，要记住银行只会"锦上添花"，不会雪中送炭。必要时，可以考虑请政府协调，毕竟企业的生死存亡往往对整个地区影响巨大。

| 谁站在马云背后：
  总裁律师帮总裁打天下

## 如何讲一个投资人爱听的故事

"股价不靠讲故事，靠业绩！"这是2015年9月9日蔡崇信在回应阿里股份在美股市场上的表现时所说。这话没什么争议。难点在于上市。不上市，遑论股价。上市，离不开讲故事。阿里每轮融资前，不仅马云要讲，蔡崇信也要讲。融资的要诀，就是准备一个动听、有趣、听得懂的财富故事，讲给投资人听。赢利，那是投完资以后的事。用易凯资本CEO王冉的话说："在美国上市，讲一个投资人听得懂的故事比你是否真是那个故事重要。"

华尔街的大佬们最爱听故事，尤其喜欢他们听得懂的故事。当当网上市为什么那么顺利？因为俞渝就是从华尔街出来的，她知道美国人未必上来就能懂当当网，但当当网有一个参照物，那就是亚马逊，那可是"神一样的企业"。中国的亚马逊？噢。美国人刚明白过来，上市钟就敲响了。

既然说到了当当网，不妨多说两句。当当网上市不久，CEO李国庆就把炮火对准了投行，其在微博中吐露，很多公司职业经理人是如何"上市前后被投行算计但不敢声张"，并称自己被做当当上市的"无赖"投行"欺负死"，现在还气到"手都哆嗦"。毫无疑问，这完全有可能性。不过仔细看，李国庆这番怒火可与上市前的"卑躬屈膝"有着天壤之别。那时候的他有再多怨言，也只能忍气吞声，悄悄地发泄："当当上市后，我把股东和员工带到安全地带，就可以说话了。"然后，投其所好，态度端正地讲完了他的美丽故事。

**延伸阅读**

### 唐骏三赴华尔街

中国资本第一人——这是华尔街当年给唐骏的封号。任职盛大总裁期间，他曾先后三赴华尔街，给投资大佬们讲不同的故事。

第一次，他一个个地给投资者讲盛大的故事。考虑到美国人很难理解，因为当时美国没有相应的成功案例，他便在讲述盛大的过程中讲述盛大的商业模式：网游的创新不是技术的创新，而是商业模式的创新。做网游本质上是做软件，但盛大的成功之处在于它改变了传统软件的商业模式，把过去卖软件变成了卖服务。然后唐骏再跟美国人讲中国的互联网用户，人数庞大，那么多潜在用户，会有足够的收入支撑，足以让这个企业更加强大。所以盛大得以成为中国第一家在纳斯达克上市的网游公司。

2006年，唐骏再次去华尔街路演，为什么？因为他看到了市场的竞争，并随即进行了转型——免费模式。很多人对免费不理解，特别是华尔街。免费了，你的收入来源是什么？就此，唐骏给他们讲迪士尼的故事。迪士尼的收入来源主要是门票，60美元一次；其次为消费，比如买卡通道具等。免费的盛大好比不要门票的迪士尼，会有海量的人群涌入，买里面的道具，并进行其他消费。而且网络是无限的，可以把尽可能多的人吸引到盛大，经营得好，不仅可以弥补门票收入，而且可以超过它。美国人一下就听懂了，两个星期的路演结束，盛大股票从14.5美元攀升至20美元。

后来，唐骏又一次去华尔街，当时网游市场更具竞争化，很多网游公司都开始免费了，盛大需要不断创新。如何创新呢？很简单，把盛大打造成一个平台，上面不只一款两款游戏，而是20款、60款或者更多。唐骏对华尔街的投资者说："让20款游戏中的每一款都成功很难，但让20款中的每一款游戏都不成功更难。"一句话让他们重新认识了盛大，也更加认可盛大。去华尔街时，盛大股价为26美元，回到上海已升至37美元。

> 谁站在马云背后：
> 总裁律师帮总裁打天下

# 20课. 企业危机治理与总裁刑事隔离墙设计

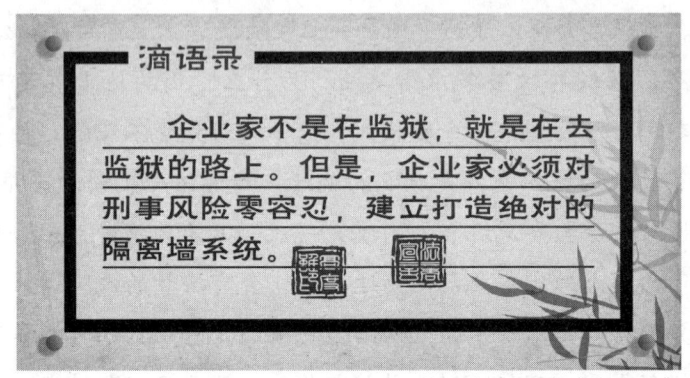

摘自高度强著《滴语录》

## 企业家要认真补上法律这堂课

中国古代长期重农抑商，富豪倒是历代皆有，但并没有几个现代意义上的企业家。一个人有了钱，不管原先做什么，首先想到的都是买田置地。不管外在身份是什么，本质上还是农民。

改革开放改变了太多人的命运，使太多原本一生都只能面朝黄土背朝天的人，有机会集财富与名望于一身。但由于不懂法，其中很多人，不是又返回了命运的原点，就是直接滑向了命运的深渊。无论是大型民营企业老板，还是大型国有企业的成功企业家，因触犯法律而深陷囹圄乃至被执行死刑的事件层出不穷。

作为专业律师，我们从来都不认为企业界的犯罪比其他阶层更加普遍、更加难以遏制。事实上，企业家犯罪现象只是一些低概率事件。只不过好的事情再多也不嫌多，坏的事情一件也嫌多。认真补上法律这堂课，不仅是为企业家自己着想，也是企业家的社会责任。

有些企业家，他们确实是既不懂法，又缺乏必要的法律意识，无法预见或者判断当时行为后果的严重性，结果走上了犯罪道路，这非常令人遗憾。如有着"中国太阳能之父"之称的薛祖庆，他曾经将其他公司购买清华阳光股份的100万元转入私人账户，临时借给亲属购房，后来一直忘了归还，直到多年后案发，主观上或许并没有犯罪动机，但只能被以挪用公款罪追究刑事责任。

解决这种遗憾的办法，除了自行充电、恶补法律知识外，最好的办法就是在企业中设置法律顾问或总裁律师，毕竟法典千千万，法条万万千，既不是企业家短时间内能掌握、能应用的，也不是企业家的主体职能。

### "暴发户"打官司

我有一个学生，在某上市公司担任专职法律顾问。提到他们公司老总，他大摇其头。作为著名企业家，老总名声远播，各种荣誉五光十色、华丽耀眼。但遇到法律诉讼问题，却完全是"农民打官司"，即根本不问法理，不论是非，只问谁能"摆平此事"，并告诉他"花点儿钱无所谓"。换句话说，在这位老总眼里，律师的作用并不大，重要的是花钱。我告诉他，这样的老总并不是"农民打官司"，而是典型的"暴发户打官司"，或者叫"土豪劣绅打官司"。因为那些理性的农民都是非常讲是非、讲道理的。像这种老总，不从根本上改变自己的思想观念，配多少律师都没用。长此以往，对公司的发展将会带来致命的影响。

## 企业家刑事法律风险盘点

中国的企业家，既不缺经济意识，也不缺权力意识，唯一欠缺的就是法律意识。在商言商，企业家会自然而然地重视经济风险，也普遍地轻视法律风险。然而，法律风险，尤其是刑事风险又是企业家绝对不能忽视的。君不见，无数企业家都是在事业如日中天之际，蹚进了"浑水"，失

**谁站在马云背后：**
**总裁律师帮总裁打天下**

去了自由，或付出生命代价。

这里也不妨"在商言商"，从商业经营的角度，对企业家最有可能触犯的主要刑事犯罪做一盘点，以儆效尤。

（1）公司设立及清算破产环节

虚报注册资本罪、虚假出资、抽逃出资罪、妨害清算罪、虚假破产罪。

（2）融资环节

擅自发行股票、公司、企业债券罪；欺诈发行股票、债券罪；违规披露、不披露重要信息罪；内幕交易、泄露内幕信息罪；编造并传播证券交易虚假信息罪；诱骗投资者买卖证券罪；操纵证券交易价格罪；贷款诈骗罪；高利转贷罪；骗取贷款、票据承兑、金融票证罪；非法吸收公众存款罪；集资诈骗罪。

（3）生产、销售环节

生产、销售伪劣产品罪。

（4）财务管理环节

偷税罪、抗税罪、逃避追缴欠税罪、骗取出口退税罪；非法制造发票罪、非法出售发票罪、虚开增值税专用发票罪。

（5）劳动用工环节

强迫职工劳动罪、雇用童工从事危重劳动罪、强令违章冒险作业罪。

（6）企业内部人员管理环节

贪污罪、职务侵占罪、私分国有资产罪；挪用公款罪、挪用资金罪；受贿罪、单位受贿罪、利用影响力受贿罪、非国家工作人员受贿罪、行贿罪、对单位行贿罪、对非国家工作人员行贿罪、单位行贿罪、介绍贿赂罪；非法经营同类营业罪、为亲友非法牟利罪；背信损害上市公司利益罪；签订、履行合同失职被骗罪；徇私舞弊低价折股、出售国有资产罪；巨额财产来源不明罪。

（7）市场经营环节

损害商业信誉、商品声誉罪；虚假广告罪；串通投标罪；合同诈骗罪；

非法传销罪；非法经营罪；强迫交易罪；非法转让、倒卖土地使用权罪；逃避商检罪。

### 中国企业家刑事犯罪根源

上海政法学院副院长严励认为，中国企业家刑事犯罪高发的原因存在四个根源。第一，政府转型做得不够好。市场经济改革后，政府依然控制着很多资源，并将这些直接给了国企。于是，国企便有机会利用这些资源进行寻租。第二，目前大多数公司从运行上看，还是像家族小作坊一样由个人控制企业命脉，"董事不管事，经理变总裁"。第三，企业规章制度设计粗糙，执行不力，管理不严，特别是工程管理、款项结算等方面。第四，法律威慑不足，违法成本较低，经济犯罪存在一些法律空白点，而且大多数停留在经济惩罚上。

## 企业家刑事法律风险防范与危机管控

几千年来，中国的法律从未像今天这么多过。数据显示，目前中国一共有20多万部法律。这个数字，看上去很吓人。毕竟，有法就意味着你可能会犯法。其实不然，存在法律风险并不可怕，可怕的是我们不去注意它、防范它，任其发展。

作为执业律师，我们可以肯定地说，法律风险完全可以事前防范。那些总是拍着胸脯认为自己绝不会犯法的人，首先得问问自己：去年我在法律防范方面投入了多少人力与财力？

以美国企业为例，它们每年在法律防范方面投入的费用普遍能占到1%。中国呢？某些企业家在某些方面每每一掷千金，但在与法律事务相关的投入上显得异常"节约"。不该省的钱就不能省，省了，那些"不该发生的故事"就会一而再、再而三地发生。

### 谁站在马云背后：
**总裁律师帮总裁打天下**

防范，仅仅是总裁律师在企业风险管理中的作用之一。防火措施做得再好，也难免失火。发生危机就及时处理，处理得及时、得当，企业能控制住损失不说，还能因此获得相应免疫力。怕只怕火中取栗，一错再错，"自作孽，不可活"。

### 延伸阅读

滴慧商学邀请陈有西为广大企业家和律师培训
《刑事诉讼结构原理与律师风险防范》课程

2017年10月21-22日，中国人民大学律师学院教授、京衡律师事务所主任陈有西做客滴慧商学，为律师朋友们带来了为期两天的刑辩课程。课程现场人员爆满，来自全国各地的数千名律师和企业家通过滴慧商学第四代互联网直播技术进行了课程的学习。

陈有西老师为全国的企业家和律师授课

## 第二部分 总裁律师如何帮总裁打天下

陈有西老师讲到,目前律师群体对刑辩律师存在一定的误区,在很多律师的观念里,刑辩律师要比非讼律师低端很多,因为大多数刑辩律师收入低、服务对象弱势。其实不然,刑事辩护是人类律师制度的一个起源,关系到人们的财产权、生命权、行动权、自由权等多项权利,因此刑辩律师在法律行业有着非常重要的意义和不可或缺的作用。

课上,陈有西老师通过李庄案引出刑辩律师在实际司法实践过程中可能面临的风险点,并对风险点进行了逐一详解。同时,他着重强调了律师在办理刑事案件中行使自身权利时的注意事项与关键点。

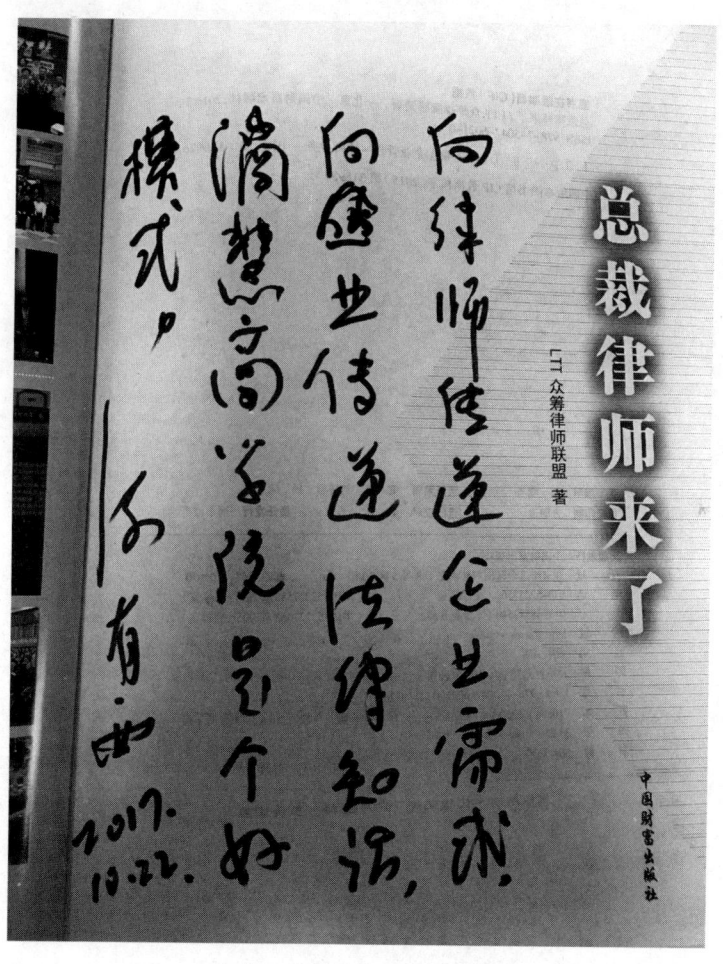

陈有西老师为滴慧商学题词

**谁站在马云背后：**
　　总裁律师帮总裁打天下

　　陈有西老师还对司法部最新发布的关于刑事律师全覆盖的文件发表了看法。他认为，这一措施的出台，应该说是刑事司法领域人权保护的一个重大突破，能在很大程度上避免冤假错案的发生。同时，这一举措对于中国律师业的发展、律师的就业都有积极的意义和深远的影响。

# 第三部分

# 总裁律师是怎样炼成的

就我多年的经验来看,律师熟知各类法律条文,是一个非常容易就陷入单兵作战、单打独斗的群体。

但其实很多企业领域的业务因为工作量巨大且繁重,更多地需要律师团队作战,这就对律师各方面的综合素养提出了很高的要求。

本章节则着重对总裁律师所需的谈判能力、演说能力、团队协作能力等素养的快速养成进行讲解。

> **谁站在马云背后：**
> 总裁律师帮总裁打天下

# 21课．法商原理与法商领袖的21天养成

摘自高度强著《滴语录》

## 总裁律师必备思维能力之法商思维

多年实践让我得出了这样一个结论：

不少企业家外表光鲜，实际上压力大得晚上连觉都睡不着，翻来覆去思考一个问题：明晚，我还能不能躺在这张床上？为什么？很简单，亏心事做多了呗。传统执业律师也好不到哪去儿。企业家是担心哪天有可能去吃牢饭，他们是发愁现在就吃不上饭了，要不要赶紧换个饭碗？其实，三百六十行，行行出状元。我们当初选择律师不是没有理由的，现在以及将来，做律师也依然是极有前途的。关键是要转变思维、拓展思维、丰富思维。至少，要具备法商思维。不然，别说做总裁律师，做什么都不好。

前面我们已经多次阐释过法商思维，这里不妨用一句话来复述它的内涵：

所谓法商思维，就是把以经济效益为主导的商业思维，和以追求公平为主导的法学思维相互结合起来的思维。

企业家不守法，当然要去吃牢饭。马云也不例外。

传统律师思维僵化，只知坐等当事人来打官司，伸着手跟人要钱，当然不受待见，当然吃不饱饭。蔡崇信只做律师的话，尽管能吃饱，但绝对不会成为今天的蔡崇信。

商业的本质是联接，法律，尤其是商法，本质是为了保障并促进这种联接以及其正当性。二者相互依托、相得益彰、缺一不可。传统律师若能实现与企业界的无缝对接，企业可远离风险、基业长青，律师本人也可实现个人价值的飞跃。

高度强老师为来自全国各地的500名律师讲解法商理念

 链 接

### 中美商学院的区别

传统教育存在着一个偏颇，那就是把法学教育和商学教育割裂开来。学法律的就只管去学法律，学经管的一门心思追求效益，最后导致我们的思维方式也是割裂的，很多地方想不通、走不通、打不通。通不过去，就找关系疏通，最后发展到连知法者也犯法的境地。其实，效益离不开公平，公平地发展才有更好的效益。法商思维就是把以往割裂的知识层面和思维层面结合起来的思维。

**谁站在马云背后：**
**总裁律师帮总裁打天下**

目前，中国的商学院不开设法律课，或者只把法律当作选修课；而美国的大学规定，MBA 课程的所有教师都必须有所教专业 10 年以上的从业经验，教法律的教师必须是执业律师，而且在教书的同时还必须继续从业。因为只有这样，教师才能不断现身说法，言传身教，把最实用的知识和经验传授给学生，并且能给学生体验的机会。

## 传统律师转型总裁律师九大必备思维

（1）创业者思维

创业的过程好比冒险，创业者都是冒险家。他们怀揣炽热的梦想，为了证明自己不是妄想，舍弃安逸、舒适的环境，踏上荆棘密布、困难重重的征途。在他们看来，这世界上没有什么不可以，关键是怎么做。律师必须理解这一点，并学会思考：我能为他们提供什么？除了法条。

（2）投资人思维

想成为总裁律师，必须了解投资人思维。没有人投资的企业也是不值得总裁律师加盟的，既然加盟了就要把它打造成金牌企业。投资人的思考逻辑是：理解→判断→方案。理解，是说他们首先要理解创业者做的事情，不然他们不会出手；判断，是指他们分析项目可投还是不可投，一般会从方向、团队、商业模式和盈利模式这四个维度入手；方案，是指项目没有得到验证时，要有逻辑清晰、严谨的可行性分析方案，用方案去说服投资人，让他们相信你的创业项目是可行的，可以实施的。

（3）用户思维

当竞争不断加强，商业告别黄金时代，由"产品思维"向"用户思维"进化的时代已到来。用户思维要求律师比客户还了解他们自己，尤其是他们的痛点和难言之隐。如果律师连自己的客户是谁、在哪儿、需要什么、不需要什么都不知道，那必"死"无疑！

（4）短小思维

达·芬奇有言，简约是至高无上的精密。口才好的人，不需要讲太多话。一句话打动读者，又何须长篇大论？商业界有个"10-20-30法则"，即便是极其复杂的商业构想，也要用10张PPT，在20分钟内，用30号的字体，阐释清楚。平时讲话、书写、谈判、做事，更要逻辑缜密，言简意赅。

（5）死磕思维

简单说来，就是用极限思维打造极致产品与服务，并且不断优化。有的律师，除了收费似乎就再也不关心什么了。这样的人，自然也不会有人关心他。而且我担心这样的律师有一天会站在被告席上。所有称得上总裁律师的同行，都是死磕主义者，尽管他们看起来可能温文尔雅。

（6）迭代思维

迭代次数等于精准度，而精准度决定成败。比如，一个饲养场引进了一只新品种的兔子，这种兔子从出生到长大只用一个月时间，然后就可以生出一只兔子，繁殖能力很强。如果兔子正常健康地活着，第十二个月这个饲养场有多少只兔子？我要说的不是答案，而是这个循环的过程。事实上，这个循环的过程很多时候会出现在我们的生活、学习、工作中，甚至包括与人交往中，这个过程就是迭代的过程，也是精进的过程。我们该如何理解并应用迭代思维呢？其实迭代的目的是为了逼近所需要的目标和结果，每迭代一次离目标和结果就近一点儿，每一次迭代得到的结果都是下一次迭代的初始值。换言之，世上没有完美，我们只能无限接近它。

（7）入口思维

"互联网+"概念异常火爆，所有人从各个方向介入这个领域，呼声最大的就是要做入口。尽管入口不那么好做，但得流量者得天下，因为潜在客户就在里面流动，理论上还没有上限。未来，碎片化的入口肯定会被统一为大入口，律师也好，企业家也罢，都必须有所考虑并提前布局。

（8）社会思维

人是动物，人与人之间相互交错而形成的庞大复杂的关系、氛围及环境称之为社会，人们希望协调相互之间的关系的课题即为社会科学。与律师打交道的人，三教九流、五行八作，没点儿社会思维，是难以适应环境的，更谈不上创造环境、改变环境。社会思维的要点是整体审视，包括对社会自身的审视，也可以具体到一个案件，一个企业的经营发展等。社会的核心是什么？恰如人体，血液有血液循环系统，肌肉有运动系统，神经有神经控制系统等，但所有这些都围绕着身体的健康存续这个大目标，所以看问题要看整体，解决问题要抓核心。两手抓，抓要害，什么系统都不难，都可以多快好省地运作起来。

（9）经济思维

目前来看，社会的核心就是经济或者说经济活动，用大众的话说就是"经济社会"，经济社会对律师的要求就是在法律允许的范围内，为服务对象争取经济利益最大化。能否做到这一点，不仅在一定程度上反映了律师专业服务的水平，也是所有企业考察一个人是否胜任法律顾问或企业律师的标尺。

### 中国人与契约精神

契约精神是西方社会的主流精神，也是现代文明的基础。它脱胎于《圣经》，经犹太教、基督教的传承和弘扬而在西方文化传统中根深蒂固。整个西方商业文明的发展也是以契约精神为基础的，在传统的商业文明下，契约代表着商业关系双方的承诺。本质上，它是一种诚信精神，但不限于诚信，因为我们中国并非不注重诚信，但我们普遍缺乏契约精神。这方面是有很多案例的，往大里说，有地方政府的违约；往小里说，个人之间的不履约比比皆是。究其原因，一是因为契约精神产生于商品交易发达的社会。在与不认识的人打交道，与其交换，才需要契约，有契约才会守约。而中国一直是农业社会，农业社会自给自足，商品交易贫乏。二是我们的文化强调智慧，讲究通透。比如田忌赛马，我们会觉得孙膑真是聪明，其实他是违约的，赛马有其规则，上马对上马、中马对中马、下马对下马，但田忌却使用了下马对上马、上马对中马、中马对下马，放到讲规则的环境里，这就是不讲规则。再加上中国目前缺乏完善的违约制约机制，受趋利避害的商人本性影响，为追求收益，尤其是当违约的收益远大于守约的利益时，违约就会成为"很好"的选择。

中国人契约精神的现状实际上为律师提供了大量的生存和发展机会，这些机会更大程度体现在非讼领域，所以未来总裁律师必将是大势所趋，能认清现状的律师，才会有更长远的发展。

高度强老师演讲《用互联网思维颠覆一个离互联网最远的行业》

## 如何成为法商结合的总裁律师

有一个明确的事实，那就是虽然企业及其主要负责人迫切需要法商思维与法律知识，但他们根本不可能转行去做法律工作者，这等于开倒车、走下坡路，就像做了总裁律师再不会去想做传统律师一样。比较适合他们的选择是：雇一个成熟的总裁律师，为我所用，来之能战，战之能胜。他们的选择，事实上也正是广大传统律师们的选择：成为法商结合、攻守兼备的总裁律师。

## 谁站在马云背后：
### 总裁律师帮总裁打天下

如何成为法商结合的总裁律师？通过多年律师实践及总裁律师执教经验，大体上可分三步走。

第一步，转变思维。

思维不变，原地打转。思维一变，天换地换。抛开当下传统律师竞争激烈、生存维艰不谈，人本身就应该不断地调整自己，一成不变会使人产生厌恶感，进而失去激情与活力。

古人说，一动不如一静，动是创新，静是守成。没有人不想要更富足、更精彩的生活，只是有些人更愿意挑战自己，有些人也不想抱残守缺，无非缺少些勇气罢了。

第二步，做出行动。

思维定式是阻碍律师成为总裁律师的绊脚石，想突破思维定式倒也简单，把绊脚石踩在脚下，勇敢前行即可。当然我们不能讲得太笼统，有些事情不是有激情就足够了。亚里士多德说过："法律是远离激情的理性。一个好的律师要与法律共舞，就要把一个复杂事件冷酷地分解为若干个环节。"从普通律师成长为总裁律师，要上无数重台阶，我们前面反复讲过的律师要转变思维，要具备商业思维，懂得站在企业家立场上思考问题等，只是第一级台阶。想踏上第二级，就需要律师在具备商业思维的基础上，掌握身为一个总裁律师必须具备的专业技能知识，包括企业战略、投融资、危机管理等。没有这些必备的技能，成为总裁律师就是空想，做了总裁律师也只会空谈。

第三步，不断强化。

普通人亦说，活到老，学到老。对律师尤其是总裁律师来说，很多时候是形势、时代逼着你学。不学，就被淘汰。有商业思维与专业技能只是企业家对普通律师转型为总裁律师的基本要求。你说蔡崇信有多少种能力？其实林林总总，没个具体数字。尽管他很谦虚，但我们知道，他法律专业极强，融资能力极好，管理能力很棒，谈判能力也不差，至于对财富与人性的通透认识，更是值得我们学习。这些，显然不是天生的，最值得我们学习的地方就是蔡崇信持续学习的能力与精神。

上述三步，能否并做一步行？

能。

这正是我们滴慧商学院的责任。时间不等人，靠自己摸索，几时才能成为总裁律师？有个好老师，一步步推你上台阶，从转变思维，到各种总裁律师必杀技的训练，再到独特生命体验的传道、授业、解惑，环环相扣，步步为营。事实上，我的很多学生经常感慨，之前连总裁律师的概念都未听说过！遑论其他。

**延伸阅读**

金钱、理想与信念

不管怎么说，赚钱都不应该成为律师的唯一目标。对正义、公平、侠义、社会责任的追求，才是律师这个职业最大的卖点，相信大多数人最初选择这个行业的初心也是如此。

从概率上看，只有2%的法律系本科生能最终成为律师。按这个标准选拔出的人才，理论上从事任何行业，所赚的钱都不会比做律师少。全国每年收入在15万元以上的律师并不多，但一般的屠夫年收入都会超过这个数字。所以，如果以赚钱为唯一目标，建议改行。

反过来看，有钱的律师不一定是优秀律师，优秀律师又一般不会缺钱。优秀的律师首先要有优秀的人品和风格，对家人、朋友、社会要有责任感；其次才要求丰富的专业知识和执业能力。想转型为总裁律师，首要目标应该是做优秀的总裁律师，而不是有钱的总裁律师。只有这样，你的努力和追求才有价值，企业家也才会认可你、选择你。而你才能真正成为法商结合的总裁型律师，成为真正对企业有用、与企业家携手共赢的律师。

> **谁站在马云背后：**
> 总裁律师帮总裁打天下

## 22课．团队协作与个人领导力的21天养成

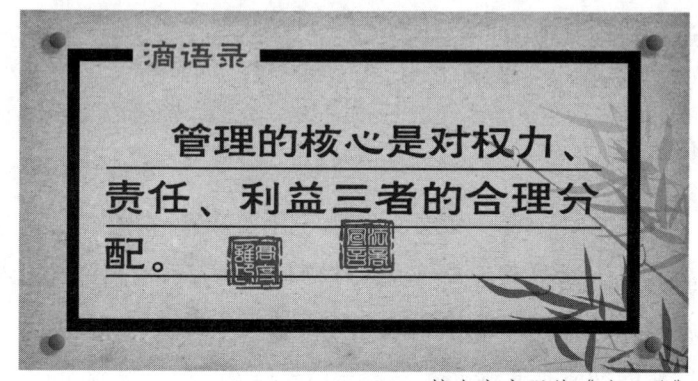

摘自高度强著《滴语录》

### 团队内部如何建立有效的沟通机制

美国前总统奥巴马任职期间，在迈阿密做过一次旨在鼓励"美国制造"的演说。搞笑的是，他正讲得兴致勃勃之际，一阵风吹掉了其身后起重机上挂着的美国国旗，露出了一家"中国制造"的商标。这家中国公司就是上海振华重工。

如今，曾经声名显赫的振华重工也变得困难重重。哪儿出了问题？一位元老级员工这样感慨道："原先管总（管彤贤）在的时候，他的手机号就印在名片上，公司所有员工，包括生产基地的农民工，都可以直接打电话给他。因为管总说过，员工有很多想法、委屈，得倾诉，要给人表达意见的机会。是不是采纳，可以另说。后来管总离任，振华开启了制度化管理，搞组织架构、授权体系，一个现场问题反映到副总裁需要7级，再加上各种批转，反馈回来得两个星期。放在以前，两个小时就够了。"

没有任何一个企业会把"沟通"当作核心竞争力，但没有任何一个企

业可以忽略它。前面曾经讲过，马云在邮件中告诫新员工不准谈战略，但他既没有禁止老员工谈战略，也没有禁止新员工谈其他。马云也讲过，管理就是沟通，沟通就是造梦，想把梦造成就得不断地与他们沟通！

蔡崇信，当然也是沟通高手。一个企业有两个沟通大师，想不成功都难。不过蔡崇信也说，有些企业在找 CFO 时很看重他与投资人的沟通能力，毕竟初创企业融资很重要。但这种能力属于"锦上添花型"，有则更好，没有也无所谓，顶多再配个有此能力的人就行。重要的是机制——建立有效的内部沟通机制并且确保畅通。

建立良性的沟通机制其实并不玄秘，从正式与非正式两类沟通渠道入手即可，前者包括月会、周会、座谈会等例会，后者主要包括电子邮件、周末旅游、小型聚会等。哪种沟通方式不重要，重要的是让员工说话，说他们愿意说的话。

### "五心"沟通

（1）尊重的心

尊重是素质的彰显，也是沟通的前提。员工感受不到尊重，管理者等于自说自话，浪费唇舌。反之，员工会自动自发地工作，与企业同甘共苦。很多事不用指挥，他已经做好了。很多话不用说，他已经做到了。

（2）合作的心

管理者与被管理者的利益并不必然矛盾，拥有合作意识的管理者能把员工的抵触心理转化为共赢行为，通过合作关系的确立改变企业的工作氛围。

（3）服务的心

企业在为消费者服务之前，首先要学会服务内部客户——员工，只有让内部客户满意，才能借助他们去服务外部客户，最终让自己满意。

（4）赏识的心

员工不优秀，当初你为什么聘用他？要学会欣赏你的员工而不是一味指责。赏识，是对一个人的莫大激励。如果你不想所有工作一肩挑，学会赏识你的下属，并且让他知道。

（5）分享的心

分享是让人印象深刻的美德，也是沟通的前奏。最简单的例子：男人们谈事前，会先递一支烟。管理者要不断分享，分享知识、分享经验、分享收益，分享一切值得分享的东西。分享不一定非要沟通，但它比沟通更重要。

## 团队内部如何统筹分工

马云喜欢武侠，并且把武侠化到了他的管理中，我们也不妨以《天龙八部》中的雁门关一役，讲讲团队内部如何统筹分工的问题。

首先，确立带头大哥。

家有千口，主事一人。现代企业讲究制衡，但也要确立负责人或法人。恰如雁门关一役要想打好，首先要推选一位德高望重的带头大哥。他武功不一定最高，但领导能力要很强，影响力也要很大，大到所有人都信任他、敬畏他的程度。小说中，这个位置给了少林方丈。阿里巴巴，马云自然是首选。他不仅是发起人，而且胸怀大志、百折不挠，并且不独断专行，知道自己力有不逮，必须依赖所有弟兄。

其次，就是确立自己的副手。

副手可以是一个人，比如初创期的公司。如果老大负责销售的话，副手就自然而然地要做好生产与研发。以后可随公司的成长逐步扩大最高管理团队，但最多不宜超过3~5人。领导太多等于没有领导。可以广开言路，但决策权必须集中。这些人相对来说必须是业内顶尖高手，相当于雁门关团队当中的丐帮帮主汪剑通的水平。在马云的团队中，则是以蔡崇信为核心的一批副手。他们的任务是根据自己所长，分配人手与资源，承上启下、沟通团队，制订工作计划，细化每一环节，做好各种预案，并监督计划执行，直至目标达成。

核心层如此，基层也一样。总裁统筹全局，管理几个副总。副总要在有全局视野的基础上，管理好自己分管的部门或项目，而这只能通过管理自己手下的骨干去实现。依此类推，直至每个一线员工。

不论是谁，团队中的角色安排都要明晰。角色模糊、角色超载、角色冲突、角色错位和角色缺位，不仅会降低团队效率，还会影响团队的稳定性。

### 责、权、利要平衡

管理的核心是分配，即把权力、责任、利益合理分配，使其对等。几乎所有管理出问题的地方，都是因为这三者不对等、不平衡。比如，有人拥有权力，不需要承担责任；有人承担了责任，拿不到利益；有人拿了利益不需要承担责任。管理最重要的是分配责任，而不是分配权力。拥有责任的人，权力和利益要最大。责权利需要平衡，缺少任何一方都会造成错乱。如果只有责和权，会缺少行动力；如果只有权和利，就会缺少人性的善良；如果只有责和利，则会降低成功的概率。

## 领导力养成的10大法则

领导力，顾名思义就是领导能力，另外一层意思则是指作为一个领导必须具备的能力，包括建立愿景目标的能力，激发他人自信心和热情的能力，确保战略实施的能力等等。对总裁与总裁律师来说，领导力均不可或缺。以下是领导力养成的10大法则，它们充分说明了这一点。

（1）盖子法则（领导力决定办事成效）

①想爬得越高，越需要领导力。

②领导力好比领导本人及其团队办事成效的盖子（锅盖）。领导能力强，锅盖就能被顶得很高；反之，团队发展潜力便会受到限制。

| 谁站在马云背后：
总裁律师帮总裁打天下

③任何一个行业，都不乏聪明、有才干而又成功的人，仅仅因为缺乏领导力，使他们的成就大大受限。

（2）影响力法则（领导力与影响力挂钩）

①当人们愿意跟随你时，哪怕只是出于好奇，都足以表明你是一个优秀的领导者。

②头衔只是给你一点儿时间，让你有机会增加自己的影响力，或者与之擦肩。

③领导固然需要走在前头，但更重要的是有人愿意跟在后面。

（3）跟随法则（领导力来自日积月累）

①一个人开发与提升技巧的能力，决定了他是否能成为领袖。

②开始察觉自己对事实的无知是迈向有知前提和最关键一步。

③成功的秘诀，是当机会来临时你已经预备好自己。

④领袖不是一天养成的，必须日积月累，甚至投入毕生的工夫才能成就。

（4）导航法则（谁都可以掌舵，但不是谁都会设定航线）

①所谓领袖，即是看得比别人仔细、比别人远，而且比别人先看到的人。

②不管你过去经验多么丰富，都无法预知现今与未来。

③一个计划是否被接纳、得到支持并获得成功，与计划本身有关，也与提出该计划的人是谁有关。

（5）哈顿法则（真正的领袖一开口，人们就洗耳恭听）

①真正的领袖拥有权力，而不仅仅是拥有职位。

②是不是真正的领袖，看看他结束后的地位就行了。

③有些话并非真理但人们肯听，因为他们敬重说话的人。

（6）根基法则（信任是领导的根基）

①不管你带领一群人有多久，绝对不能取巧走捷径。

②领导就是策略与品格的有效结合，如果必须舍弃，宁可舍去策略。

③要取得人们的信任，领袖必须是能力、关系和品格这几种特质的示范。

④每个人的成就都无法超越他的品格上限。

（7）敬佩法则（人们只想跟随比自己强的领袖）

①通常来说，只有那些具备领导力的人，才能识别出那些同样具备领导力的人。

②发动重大变革，最能考验一个领导的受尊重程度。

（8）直觉法则（调动自己的直觉）

①直觉常能使人从一般领导中脱颖而出，成为一个杰出的领袖。

②成功的领导必定拥有直觉，他们习惯使用自己的领导直觉做出判断。

③领导的关键在于能够纵观全局，不仅能回顾过去，并且能预测未来，就好像野兽能从风中嗅出变化的信息。

（9）磁力法则（你是什么样的人，就吸引什么样的人）

①你找到的人未必是你想要的，但你吸引来的人肯定是跟你差不多的人。

②好的领导知道，成功的秘诀在于找到人才来弥补自己的短处，这样他就能专心致志地做自己擅长的事。

③如果你认为属下应该有更好的素质，那么这时候就该提升自己的素质了。

（10）亲和力法则（南风比北风威力更大也更持久）

①在你要别人伸手支持前，得先感动他们的心。

②与人亲善的秘诀在于，把团队里的每个人当成个体看待。

③想要人跟随你，就不可低估与人建立关系所产生的力量。

④带领自己用头脑就足够了，带领他人要用心才行。

### 野牛群与雁阵

有些人迷信野牛这种动物，并希望自己的组织运作得如一群野牛：每个个体对它们的唯一首领绝对忠诚，不论那头领导地位的野牛想去哪里，其他同伴都会亦步亦趋。但这对企业来说绝对弊大于利，因为野牛群只会效忠一个首领。它们惯于围在首领身边,看它如何行事。一旦首领不在,它们会等到它出现为止。反映在企业中,就是有许多只会静待其变的员工,只会做首领交代的事情,其他一概不动。

所以,总裁律师要为企业打造雁阵形的组织,打造一群既负责任又能相互依赖的员工。正如同雁群一样,当它们以V字形编队飞行时,其中领导权会不时更替,会由不同的雁轮流领航。每只雁都懂得依据具体情况所需变换自身角色,可以是带头者,也可以是跟随者。反映在企业中,就是说每个人都要有主人翁精神和主观能动性。

# 23课. 时间管理与高效能产出的21天养成

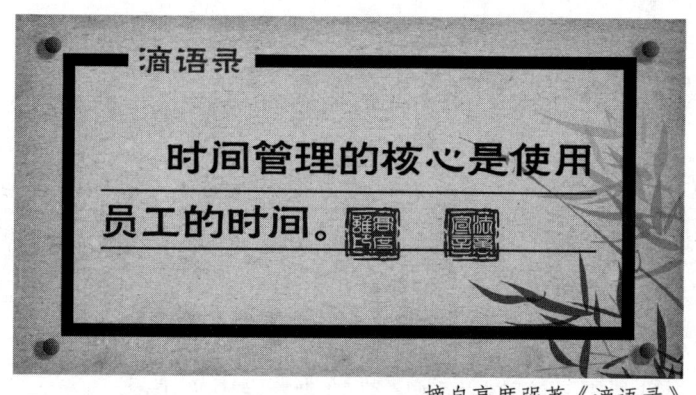

摘自高度强著《滴语录》

## 时间管理与时间管理的重要性

说到世界,很多人头脑里往往浮现出一幅世界地图,其实这只是空间或地理的概念,我们生活的世界除了空间,还有时间。在德鲁克的经典著作《卓有成效的管理者》中,时间管理被认为是管理者卓有成效的第一要务。为什么?因为它是限制资源。恰如木桶理论,任何生产程序的产出量,都会受到最稀缺资源(即短板)的制约。时间就是这样一项资源。

德鲁克说:"时间的供给,丝毫没有弹性。不管时间的需求有多大,供给绝不可能增加。时间稍纵即逝,根本无法储存。昨天的时间过去了,永远不再回来。所以,时间永远是最短缺的。时间也完全没有替代品。在一定范围内,某一资源缺少,可以另觅一种资源替代。例如铝少了,可以改用铜,劳动力可以用资金来替代。我们可以增加知识,增加人力,但没有任何东西可以替代已失去的时间。而做任何事情都少不了时间,时间是必须具备的一个条件。任何工作都是在时间中进行的,都需要耗用时间。"

对总裁来说,时间不仅是限制资源,还是奢侈品。浪费时间就是浪费生命,不仅仅是企业家一个人的,还是所有团队成员的。对谁来说,时间都一去不复返。浪费时间也是浪费成本,而管理企业的要诀之一就是节约资源、节省开支、降低成本、杜绝浪费。从这个意义上说,不懂时间管理的总裁,不可能从源头上管理好企业。

### "没有时间"与无效的管理

很多总裁都在怒吼:我没时间!没时间休息,没时间娱乐,没时间学习……

他们都在忙什么呢?自然是管理企业。很明显,他们的管理是无效的。管理者为何无效?德鲁克认为,这首先是因为管理者的时间往往属于别人,不属于自己,是"组织的囚徒"。每个人都可以随时来找他,从公司员工到客户再到政府官员。其次是因为管理者往往被迫忙于"日常运作"。无论是谁,每天被一连串事务包围着,都会穷于应付。导致老板很忙很累倒在其次,重要的是,真正关键的事情往往因此而无暇顾及。这些人最应该明白的一个道理就是:那些员工,在进入企业的那一天,其实已经在一定程度上把他们的时间转让给公司了。如果你没有时间,那就学会使用员工及属下的时间吧!这是第一课,也是最重要的一课。

**谁站在马云背后：**
总裁律师帮总裁打天下

## 时间管理与高效能产出

德鲁克举过一个有趣的实例。他问一位董事长：你平日里的时间都是怎么花费的？对方十分肯定地说：1/3 用于与公司高管人员研讨业务，1/3 用于接待重要客户，1/3 用于参加各种社会活动。这其实是不错的安排。只不过等实际记录了 6 周之后，结果表明，在上述他认为最重要的三个方面，他几乎没花什么时间，那只不过是他认为"应该"花时间的工作而已。

通过进一步跟踪，发现其时间主要花在了处理与他认识的顾客的订单、打电话给工厂催货、处理人际关系摩擦等小事身上。因此，有效管理时间的第一步，就是记录你的时间花在了哪里。第二步，就是把这些对总裁来说收效甚微或浪费时间的活动找出来，尽可能地排除掉。要砍掉那些根本不必做，做了也是浪费时间，无助于成果的事。要把所有可以由下属代劳并且不影响效果的事情都转交给下属，去"浪费"他们的时间。

诸葛亮怎么死的？事无巨细，事必躬亲，累死的，精神可嘉。但北伐大业没能实现，长使英雄泪满襟。一句话，总裁要忙在点子上，最重要的节点绝对不能出问题。对企业前途有深远影响、使企业获得更大发展、使企业避免重大损失的事情，不仅要忙，而且要投入相当的时间进去，并且不能拖延，"只争朝夕"。有些事需要总裁自己拿主意，有些事需要总裁联合总裁律师等高管会诊；有时候需要大家撸起袖子加油干，有时候总裁要学会闭关深思……总之，会不会开展工作，会不会利用资源，都跟总裁进行时间掌控与时间管理有关。

有些时间必须总裁本人亲自去"浪费"，且不可避免；有些浪费则是因为管理不善和机构缺陷引起的。一般来说，机构某处频频出现问题，多半是制度的缺陷。不从根本上解决问题，弥补制度缺陷，不仅重复花费人的时间，还会导致根本性危机。

 链 接

### 效果、效率、效益、效能

效果，指由某种力量、做法或因素所产生的结果，通常是指好的结果，比如教学效果、演出效果。

效益，是指效果和利益，比如社会效益、经济效益。在经济领域，效益是指劳动占用和劳动消耗与所获得的劳动成果之间的一种比较。如果劳动成果的价值超过了劳动占用和劳动消耗的代价，即产出多于投入，那么就产生了正效益。反之，则为负效益，也就是没有效益。相同情况下，所得到的劳动成果越多，效益越高。反之，效益越低。

效率，是指单位时间内完成的工作量，比如办事效率、工作效率、生产效率。所谓效率高，就是在单位时间里完成的工作量多，就意味着节约了时间。

效能，对企业和个人而言是指办事的效率和工作的能力。史蒂芬·柯维在《高效能人士的七个习惯》中指出，效能是产出与产能的平衡。所谓产出就是预期要收获的结果，所谓产能就是能产生预期结果的资源。所谓高效能，就是既要收获尽可能多的产出，又要维护好生产能力；既要避免杀鸡取卵式的短视行为，又要避免母鸡光吃食不下蛋的无效行为。

## 建立自己的时间节奏

节奏并非专业音乐人士的专利，日夜交替、四季循环、举手投足、一呼一吸，世间万物都有各自的节奏。人体自身也有自己的时间节奏，晚上就该睡觉，白天就该工作，累了就该歇会儿，坐久了就要起来活动一下……最好的时间管理，是建立自己的时间节奏，养成习惯，直至内化为自己的生物钟，实现企业管理与时间管理和整个人生的天人合一。

有些人习惯早上工作，那就把重要与紧急的工作安排在上午。有些人习惯于下午工作，那就把重要与紧急的工作安排在下午。也有少数人是

## 谁站在马云背后：
### 总裁律师帮总裁打天下

"夜猫子"，晚上精神百倍，效率出奇的高，那就把重要事项安排到晚上处理。总之，首先要把重要工作安排在自己最有工作效率与精力状态最佳的时间段。身体状态不好或精神状态不佳时，最好不要工作，既没效率，还有可能把事情搞砸。

一般来说，职位越高，能自主的时间越少。总裁们的时间往往是碎片化的，一会儿处理这个，一会儿应付那个。时间被分割无数片段，如此，相当于没有时间。有些事情，绝不能草率；有些事情，还必须全力以赴。身为总裁，要学会屏蔽外在干扰，要有独立的"时间胶囊"，强行将零散时间集中起来，统一利用。比如，可以将会议、审核、问题分析等例行工作安排在每周的前两三天，剩下的时间则用来思考或处理真正重大的事务。也可将每日的上午或下午"独立"出来，同时使下属和合作伙伴适应自己的时间节奏，而不是适应他们。

 **延伸阅读**

合理的放权机制是法商智慧的集中体现

《财富》杂志的一份关于压力与健康的调查报告显示，在被调查的5000名中国高级经理人中，遭受身心健康压力困扰的比例高达70%。有87.4%的企业家感到压力很大，68%的企业家说自己每天工作时间都超过10小时。因此他们比普通人更容易烦躁、恼怒、沮丧和猜疑，长期积累易患抑郁症、焦虑症、恐惧症等心理疾病和各类心身疾病。另一份数据则显示，近30年，以自杀终结生命的企业家单单留下记录的就有1200名！

《韩非子》中提到："下君尽己之能，中君尽人之力，上君尽人之智。"一个人的精力终究有限，作为总裁首先要懂得，时间管理固然重要，但一天给你48小时你依然不够用。重要的是确立一套规范，大胆放权，合理授权，明确分工，权责清晰。甩手的才是掌柜，要把精力放在培养助手和接班人身上，借力、借智、借时间，让众人分担自己的压力，自己才能轻装前进。

# 24课．品牌管理与互联网营销的108个策略

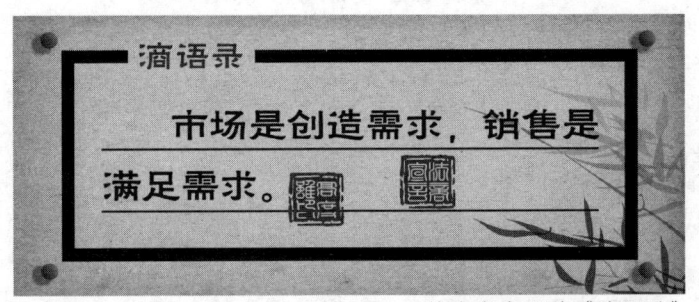

摘自高度强著《滴语录》

## 没品牌就建立自己的品牌

前面讲过"王老吉"与"加多宝"之争。表面上看，两家争的是"王老吉"这个商标，实际上不是这样，他们真正在意的是附着在商标之上以及延伸出去的品牌。品牌来源于商标，却是商标的进一步升华。"王老吉"这个商标早就有了，但真正成为品牌是近几年的事。成为品牌了，也就值钱了；值钱了，就开始掐，就开始打官司。这是必然的逻辑。

律师也是如此。都是律师，都是打刑事官司的，甲律师自己要价只敢要 5000 元，乙律师让人看着给也得给 10 万元，为什么？因为前者名不见经传，后者有名气。至于蔡崇信，人家也是律师，但身价百亿。这就叫溢出效应，但前提是你得有横溢的才华与能力。

话说回来，有能力就一定有品牌吗？未必。酒好也怕巷子深。茅台酒好不好？好，但若不是因为在万国博览会上摔碎了一瓶，酒香四溢，它能否驰名全球？在竞争日益激烈的今天，个人品牌已经成为无法复制的优势。想成为有影响力的律师，首先要让更多的人知道你，其次是让人认识

| 谁站在马云背后：
| 总裁律师帮总裁打天下

你、记住你、接受你、信赖你。个人品牌一旦形成，就会被人们接受和长期认同，并在事业、人生等各方面发挥出巨大能量，且随着时间的推移不断"增值"。

 链 接

**卖商品、卖服务、卖人**

品牌分企业品牌与个人品牌两大类。个人品牌又分传统的个人品牌与互联网时代的个人品牌。尽管中国历史上也不乏"得千金，不如得季布一诺"之类的典故，但商业性质的、传统的个人品牌是舶来品，像KFC、爱马仕、劳斯莱斯、奔驰、宝马等最初都属于个人品牌，它们的共同特点最早都是由个人作坊或家族企业发展起来，当初也没有品牌、商标等概念，发展到近代才有商标，个人品牌或家庭品牌也随之演变成为今天众所周知的企业品牌。在中国，原本没有个人品牌这种概念，只有企业品牌。近些年，随着互联网高速发展，才产生了真正意义上的个人品牌，像自媒体、自明星、自偶像等，都属于个人品牌，各种代表如罗振宇。罗振宇是卖什么的？有人说是卖书，也有人说是卖文化。错，他是在卖自己。个人品牌通俗点说都是卖自己，先让人知道你，再让人认可你，然后再来推出你的产品或服务。

## 媒体化与微信平台运营技巧

移动互联网的崛起，给了普通人崛起的机会，这反过来又令移动互联网进一步强大，无孔不入。恰如微信的广告语所说，"再小的个体，也有自己的品牌"，无论你是否想把律师之路走得更宽，都需要建立自媒体。而帮企业建立自媒体，树立企业品牌及企业家个人品牌，也是摆在总裁律师面前的重要任务。

关于自媒体与微信平台运营，这是一门系统的学问，这里择其要点，贡献给读者。

（1）有利、有用、有益、有趣

所谓有利，就是要做到哪怕是打广告，也要对人有帮助。有用与有益均如此。无论我们发的内容长短，都应该有实用价值，也就是拒绝无聊。具体实践中要兼顾受众与自我，对双方都有用才是真有用，大家好才是真的好。对受众无益，没有人会在意你。对自己无益，你坚持不下去。所谓有趣，是说你发的内容要有乐趣，让人觉得有意思，想继续看下去，甚至百看不厌。至于如何把枯燥的法律知识与相关案例讲得引人注目，这就要看同行们的用心程度了。

（2）和粉丝交朋友

真正的自媒体大咖没有粉丝，因为他们都把粉丝当朋友。和人交朋友，而不是把人当粉丝，两者的根本区别在于你能不能放下身段，或者说，不要自视清高。即便你真的很高明，也要把自己放低，主动与他们对话、互动。先做朋友，后做生意，这是被无数成功人士一再证明了的人间至理。做自媒体更是如此，它具有特殊性，始于交流，但不结束于交流，始于情感，且应该不断绵延。一旦你们成为朋友，他会主动为你拉来更多的粉丝，甚至直接用户。这是经验之谈，是我自己的经历。在这里奉劝那些自命清高的人，人与人之间本质上是没有差别的，真的很牛，很杰出，企业上了市，进了500强，但既然开通了微平台，那么这本身就代表我们想好好运用这个渠道，从而应该做好与人平等对话、互动的准备。如果只是机械地发布一些公告、声明或者广告，也就失去了意义。

（3）建好群，管好群

社交媒体已进入社群时代，一个微信群就是一个小小的社群，它能满足群友之间人际交往的需求，也能满足群主的传播需求，还能作为精准营销的渠道，团队培训的平台。那么，如何才能建好一个群呢？其实只需要做好三件事：定位要准、构成要优、管理要好。定位要准，是说建一个群，群主一定要想清楚：为什么要建它？服务对象是哪些人？如何服务好群友？构成要优，是说一个好的群要多元化，要有层次，群友构成不能太单一，不然缺乏观点的碰撞，产生不了多少沟通价值。管理要好，是说

### 谁站在马云背后：
#### 总裁律师帮总裁打天下

建群不难，难的是管理。管理不仅需要技巧，还需要耐心与坚持。作为群主，要保持群的活跃度，必要时还要发个红包什么的，但主要还是精力与时间的持久付出。群主不能全凭一己之力管群，要善于借力，肯定也不能局限于建一个群。

#### 杀熟与四级客源理论

首先要纠正一下"杀熟"这个概念。一个"杀"字，直接暴露出这个词在人们头脑中是绝对贬义。我们这里讲的"杀熟"肯定不是大家所想的那样，有智慧的人从来不需要把自己的获得建立在他人的失去上。常言道，"人熟为宝"，讲的是人与人之间相对比较了解，知根知底，长此以往便会产生信任，无论是相互帮忙也好，合作也罢，关键时刻，有个熟人，不至于让人抓瞎。况且中国自古以来就是一种熟人社会，只要我们不是真的"杀"熟，有什么不可以？

我们强调的杀熟，是褒义的杀熟，不是对熟人下手，而是好好利用自己的人脉资源。这样想的话，能杀熟的人，本身就是优势，因为熟人多、朋友多嘛！如能通过杀熟，让朋友们少花钱多办事，乃至把他们发展成利益共同体、命运共同体，大家一起组团闯世界，他们感谢你还来不及呢！

来看下面这张图片：

**四级客源理论**

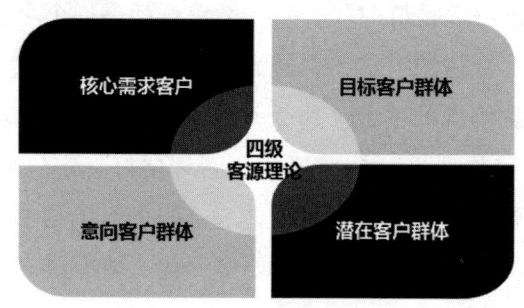

它讲的是四级客源理论，其核心是引导销售去发展客户，也就是客源。

第一个板块是核心需求客户，指最容易转化的那个客户群体，也就是出现任何事情都是第一批站出来支持我们的那些人，毫无疑问，他们就是我们的亲朋好友，这也正是为什么要杀熟的深层次原因。想想看，你第一份律师工作谁给你介绍的？又是谁经常把有需求的陌生人介绍给你？熟人嘛。

第二个板块是目标客户群体，它讲的是经过第一轮的杀熟之后，很多人遇到了瓶颈期。这时候就要对准我们的目标客户群体，他们基本上都是我们的同城客户。第一波杀熟，能成功是因为大家都是亲朋，都有一定的信任感。进入第二阶段，我们就要通过聚会等社交方式，去通过我们的亲友认识更多朋友，这样别人有需要时才会想到你，找到你。

第三个板块是意向客户群体，这个阶段其实是一个全面撒网的阶段，这时候要运用我们前面所讲，利用各种互联网平台，为我们的网站进行引流，进行长期的鱼塘养鱼式的培养，最终转化成效益。

第四个板块是潜在客户群体，泛指所有对律师有潜在需求的人。客户需求分具体需求和潜在需求。具体需求，是客户明确知道自己想要什么，需要什么，比如那些主动找上门来打官司的人，对此，只需对症下药就可以了。潜在需求，是指客户可能并未明显表现出来，但只要多交流，多沟通，是有机会开拓和创造需求的。比如，某人找你打一个合同官司，但你指出他的问题在于缺一个兼职的法律顾问，并且他也同意时，深层次需求不就有了吗？

## 市场与销售的区别和相互关系

有不少学生问我：高老师，我的个人公众号做得很棒，但它无法给我带来效益？有什么用？怎么办？我说：你一定还没搞清市场与销售的区别，所以才会这样。

### 谁站在马云背后：
#### 总裁律师帮总裁打天下

什么叫市场？

什么又叫销售？

很多中国企业，包括一些做了多年市场或销售的专业人员，往往把二者混为一谈。其实市场是市场，销售是销售。以自媒体而言，每天更新、发圈、推广、做活动、互动，等等，都是市场行为，目的是让人认识我们并形成粘滞效应。如果有人通过你的市场行为了解到你是个律师，恰好也有法律服务需求，他可能主动联系你，但这是等来的生意，而销售简单来说就是主动出击，在做市场行为的同时审视一众潜在客户并做出判断，精准推销，拿到订单。

或者说，市场与销售的最大区别在于市场是创造需求，而销售是满足需求。做市场是运筹帷幄，策划谋略，做销售则是短兵相接，卖出产品收回钱。做市场主要是"谋"，做销售主要是"干"。做市场是为了销售人员更好卖，卖得更多、更快、价格更高、更久、钱收回更及时；做销售主要是完成任务。做销售是劳力，做市场是劳心。市场包含销售，销售是市场的组成部分。尽管如此，销售依然是最重要的部门。没有销售的支持，市场无意义。反过来说，销售很坚决，也很勇敢，反复向顾客发起冲锋，但前方布满地雷，阵地上有坚固的堡垒，这时候就需要市场人员进行有效的策划，排除障碍物。所以重点在于协调好市场与销售的关系。市场与销售的目标都是顾客，前者的策略是"拉"，后者的策略是"推"。推拉结合，才能构建起营销工作的闭环。

我那位学生就是个好例子：市场做得不错，但销售基本没做，业绩自然为零。

#### 销售漏斗管理模型

销售漏斗模型有助于我们理解市场与销售之间的关系。

市场部的职能是将漏斗上面填满，销售部的职能则是将市场部激发出来的潜在需求转化为现实需求,也就是说将销售漏斗上面的潜在用户向下压,最后从销售漏斗下面压出来的就是企业得到的订单。要产生足够的潜在需求,市场部就要了解并掌握市场行情,并通过有效的宣传与促销激发市场。销售部则侧重于潜在用户到最终用户的转化效率,即说服有需求的潜在用户下单,特别是那些摇摆不定没有明确偏爱的潜在客户。明白其中的关系,企业家及总裁律师才不至于顾此失彼。

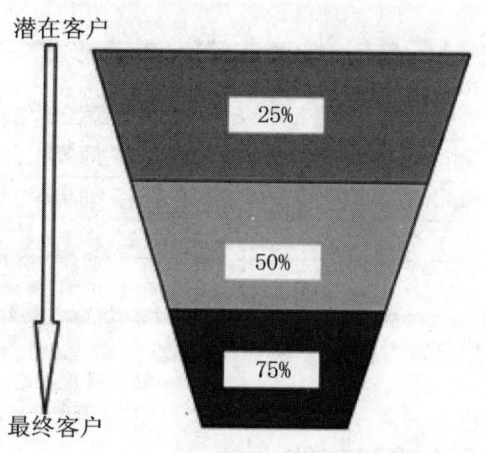

一个企业没有市场部,或市场部职能缺失,销售就会变得盲目,因为没有方向,更谈不上战略。外部环境较好时,企业还能随着大潮往前走,一旦环境恶化,就会影响到企业的生存。当然,恰如前面所讲,没有销售的企业同样无法生存,但这一点不必多说,因为大多数企业都非常重视销售。

此系列涵盖的内容较多,其他方面不再具体阐述,各位读者可以通过关注课程进行学习了解。

谁站在马云背后：
总裁律师帮总裁打天下

# 25课．创新能力与跨界化反的18种能力培养

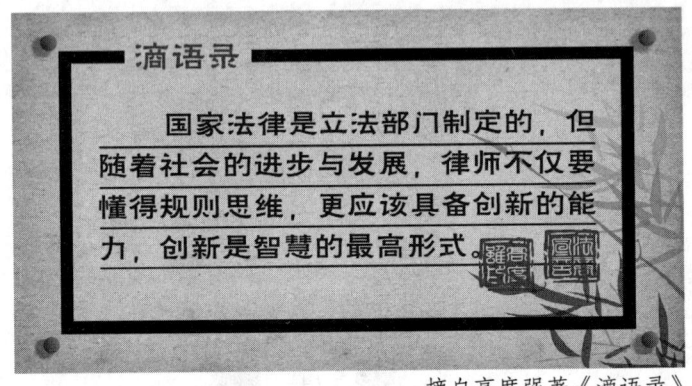

摘自高度强著《滴语录》

## 律师要注重培养创新能力

20世纪六七十年代，香港的房地产很不景气，地产商的房子卖不出去，老百姓的钱不足以买房，银行也放不出贷款，死气沉沉。这时候，有一个地产商却勇敢地入场了。他很想打破这种局面，创造一种模式，但一时想不到办法。后来，他雇请了一位年轻的、刚从英国某法学院毕业回来的学生给他做律师，这个律师说：这很好办，你"卖楼花"吧！所谓卖楼花，我们现在知道叫按揭，说白了就是三方当事人签两个合同，就是这样一种规则和制度的搭建，形成了一种崭新的商业模式，不仅成就了这位地产商，也使香港社会各项资源得到了有效配置，促进了社会发展。这位律师是谁呢？很可惜我暂时没有查到他的名字。但他的老板非常有名，他就是霍英东。

说到创新，尤其说到律师创新，同行们大多一头雾水，满脸质疑：律师怎么创新呢？法条就是那么规定的，制度就是么设定的，我能改吗？

这种思维定式一定要突破。谁说律师一定要困守法条，打一辈子官司？律师是社会的有机组成部分，律师出现在社会的任何行业都很正常，律师与任何行业跨界整合都很必要。我们已经无数次讲过：律师在法庭里，那他就是法律的；律师在法庭外，他便是规则的。法律是立法部门定的，规则是人定的。

当然，没有金刚钻，别揽瓷器活。无论是想成为金牌律师，还是想成为总裁律师，与企业共赢，同行们都应该在"创新"二字上下工夫。

### 创新是智慧的最高形式

一般来说，创新被认为是智慧的最高形式。

创新能力源于知识，但不是知识。它不否定知识，只是强调将知识转化为能力。大量事实表明，成功人士不一定是那些最勤奋的人，也不一定是知识最渊博的人，而是思维敏捷、最具创新意识的人，他们懂得如何去思考，善于利用头脑的力量。恰如古希腊哲人普罗塔戈所说：大脑不是一个要被填满的容器，而是一支需要被点燃的火把。

有人会说：既然它是智慧的最高形式，那我就算了，我比较笨。其实每一个律师都不笨，笨你不可能考取资质。创新具有普遍性，只不过有些人的创新能力被压抑着。诸如"环境太平凡不能创新、生活太单调不能创新、年纪太小不能创新、我太无能不能创新"等错误观点，是陶行知先生早就批判过的。

创新是一种潜能，我们要做的是把潜能转化为显能。日常生活中，要经常有意识地观察和思考一些问题，提高观察能力和大脑灵活性。也可参加培养创新能力的培训班，学习一些创新理论和技法，经常做一做相关训练题，并尝试着用创造性的方法解决实实在在的问题。没有问题，就试着找点问题，爱因斯坦说过，"提出一个问题比解决一个问题更重要"。

## 谁站在马云背后：
### 总裁律师帮总裁打天下

### 律师不能囿于现有法律的束缚

创新的要诀在于跳出圈外，否则就难免穿新鞋走老路。普通律师成为总裁律师，相当于跳出了原有的小圈子，进入更大的圈子，除了底线、道德、良知、信仰不可丢弃外，别的都可以，也应该伴随时空的转变进行相应的转变。必要时，还要有超前意识，否则仍然难以适应这个每天都有无数创新的社会。

我们总是在讲"有法可依"，但法律往往有滞后性，而创新有时候又等不及法律的变更，事实上也不应该等。全球化时代，很多企业特别是新兴行业的企业，其创新永远要走在法律的前面，因为机会稍纵即逝，等法律出来，企业已经掉队了。以支付宝为例，阿里在开发它时不可能不考虑法律风险及相应风险，但蔡崇信不能因为大陆相关法律还不健全就阻止马云启动项目，他需要做的是评测风险并提出尽量降低风险的解决方案。

风险，始终是很多刚入门的法律顾问跨不过的槛。帮企业预防风险，这是基本的，但不能被风险局限住。创业本来就是九死一生的事，做生意本来就有很大风险。光考虑风险，干脆不要做企业。这个"不行"那个也"不行"，你让企业家做什么去？你搞得他们没生意，律师自然也没生意可做了。现实中，各行各业都在进行大胆探索，律师若不能从社会进步的角度考虑问题，提供服务，必然会被企业与社会抛弃。

 链 接

#### 政府、企业、消费者与支付宝

2012年12月，在北京举办的"中国企业领袖年会"上，马云说："有人讲支付宝，我那时候说过，政府需要，我把它送给政府。这不是气话。"当时台下一片笑声。马云当即也以开玩笑的口吻说："如果政府要，我能不给吗？"台下又一片掌声。接着他说："我们不是要大包大揽，是因为商

家需要、消费者需要。做企业以来,我们真的是遇水搭桥、逢山开路。没有信用,我们建信用。没有支付,我们建支付。今天我们实力比当年强了,可以说什么都有了,又有什么舍不得的呢?"这话充分彰显了一个负责任的企业的态度。

其实政府也不会要支付宝,要它干什么?监管它才是其职能。事实上,政府也是由无数公务员组成的,哪个公务员不用支付宝呢?至于普通消费者更是如此。只要一个产品、一种服务是有益于企业同时也有益于全社会的,并且这个企业是遵纪守法有良知的,那么企业家大可以勇敢前行。

## 互联网为律师带来机遇与挑战

2013年的央视"年度经济人物"颁奖典礼上,王健林与马云打了个1亿元的赌:马云认为,网络时代电商将全面取代实体店,王健林则认为实体店永远是主流。4年时间过去了,我们看到马云玩起了新零售,王健林自己倒是触网不深,其子王思聪却也把网络经济玩得风生水起,不亦乐乎。当年的赌约与赌注已不重要,重要的是我们律师如何适应网络时代的革命性变化?

互联网时代,完全不触网,简直是自杀。你可以不上网,但你的潜在顾客整天泡在网上。当他们需要法律服务时,会下意识地到网上寻找相关信息。如果人们可以购物上淘宝、上京东,为什么不可以上网淘一个律师、淘一个法律产品?事实上,互联网带来的法律服务业的革命早已开启,它会有多么深入,对普通人来说可能只需要"拭目以待",但对律师来说,不容错过。

"互联网+"是机遇,也是挑战。如果可以网购法律服务,那可不可以有国美模式或京东模式,由网站替客户匹配律师,替客户跟律师事务所"砍价",或者先打个白条?可不可以像支付宝一样,一手托两家,既保障律师利益又保护顾客利益?没有什么不可以,只要我们转变思维,只要我

**谁站在马云背后：**
　　总裁律师帮总裁打天下

们付出努力。我们不转变，也一定会有人转变。事实上，很多同行早就走在了前面，我们现在转变，都已经需要努力追赶——再不能耽误了。

 **延伸阅读**

"跨界化反"大背景下的律师定位

　　"跨界化反"的真正含义是什么，恐怕只有乐视掌门人贾跃亭清楚。毕竟，他是国内倡导并实践生态圈模式第一人。截至目前，这是个失败的案例，但失败的不是模式本身，只是他步子跨得太大，结果导致了激烈不可控的化反。

　　先说跨界。贾跃亭不跨界，乐视实现不了纵深发展，这本身有何问题？对律师而言也是如此，以前你只需要打个官司就行了，现在你也可以只打官司，只要你坐得住冷板凳，笑看门前车马稀。跨界是为了更好的发展。但能不能发展好，要看化反的结果。

　　很多互联网公司，以及一些传统公司，都在谈生态、谈跨界、化反、融合、裂变、聚变，其实说到底，无非是"打通"二字。武侠小说中，习武之人打通任督二脉，内力激增。企业也如此，对内打通了，各部门全攻全守，互相支撑；对外打通了，以不变应万变，以万变应不变。

　　做到这一点，不是讲几句道家哲学就行。必须有个学识与能力均打通了的总裁律师，为企业家护法。在未来，内容、硬件、运营、云、金融、服务、人工智能、共享经济……你不想跨界也得被跨界，你不想化反也要被化反。在这样的大背景下，聪明的律师自然知道如何定位自己的未来。

　　此系列涵盖的内容较多，其他方面不再具体阐述，各位读者可以通过关注课程进行学习了解。

第三部分　总裁律师是怎样炼成的

高老师发表《让律所插上互联网和商学两只翅膀》演讲

## 26课．谈判能力与高阶组织行为学实战

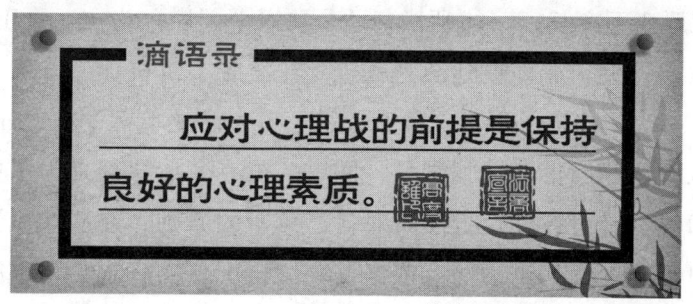

摘自高度强著《滴语录》

**谈判是总裁律师的基本能力**

在国外，商场上有所谓"谈判官"的职位，虽不能与CEO、CFO等相提并论，但商务谈判桌动辄上亿，影响一个企业及成百上千人的命运，

179

## 谁站在马云背后：
### 总裁律师帮总裁打天下

所以谈判能力历来为企业家所看重。有些企业，有时为了谈判胜利，甚至会聘请所谓谈判专家出马。其实大可不必，谈判有其技巧，律师从业者的功底加上必要的训练，谈判能力都不会低。当然，谈判也是律师的基本能力。

律师收费不可能像商场卖衣服，多少钱一件、明码标价、打几折、促销等等。因为案件不一样，难度不一样，要求不一样，投入不一样。律师自然而然地想多赚，客户自然想少付，这是人性。对此，律师只要掌握基本的话术，并充分了解市场，即可应付。

通常情况下，如果律师对事件、项目本身有足够的了解，对方想欺骗自己是不可能的，争执与商讨的都是利益，这时候就需要视企业自身情况及现实需要或者尽力争取或者适度让渡了。当然也确实不乏肚里有货但偏偏倒不出来的人，这样的人，显然需要加强锻炼，或者直接考虑转行。口才无技巧，多练就好。

我们在这里谈的是专业谈判，所以我们必须把眼界放宽到谈判基本规律、基本问题的范畴。此时，必要的技巧是必然的，但最基本的是专业知识及社会学、心理学、政治学、经济学等多种学科的广泛知识和社会经验。

所谓万变不离其宗，律师谈判还是要以"阳谋"为主。真正的高手，都懂得推心置腹。那种提到谈判就想到斗心眼、讲机谋、一连串尔虞我诈的人，其实是走进了误区。确实，社会上、商场上都存在这样的例子，但防范风险是一回事，欺骗是另一回事。没有人请律师是为了更好地犯罪，律师应本着对客户负责同时对自己负责的原则，在法律允许的范围内为客户争取利益。讲话要有依据，介绍情况要实事求是，不能讲任何不负责任的话，更不能为迎合客户心态随意做没有根据的承诺和诱导性分析。

**竞争型谈判、合作型谈判和双赢型谈判**

（1）竞争型谈判

执业律师能打赢官司的情况下，也难免要发生谈判。总裁律师更是少不了谈判，其中大部分谈判都属于竞争型谈判。商战愈演愈烈，不竞争或竞争能力不强，就会被淘汰。该争取的不争取，或者争取不来，都是失职的表现。一般的套路是，不论对方的方案如何令人满意，要求多么合情合理，都不能一口答应，必须给对方下马威，然后或漫天要价，或坐地起价。

（2）合作型谈判

谈判是妥协的艺术，矛盾和冲突固然存在，但坐到一起还是为了谈拢。在需要与对方保持良好的关系并且对方的条件不是很苛刻时，做出合作型反应，进行合作型谈判是恰当的。合作型谈判可从赞许、承认或欣赏对方开始，但也要尽可能地表明自己的态度、诉求，并争取进一步谈判。可以放低姿态，但不能放弃主动权。

（3）双赢型谈判

商场上，合则两利，斗则两伤，总裁律师要学会把谈判当作合作的契机，调动自己的知识与资源，寻找满足双方需要的方案。双赢型谈判的结果是你赢了，但我也没输。尽管实际工作中存在诸多障碍，但它最符合中国人的价值观，所以有巨大的发展空间。

## 谈判心理学进阶

从本质上说，谈判是一种心理博弈。完全不懂心理学的人，也会在谈判过程中不自觉地使用它。而对于富有心理学知识的人来说，恰到好处地运用，会有助于谈判的成功。

## 谁站在马云背后：
### 总裁律师帮总裁打天下

谈判者首先要有信心。它不仅仅指求胜心理，还有更广泛的内涵和更深远的层次。比如，对双方的谈判结果和以后的合作持乐观态度也是一种信心。当然，谈判是一场心理较量，对方愿意坐下来谈，也是表示他可以适当让步，有的谈。运用心理学进行利益引导，无可厚非。但完全不考虑对方就不需要谈了，谈判是冲突与合作的对立统一，要辩证看待。有些人容易紧张，这样的人要学会利用环境，慎重选择有利于自己建立自信的环境。比如，选择自己喜欢的地方，熟悉的地方。如果对方把你带到一个比较吵，或者过冷过热的地方，那有可能是他们为了利用环境促使你迅速做出决定，此时不必客气，可以建议调换房间、休息一会儿，或者干脆中止，约时间再谈。

其次是耐心。在谈判中，成熟的谈判者会表现得不急不躁，能够很好地控制自己的情绪，掌握谈判主动权。耐心还可以帮助谈判者更多地倾听对方的诉求，了解掌握更多信息。也可以使谈判者更好地克服自身弱点，增强自控能力，有效地加强、控制谈判局面。谈判总的原则是对人软、对事硬，有的人天生脾气急躁、性格鲁莽、咄咄逼人，有的人则是故意激怒你，利用语言或非语言的方式使你不舒服。对此，以软制硬、以柔克刚的策略最为理想，要相信忍耐之后必有回报。真相不明时，最好什么都不做。发火有益时，也尽量不要发火。只要你有耐心，能坚持到对方坚持不住的时候，对方会自己让步。

有些人会团队作战，一人唱黑脸，一人唱白脸，合伙迷惑你。这是惯用的心理把戏，能识破就不会上当。有些人会赤裸裸地威胁，千万别被吓住。因为威胁也是谈判中经常使用的伎俩。你可以故意不理会对方的威胁，但对威胁者来说，最好的策略是警告。总之，对付心理战的前提是让自己保持良好的心理素质。

 链接

### 知彼知己，百战不殆

平时多流汗，战时不流血，这个道理也适用于律师谈判。重要的谈判，事先一定要做准备，这是无需强调的。即便是突发的谈判，律师也应在进入谈判席前尽可能地在头脑中迅速捕捉、整理和运用各种可供谈判准备的信息。如此，平时的积累与习惯就必不可少了。

首先要了解客户的背景资料。作为律师要建立一个思想，那就是除自己外所有人都是客户。比如某企业找你打官司，你只了解这家企业可以吗？不行，还得了解与它打官司的那家，以及整个行业的基本情况。你了解得越细，越有利于最后的结果。

一般来说，我们要了解客户及相关的人、单位的背景资料，包括行业特点、隶属关系、资金来源、经营业绩，以及一些主要人物的经历、性情等。没有这些，律师就无法准备谈判内容，更无法在此基础上初步拟出解决问题的方案，自然也就谈不上修正、优化，以及相应的预案了。

在充分了解谈判对手的心理诉求的基础上，律师也要掌握客户的真正需求。客户不像律师，有些人可能一辈子只打一次官司，他生平第一次遇到问题，你让他确切地说想要怎样的结果，他也不清楚。实践中，客户请律师的目的不外乎以下几种：

单纯的经济利益目的，要求少受损失或最大限度地追回损失，不太在乎胜败。

有人打官司就为争口气，不计损失甚至不计成本。

有些人，尤其是一些机构的领导，遇到经济纠纷首先关心的是如何免除个人责任。

有人非常注重和希望维护与诉讼对方的合作关系，这就要求律师建设性地解决问题，随机捕捉或者创造有利于调解的各种条件和机会。

谁站在马云背后：
总裁律师帮总裁打天下

有人希望诉讼低调进行，有人则希望通过诉讼达到广告宣传的目的。

## 谈判中常用的战略战术

有时候难免遭遇恶性谈判，不管你怎样诚恳，对方始终固执己见，完全不懂得尊重他人利益。这时就需要适当采取些战略战术了。同样的，当我们察觉到别人在对我们使用战略战术时，比如下面提到的某一种，要学会应对，也要学会反思：是不是因为自己太固执，让对方不得不放大招？

（1）放低球

此战术适用于多角谈判。一般做法是，先以让利来吸引对方，其目的在于首先击败参与竞争的其他对手，然后再与被引诱上钩的对方开始真正的谈判。

（2）乱炒蛋

指通过搅乱谈判秩序、堆积谈判难题的方法，使对方畏难、困惑，继而手足无措、犯下错误，为我所用。

（3）车轮战

不断更换主谈人，使对方陷入不断重复谈判的境地，抵消对方的耐力，挫减对方的锐气，最终达到迫使对方让步的目的。

（4）踢皮球

在谈判时，一遇关键性问题，就找借口自己不能决定，转由他人再行谈判。可配合车轮战使用，也可单独使用。

（5）筑高台

当己方处于主导地位时，可先行将报价大幅提高，为高价成交留出空间。

（6）装糊涂

以没听明白为借口，要求对方重复其所说，用以削弱士气，并发现对方破绽。

（7）切香肠

化鲸吞为蚕食，每次谋取毫厘，像切香肠一样，一片一片地把最大利益切到手。

（8）挖陷阱

故意遗失相关的会议记录、文件、分析资料等，或者通过第三者，不露痕迹地向对方泄露所谓机密，陷对方于假象之中。

（9）欲擒故纵

一方面煽动对方的谈判需求，另一方面表现得对谈判很冷漠，使对方急于谈判，做出让步。

### 延伸阅读

#### 读懂对手的肢体语言

（1）紧紧地抿住嘴表示意志坚决。撅起嘴是不满意和准备攻击对方的表示。咬嘴唇是自我惩罚的动作，有时也可理解为自嘲或内疚的表现。不满和固执时往往嘴角向下。

（2）烟没抽几口就掐掉表明想尽快结束谈话，或已下决心要干某事，又或者火气冲天。不停磕打烟斗表明内心有冲突，忧虑不安。让烟燃着却不吸表明在思考或紧张。烟将吸尽犹自不舍说明此人很节俭或很小气。向上吐烟者多积极、自信、骄傲、有主见，朝下吐烟则多情绪消极、意气消沉、心有疑虑、信心不足或企图遮掩某件事情。

（3）握拳表现出向对方挑战或自我紧张的情绪。使手指节发出响声或以拳击掌，是向对方表示无言的威吓。用手指或铅笔敲打桌面，或在纸上乱涂乱画，表示对话题不感兴趣、不同意或不耐烦。吮手指或咬指甲是不成熟的表现，即所谓"乳臭未干"。两手并拢并置于胸前上方呈尖塔状表明充满信心，放在胸腹部的位置则表示谦逊、矜持或稍微不安。两臂交叉于胸前表示防卫或保守，若同时握拳则表示怀有敌意。

（4）正襟危坐、目不斜视者是力求完美、办事周密而讲究实际的人。这种人不爱冒险，缺乏创新和灵活性。爱侧坐者往往是感情外露、不拘小节者。蜷缩着坐着的人自卑感较重，敞开手脚而坐的人有支配性性格，也可能理解为不知天高地厚。踝部交叉而坐代表紧张和恐惧，跨骑而坐的人意味着厌烦或将要发火。在他人面前猛然而坐是不自觉地掩饰，坐在椅子上摇摆或抖动腿部说明内心焦躁、不安、不耐烦。

（5）松弛的握手表示从礼节上敷衍对方，紧紧地握手表示真诚与高兴，主动热情地握手代表友好的愿望，漫不经心地握手表示对方对你不感兴趣。握手时掌心出汗的人易冲动，在公众场合频繁与陌生人握手的人自我表现欲很强。

（6）说话时几乎不看对方是企图掩饰什么，眼睛闪烁不定通常被视为不诚实。眨眼过快是神情活跃、对某件感兴趣的表现，过慢表示厌烦、不感兴趣，或显示优越感。研究表明，人的瞳孔所传达的信息无法用意志来控制，所以企业家、政治家以及职业赌徒喜欢戴有色眼镜。

（7）摸鼻子对说话者来说表示欺骗，对听话者来说则表示对说话者的怀疑。有的人在撒谎时会下意识地摸耳朵，也有人会揉耳背、拉耳垂或把整只耳朵拗向前面。男人在说谎时常常用力揉眼睛，有时还会把视线转往别处，通常是望着地面。女人说谎时则喜欢在眼睑下方轻轻摸一下。说谎的人在感到对方怀疑时脖子往往会冒汗。

（8）先拿出名片是表示诚意，双手接名片表示慎重、尊敬、温厚，交换名片时附记时间、地点的人，头脑灵活，爱好广泛，能出主意。同时持有两种名片的人大多深谋远虑。经常表示"名片用完了"的人对生活和事业缺乏长远计划，为人较轻率。不分场合、对象乱发名片的人多有野心。

## 27课. 演说能力与个人魅力21天养成

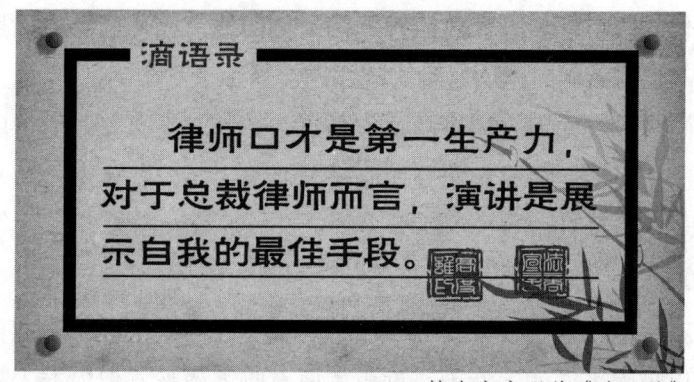

摘自高度强著《滴语录》

### 律师公众演讲与自我展示技巧

听、说、读、写乃律师四项基本技能，口才是重中之重。很多人都或多或少有这方面的困惑：为什么我平时讲话挺流利的，挺妙语连珠的，到了关键时候，尤其是公众场合，就茶壶里煮饺子，有货倒不出呢？

每个人都有这个过程。除了神话人物，大家都是从牙牙学语开始的，没有谁输在起跑线上。有很多人，特别是一些恋人，在吵架时"口才"都不错，极尽攻击之能事。到了真正需要时，反倒说不出了。为什么？因为吵架时本能在驱使着他。或者说，那些口才不好、公开场合不讲话的人，是讲话的本能被压抑了。我的一些学员从侧面支持了这一观点。他们说：高老师，我有时开庭前会来两口小二锅头，效果挺好。确实，但拿二锅头垫底不是长久之计，喝多了就跟酒驾差不多，一个酒气熏天的律师肯定不是人们喜闻乐见的律师。

爱默生说过："恐惧感较之世界上任何事物都更能击溃人类。"听众有

**谁站在马云背后：**
总裁律师帮总裁打天下

什么可怕的呢？我们都知道这一点，但我们演讲时还是会下意识地紧张。其实，你只是不习惯当众说话而已。私下和人交谈时，我们总是一心想着要说的事，然后就直接说出来了，并没有特别去留心词句。我们一直都是这么做的，现在又为什么要改呢？

为了给自己打气，面对听众时你不妨表现出一副勇气十足的样子。演讲时，你必须挺胸抬头，正视听众的眼睛，信心十足地讲话，好似他们每个人都欠你的钱一样。不仅要假想他们欠你的钱，还要假想他们聚在这儿是要求你宽限还债的时间。这种心理作用会对你大有帮助。

高明的演讲者知道，演讲的焦点是听众，而不是自己。演讲的成败并不是由自己来决定，而是由听众的脑袋和心灵去决定。显然，这与演讲者的自我展示技巧息息相关。一般来说，可从以下三方面入手：

（1）人性化

喋喋不休地就事论事，会引人反感。只有当你谈论的是人的普遍问题时，才可以吸引人们的注意力。谁也不愿意听人说教，但没有人不喜欢富含人情趣味的故事。这类故事有移情作用，能把不相干的人拉进去，并激发他们的同情心与正义感。

（2）翔实化

我们可以利用新闻记者所遵循的"五要素公式"：何时、何地、何人、何事、何故。如果能做到这点，你的演说便会严谨、具体、鲜活、多彩。但不要讲太多细节，讲最重要的即可。

（3）视觉化

心理学家告诉我们，人类生活中85%以上的信息，都是经由视觉渠道为我们所吸收的。这就是电视之所以成为广告和娱乐媒介，以及它之所以拥有广大的观众群的原因所在。当众说话也是如此，它是一种听觉艺术，更是一种视觉艺术。想想看，当你面对一个仪容不整的律师，是不是马上就会戴上有色眼镜？这正是律师以及银行、保险从业者喜欢穿深色正装的原因——让你信赖。"演讲"，顾名思义就是又讲又演，讲是主要的，但

"演"的成分也不可忽略。对成熟的演讲者来说,有时候还需要一些道具。它可以是一件证据,也可以是一张卡通图片,只要有助于说明你的意思,达到你的目的就行。

控制自己的情绪

对紧张情绪而言,不是如何避免它,而是要学会有效调节它。

学过生理学的人都知道,情绪和机体的活动是相互关联的。情绪的波动会引起人的机体呼吸、循环、腺体、内脏、肌肉等一系列的变化,导致语言与动作的稳定性和协调性下降,甚至失去自控能力。

刚开始演讲时,情绪的紧张所带来的消极影响,首先是引起呼吸系统的变化。正常人在安静时,呼吸次数每分钟为20次,情绪紧张时可达40次左右。在演讲过程中,呼吸系统的这些变化,将会使演讲者难以保持平常的语言频率,使语言节奏产生变态,速度一味增快,难以自控。不用多说,这样的演讲是最令人头痛和糟糕的事情,根据成功的经验,演讲前深呼吸10次,对消除情绪紧张是十分有益的。

另一方面,情绪的紧张还会导致循环系统的变化。演讲者的情绪一旦紧张起来,血压会升高,心跳次数会明显增加。常人每分钟心跳为60~80次,而演讲者情绪紧张时可以高达100次以上,同时也常常伴随着全身肌肉的紧张。因此,我们经常可以观察到那些情绪紧张的人,四肢肌肉会发生轻度的颤抖。由于循环系统的这些变化,演讲者的手势、姿态会失去与语言的协调性,本来不需要用手势辅助语言的地方,却做出了动作,而需要手势的地方,却打不出来手势,甚至两脚、两手会出现不知所措的现象。其实这一切都源于对演讲的恐惧,而战胜它的唯一方法就是自信。

为调节身心紧张,可以有意识地把注意力分散在别的具体的东西上。比如在演讲前,可以对一幅画或古董细心地"研究","揣摩"其颜色、质量、出品时间等,这样对某一个事物产生新的兴趣,便可有效调节大脑紧张度。也可讲讲幽默故事,与人开个玩笑,但绝不要在演讲之前与人争论,因为此刻你最需要的是平和与冷静。

## 把握演说中的"求同"与"存异"

所谓"求同",就是听众最想了解什么,关心什么,对什么最感兴趣,我们演讲时就从他们的需要、需求出发,让听众觉得我们就是他们的代言人,我们所讲的正是他们所关心的问题,或是他们所需求的东西。这样,就能与听众心理相融。如果演讲者只着眼于自己的愿望和兴趣,不顾听众的需求和兴趣,那么一场与听众毫无求同性可言的演讲,势必是听众所反感和厌恶的,势必是一场彻头彻尾失败的演讲。

演讲中,演讲者要以平等的态度对待听众,千万不要自命不凡,盛气凌人,处处以教训人的口吻,时时以领导者、教育者和贤明者自居,我想没有哪个听众会甘愿受你的训斥。当然,你也不能对听众低三下四,讲一大堆客气话,把自己说得一无是处,这不但收不到好的效果,还会影响你在听众中的威信。真正的平等,应该让听众觉得你就是他们阵营中的一员,用你的亲切和真诚去感染他们。一句话,既流露出真情实感,又富有真知灼见,唯有如此,方能达到预期的演讲效果。

除了要努力"求同"外,还要尽量选择一些典型的、生动的、鲜为人知的新材料,从这些材料中引出新见解,进而把你的个性、风格和特色显露出来,也就是"存异"。因为只有当听众听起来有趣,觉得你在演讲中渗透着新东西、新信息、新见解,才会由衷地信任你而投入全部的注意力。如果你的演讲总是重复一些老掉牙的材料,你就很难引起听众的兴趣,更别想博得他们的好感了。

创新对任何行业、任何领域来说都至关重要,演讲中也是如此,尤其当你想获得"一鸣惊人"的效果时。

世界上没有两片相同的树叶,每个律师都应该有其特色。可以慷慨激昂，也可以娓娓而谈，可以庄重沉稳，也可以幽默风趣。这完全要根据自己的风格来定，只要与自身气质相和谐，只要能打动听众，就是成功的演讲。

 链 接

### 林肯巧挫道格拉斯

1860年，律师出身的美国总统林肯，以朴实而富有情感的话语击败了用语华美、口若悬河的对手道格拉斯，赢得了千万选民的心。

原本，很多州的选民是竭力反对林肯的，除了不支持废奴，主要原因在于林肯的硬件明显不如道格拉斯。对方出身名门，家产颇丰，又是美国独立战争中的功臣之后，而林肯出生在一个贫穷的家庭，经历了许多人世的艰辛。因此道格拉斯根本瞧不起林肯，他嘲笑林肯长相丑陋，出身低贱，常常自鸣得意地对其他人说："总统非我莫属，林肯哪一点都不如我！"他总是乘坐豪华的专列到全国各地进行竞选演说，每到一处，鸣炮28响。而林肯到各地去演说的唯一交通工具就是一辆旧马车。

在一次竞选演说中，有人讽刺林肯相貌丑陋，过于寒酸，林肯说道："你们说的没错，我相貌丑陋，不如道格拉斯那般英俊，道格拉斯先生出身名门，腰缠万贯，锦衣玉食，他俨然就是一个纯正的英国绅士。而我除有一间破旧不堪的小屋外，贫穷得一无所有，一张床，一把椅子再加一张桌子是小屋里仅有的三件摆设。幸运的是，我还有妻子和儿子，我只有这些了。但我非常爱他们，他们就是我的生命。我想，从小就衣食无忧的道格拉斯先生大概不知道什么叫人世间的艰辛。他锦衣玉食，但未必了解人民的冷暖饥饿；他高高在上，但未必知晓我们这些下层人民之间那种情真意切的感情。我的确长得丑，也很穷，我只是一个普普通通的美国公民，但这恰恰是我的优势所在。很难想象一个不知人民生活之艰辛的人能够成为总统，而且能够为他们造福。"

大选揭晓后，林肯以绝对多数的选票压倒道格拉斯当选为美国总统。

谁站在马云背后：
总裁律师帮总裁打天下

## 律师个人魅力养成九大技巧

不得不说，这些年律师行业魅力大减。但越是如此，越发需要律师养成个人魅力。个人魅力，简单来说就是吸引别人、感染别人、影响别人的能力。一般来说，律师从业者可从以下九个方面入手，不断提升个人魅力。

（1）站直点儿

站立时要有这种感觉：想象你身后有一根无形的棍子在支撑着，从你的背部到你的头部再到天花板。这是训练舞者的老方法，可以帮助我们纠正自己的站姿。好的站姿让你更加挺拔，也更加自信。站直点，能增加魅力，也能增加底气。记住，千万不要耸肩。

（2）穿正装

如果你想好好发展下去，穿戴得再正式也不为过。正装是执业律师的标配，也是成功者的标志，休闲装最好留在家里，它会让当事人产生不信任感：着装这么随意，会慎重处理我的事情吗？

（3）知识就是力量

腹有诗书气自华。没有扎实的知识修养，靠什么在法庭上雄辩？凭什么树立自己的风度美？不肯学习的人，只能夸夸其谈、矫揉造作。这种肤浅的魅力如同空壳罩在他们身上，经不住检验，有阅历者一眼就能把他们看穿。

（4）诚信为本

律师执业过程中充满各种诱惑，稍有不慎，思想稍为松懈就有可能把持不住，做出不诚实、不守信的事情。这样的人，外表再光鲜，口才再优秀也没用，因为人们看到了你的本质，不诚恳，不朴实，不地道，不值得托付，并且乐得为你进行负面宣传。

（5）先听后说

如果你还不太了解具体情况时，要尽量让客户或当事人说。当你是个听众时，要全神贯注，不时地问点问题。不要总是查看你的手机，最好压根不要看你的手机，人们可不想把个人命运乃至整个企业的命运交给一个手机控。

（6）简明扼要

演说前，花点儿时间想想你要说的话。你的废话越多，就越说不到点子上。案件或事件的关键往往也就那么几句话，你没必要把这几句话背后的逻辑和盘托出，除非他们愿意付费。要记住，你可以不收钱，但你说的每句话都很值钱。

（7）保持平静

允许的话，随时保持微笑。遇到悲伤的事件，就收起微笑，保持平静。无论如何，要有发自内心的关怀。那种假笑、假关怀和套路语言，只会让人察觉到你的心机：这个人所有的动作都是为了赚我的费用。

（8）眼神交流

眼睛是心灵的窗户。成功人士总是能够恰当而巧妙地运用自己的眼睛，表达出丰富而多变的思想情感，影响和感染身边的人。眼神是无声的语言，要学会通过眼睛把思想感情、学识、性格、审美观乃至意见传递给别人，也要学会通过眼睛观察别人情绪的变化，随时捕捉对方的思想情绪、心理变化。

（9）适度赞美

有句话说得好：你说什么不重要，重要的是你用什么方式说。律师并不总是需要唇枪舌剑，一语封喉。重要的是指出问题所在，提出解决方案，给予一定回馈，确定时间表，拿到你和当事人想要的结果。在辩论过程中，要不断给人赞美，自信很重要，但给予别人信心也是魅力所在。包括你的对手，适当赞美一下也是必要的，不然你怎么迷惑他？

**谁站在马云背后：**
　　总裁律师帮总裁打天下

 **延伸阅读**

永远不要说一个人有罪或者无罪

　　几年前，北京报道过一件事情：有位老人，其子过世，他和儿媳妇、孙子、孙女生活。老人向法院控告他的儿媳妇虐待自己，一把鼻涕一把泪。但他最终气呼呼地离开了法庭，因为他没有办法证明。临走前，老人留下一句话："我有理却打不赢官司，这是什么法院？"

　　央视曾专门报道过此案，其实我们的司法实践中存在大量类似现象：没有证据或证据不足，怎么办？其实很好办，疑罪从无。古罗马有句著名格言："在法律上，凡是有证据证明的，视为存在；凡是没有证据加以证明的，视为不存在。"当代西方法律界也有句格言："在法庭上永远不要说一个人有罪或者无罪。"张嘴就说一个人无罪或有罪，这是非法律人的语言，也不是好律师的语言。

《律师演讲智慧》课程现场，高度强老师为律师讲授演讲的技巧

　　总裁律师领袖营系列课程《律师演讲智慧》在全国各地举办，通过培

养律师公众演讲的能力促使个人魅力的养成,通过真学实练,能够更好地提升个人业务水平。此项课程吸引了国内众多律师参与,培养了大批律师演说家。

# 28课．营销能力与企业法务市场开拓的100个策略

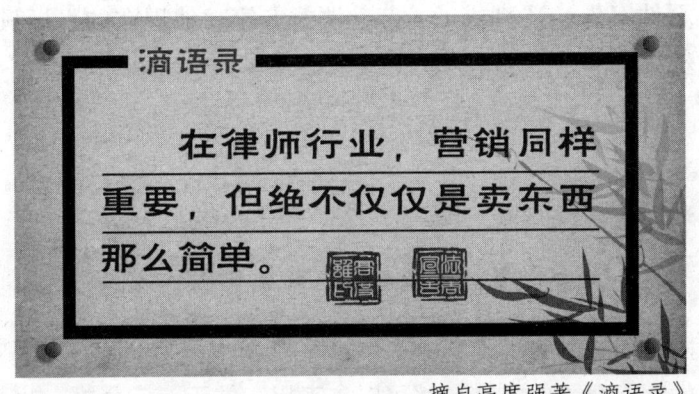

摘自高度强著《滴语录》

## 生存营销——律师营销第一步

很多同行,特别是一些老律师不太认同营销,认为律师根本不需要营销,也无法营销。但他们的业务也是一步步发展起来的,尽管他们可能说不清楚,但他们还是营销了,只是并非刻意、有意为之,而是按照传统的资源和关系积累模式成长和发展而来,也就是依靠个人在日常生活、工作中建立起来的小社会,即小圈子,通过口口相传,以及亲戚、朋友、熟人、当事人等的介绍或转介获得业务。

时下的年轻律师就明显不同,一是因为脑子活络,二是生存所迫,所以选择了一些比较直接的方式营销自己,比如在法院、医院、劳动仲裁、

### 谁站在马云背后：
#### 总裁律师帮总裁打天下

交通事故处理部门等大门口发名片、传单，简单原始，颇受非议。

毫无疑问，这样的同行首先应该认可。律师营销，更多的是心理上的挑战，年轻律师们这一点做得不错。相对于鼓励，他们或许更需要一些点拨。

这里不妨举个实例：

我的一位学生，在深圳发展，刚去时租间民房，屋外挂个"某某律师提供法律服务"的大牌子就开张了，饥一顿饱一顿地艰难生存。后来他采纳我的建议，想办法进入了一个较大的律师事务所，给自己定位为《劳动法》专家，线上线下推广，很快案源就多了。另外，他们所里的100多位律师都不做劳动纠纷案，有相关案件，全都交给了他。两三年时间下来，接触了几百件案件，还真成了《劳动法》专家。他现在的目标只有一个，那就是继续自己的定位，把《劳动法》吃透，做法理与实践皆优秀的真正意义上的《劳动法》实战应用专家！

#### 营销思维锻炼与养成策略

营销思维训练，看上去很高大上，实际上无非是开发我们的大脑，只要是跟开发大脑有关的方法，都可以拿来用，并无一定之规，也并非一定要与营销有关。如果你一定么认为，那就首先改变这种思维。营销是艺术，不能执迷。这里提供一些个人心得：

（1）联想法

找两个不同的物体，记住一定是不同的，比如一支笔和一个杯子，相互之间越不靠边越好。然后用一句话把它们联系在一起，切忌规规矩矩地思考。这样做是为了开发想象力。"人类失去想象，世界将会怎样？"不断突破局限，你的世界也将大大不同。

（2）观察法

用心观察一个人或一个物一分钟，然后闭上眼睛，尽可能地把它详细描述出来。这是为了培养自己的观察能力，它有助于我们在社交时迅速地抓住对方的特点，进而采取有效的沟通策略。

（3）背诵法

选择你喜欢的或不喜欢的古诗、文章，坚持背诵，这不仅有助于提高记忆力，还能丰富自己的文化底蕴，而底蕴的厚度最终决定了人生的高度。

（4）评论法

对某人、某事或某物进行评论，并把它们形成文字，写得越多越好，至少写到九条。认认真真思考，认认真真执行，时间久了，你能一眼看出某物或某人的优缺点，也能迅速把一件复杂的事情简单化、条理化。

（5）写作法

上下嘴唇一挨，发表一通观点很容易，但写出来就比较难。这是人们对文人保持敬畏的原因。其实写文章还有助于开发人的思维，改变人的思考方式、办事风格。那些写作高手都有个习惯，遇到一件事，会想到此事是写哪类文章的好素材？坚持久了，积累多了，配合观察与思考，整体素质必定提升。销售，首先还是销售自己！

（6）绕口令法

到网上找段绕口令，先听听别人怎么说，然后自己练习，没事儿就拿来玩儿。它最大的好处是能同时调动人的大脑及面部肌肉。如果你的大脑转速不够快，你说绕口令时速度也不会快。你之前不能够像别人那样侃侃而谈，主要也是因为动嘴的次数比较少。

（7）幽默法

幽默的人，到哪都受欢迎。幽默并不是天生的，细心观察，你会发现幽默的人有他们独特的思维。只要肯用心，你也能总结出幽默的技巧，做到出其不意，与众不同，不鸣则已，一鸣惊人。

（8）论战法

律师离不开辩论，很多同行都参加过专业的辩论课培训。我在这里想提供另一种方法，即跟关系好的同行或朋友练习胡搅蛮缠，故意挑刺，把对的说成错的，然后逼着自己辩论。这样更有挑战性，思维的锻炼也会更加有效，它会逼着你开发思维，同时还能捎带着练习情绪控制。

**谁站在马云背后：**
总裁律师帮总裁打天下

## 潜在需求与马斯洛的需求层次理论

第二次世界大战结束后，IBM 曾委托一家非常有名的咨询公司调研未来美国所有公司、研究所及政府单位对电子计算机的需求量。得到的回答是不到 10 台。于是总裁决定，放弃对电子计算机的研发。因为没有需求嘛！但总裁的儿子不这么认为，他接班后坚持生产电子计算机，这才有了 IBM 公司的今天。

这个例子表明，企业不仅要立足于满足顾客的现有需求，还应通过开发产品并运用各种营销手段，刺激和引导消费群体产生新的需求。当时的人未必不需要电脑，只是不知道其为何物，更不知道如何使用它，而咨询公司也忽略了这一点而已。

根据马斯洛的需求层次理论，人的需求从低到高，共包括生理需求、安全需求、社交需求、尊重需求和自我实现需求五类。我们都知道，在拥有足够购买力的前提下，人的需求也就是欲望是没有穷尽的，关键就看企业怎么开发。

同时也要注意到，人的需求是普遍的。在不断开发消费者的潜在需求的同时，也要注意到企业人员也有基本需求，以及情感和归属的需要、尊重的需要、自我实现的需要等。如果企业的营销人员恰恰被忽视了这一点，其创造力、自觉性、问题解决能力都会相应大幅度下降。企业的营销任务最终是要靠营销团队去完成的，暂时不能给予满足，至少也要学会需求激励，引爆其内在潜能。

 链接

### 用户需求与产品研发六大关键

乔布斯说过，"用户不知道自己要的是什么"；福特也说，"如果你问一个 10 世纪末的人要什么，他绝对不会说是汽车，他更可能会说我需要一匹跑得很快的马"。总裁律师在参与企业产品设计规划时，要掌握主动权，而不是被动地满足用户显而易见的需求，挖掘、开创用户自己也还没

有意识到的需求，这才是真正意义上用户潜在需求的全新破解。

再来看这张图：

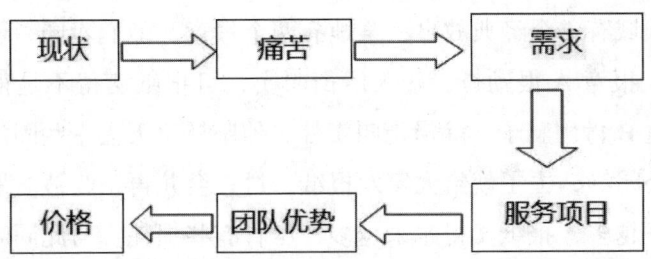

它是产品研发的六大关键，理解了它们，也就抓住了营销的命脉。

"现状"是客观存在的，分析现状实质再做市场调研，通过分析现状，我们可以看到机会和风险，也能确定产品研发方向。在这一过程中，重点是要客观和全面，这是第一步也是整个流程的基础。

分析"现状"是为了找到客户的痛点，而"痛苦"是相对的，选择的角度不同得到的结果也不同，研发产品时要站在客户的角度上，有痛苦的地方就有"需求"。

找到了"需求"就等于找到了市场，根据"需求"确定对应的"服务项目"，进而组建匹配的团队，建立"团队优势"，就具有了市场价值，并最终形成"价格"体系。

高度强老师为总裁律师讲产品研发

| 谁站在马云背后：
总裁律师帮总裁打天下

## 营销不是卖东西那么简单

销售领域有一个经典故事：某地有两个报童，他们卖同一份报纸，属竞争对手。报童A很勤奋，每天沿街叫卖，可报纸卖得不是很好，逐日减量。报童B肯用脑子，除沿街叫卖外，他坚持每天去一些固定场合，如彩票站、公园等，去了就给大家发报纸，过一会儿再来收钱。地方越跑越熟，越开发越多，报纸卖得越来越多，尽管有些损耗。与此同时，他的竞争对手报童A已经改行，另谋生路去了——实在卖不动了。

这个例子提示我们，什么叫作高段位的营销，它绝对不止卖东西那么简单。他把报纸发给别人，这是免费策略；即便最后收不到钱，由于人们已经看过了报纸，也不会再买其他人的报纸，即使对方免费，也没有必要再看第二遍，这是抢占市场，同时把对方从市场挤出去；即使有人看报不给钱，也没什么损失，报纸还会退回来，依然可以卖出去，这是他选择的商品的优质属性；就算这份报纸最终卖不出去，也没关系，至少培养了潜在客户；每天都去固定的场合发报纸，这是频繁的客户拜访，为的是粘滞效应，培养忠诚客户，同时也是市场调研；在此基础上去别的地方发报纸，是扩大销售渠道，构建销售网……

**延伸阅读**

### 营销的前提是营销自己

心理学家做过一个实验：把被试者分为两组，让他们看同一张照片。对甲组说，这是个屡教不改的罪犯。对乙组说，这是位著名的科学家。看完后，让被试者根据其外貌分析其性格特征。结果甲组说：他深陷的眼睛藏着险恶，高耸的额头表明了他死不改悔的决心。乙组则说：他深沉的目光表明他思想深邃，高耸的额头彰显着探索的意志。

同样一个人，一旦人们对他形成第一印象，就再难改变。如果在营销过程中，我们不能把自己很好地推销出去，那么就算使出浑身解数，恐怕也无济于事。

想让消费者接受企业的产品，首先要让消费者认同企业，相信企业，具体来说是相信企业的营销人员。这就需要营销人员先销售自己，也就是人们常说的"把自己卖出去"。这个过程，就是通过自身努力使自己被别人肯定、尊重、信任、接受的过程。具体怎么去做，每个企业有每个企业的做法，每个营销人员有每个营销人员的技巧，这里就不一一列举了。

## 开拓企业法务市场的前提是转变思维

目前律师与企业合作最常见的方式是按年签订法律顾问协议，那么在这里就有一个有趣的现象，很多律师事务所或者律师与企业签订的顾问协议经年未变，甚至很多法律顾问协议模板是通用的。

通用的协议同时也对应着通用的、可以复制的服务，在大多数律师与企业合作的关系中，律师为企业提供的服务大多包含为企业提供法律意见书、解答法律相关问题、合同草拟与审订、法律培训等。这些服务大多浮于表面，深入不到企业的内部管理之中，站在很多企业的角度而言，企业法律顾问的存在可有可无，有并不能起到太大的作用，无似乎经营管理也不受影响。

于是我们经常听到律师抱怨：常年法律顾问服务续费率不高，价格也谈不上去，企业对法律的重视不够，法务市场开拓太艰难等等。

也经常会有律师们在一起交流这个问题，但是交流的结果往往是大家都解决不了的共性问题，是市场的问题。

在此，举一个简单的例子，汽车分期领域的法律服务业务对于律师而言很常见，在逾期案件的处理上，大多数律师都采取后期介入的方式，也就是说问题出现之后再去处理问题。而河南言亮律师事务所的律师最初在接触此项业务时，也选择后期介入，但是在介入过程中发现企业在这块业务上容易出现的风险点其实在前期经营过程中是可以避免的，于是该律

## 谁站在马云背后：
### 总裁律师帮总裁打天下

所律师在对业务仔细研究后，总结出了该类企业前期经营容易出现的风险点，将预防处理此类风险的方法流程化、规范化，为企业减少损失的同时，也通过给企业带来实实在在的效果开辟了更多企业法务市场。

也就是说，律师的惯有否定思维，经常会导致他们很少能从服务企业的经营管理角度出发去考虑问题。目前国内近7000万中小企业，随着法制化进程的推进，以80后、90后为代表的年轻企业家对企业经营管理过程中的法律问题越来越重视，可以说，这一块的潜在市场是非常大的。

因此，对于律师开拓法务市场而言，营销方式很重要，策略也很重要，但前提是律师必须要转变思维，具备商业思维，具备参与企业经营管理的能力以及与企业管理者沟通的能力。

所以这也是本书一直要强调的关键思想：律师要具备商业思维。当下次抱怨案源少、法务市场难拓展的时候，不妨反思一下自己为企业提供的服务是否具备竞争力，是否是企业所不可或缺的。

此系列涵盖的内容较多，其他方面不再具体阐述，各位读者可以通过关注课程进行学习了解。

## 第四部分

# 企业家要既懂规则，又擅创新

"不创新就会被淘汰"，是许多成功企业所奉行的信条。我们想成为成功企业，我们想做百年企业，就需要持续创新，但创新的同时还要利用好规则。

让律师具备商业思维，让总裁具备规则思维，是我一直推崇的一个理念。在新常态的经济环境下，在互联网浪潮的冲击下，如何利用好规则，做好创新，如何实现商业模式的迭代，是很多企业家要考虑的问题。

前文更多的关注点放在总裁律师上，而本章节则从企业家的角度出发来分析当前环境下的企业生存发展之道。

> 谁站在马云背后：
> 总裁律师帮总裁打天下

## 29课．总裁如何用规则思维设定商业模式、游戏规则

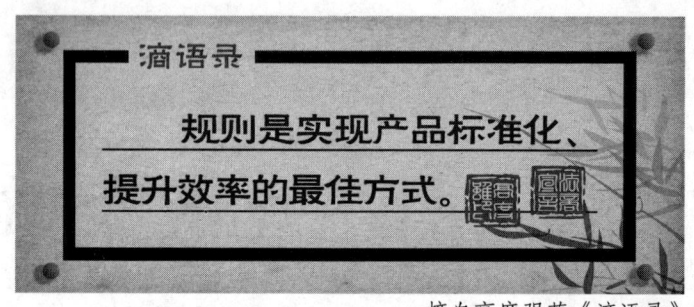

摘自高度强著《滴语录》

### 总裁只有懂规则才能制定规则

"合伙人"与"联合创始人"是这两年的热词，功成名就的企业家也好，刚迈出第一步的创业者也罢，都在高喊：雇佣时代已经过去，我们要找合伙人而不是员工！究其实质，无非还是如何选人、跟谁一起玩的老问题。

平心而论，找合伙人与找普通员工确实是两回事。后者，只要有基本的职业素养即可，不可吹毛求疵。而前者，不仅要有创业精神、融资能力、管理经验等软硬件，还必须懂规则。因为有人的地方就有江湖，和不懂规则、不守规则的人在一起，创业难以成功不说，没准还得一起吃官司。

那么，什么是懂规则？

其一，要有正确的价值观并且高度认同。价值观不正的人，你怎么包容他、提携他、忍让他，都是没有前途的。他有多少资源，拥有多大能

力，都只会给你带来相应的害处。简单来说，他不懂规则，缺乏敬畏，没有底线。对整个世界都是这样，他凭什么对你例外？

其二，彼此之间要相互尊重。既包括尊重对方的人格，也包括尊重对方的利益。合伙人的利益并不是混同的，合伙人只是利益是一致的。你在做任何动作时，经手任何一分钱时，都要想到你的合伙人。你的任何一个动作都应该是规则动作，合伙人之间定下来的所有规则都应该无条件地遵守，而不能因为谁实力较大就呼风唤雨、随意更改甚至践踏规则。

总的来说就是"规则至上"四个字。不开公司，不当律师，也要讲规则，它是所有人都必须遵循的。我们经常看到有些总裁或企业家仗着自己是企业创办人，动辄抛出一些霸王条款，强行要人遵守或执行。这首先就是不懂规则的表现，又怎么能要求别人去执行呢？

制定规则，必须民主，必须把所有的事情放到桌面上讨论，最后形成合乎所有人利益的规则。没有经过讨论的规则是没有依据的，也是没有可执行性的。

*长虹之痛——遭遇另一种规则*

长虹集团创始于1958年，公司前身为长虹机器厂，是当时国内唯一的机载火控雷达生产基地。20世纪70年代，长虹通过对电视技术的引进和消化再创新，逐步走上了独具特色的企业发展之路。进入21世纪，长虹喊出了"以产业报国"的口号，2001年其彩电、DVD、空调等产品就在全美市场销路大开，捷报频传。在次年5月的北京国际科技产业博览会上，长虹总裁倪润峰向媒体放言：长虹要成为世界级彩电大王！但好景不长，美国的劳工组织向美国商务部提出针对中国彩电的反倾销诉讼，包括长虹在内的很多国产彩电品牌都"榜上有名"。尽管大家积极应诉，寻求解决之道，然而这场中美反倾销大战最终还是以中国企业在美败诉收场，长虹等中国彩电厂家被加征20%~25%的反倾销税，没有应诉的企业税率

**谁站在马云背后：**
总裁律师帮总裁打天下

则高达45%，这对国内彩电企业来说无疑打击沉重。

这还仅仅是中国企业在走出去过程中遭遇的贸易壁垒的一个小小剖面，早在2004年，中国企业遭遇的贸易壁垒涉案金额已高居全球之最。总的来说，中国企业在融入国际市场的过程中磕磕绊绊，从中我们不难发现，自己习以为常的行为有着这样那样的不合理，自己的规则与国际规则相去甚远。抱怨是无益的，想融入世界，就必须认识到世界并不完美，就必须学会适应别人的规则，同时学会保护自己。遵守规则，融入世界，是企业无法抗拒的历史趋势，也是总裁律师与相关法务人员的用武之地。

## 总裁律师制定规则，企业家确保执行

18世纪末期，英国开始推行变相的移民政策，即把犯了罪的英国人统统发配到澳洲。英国政府把运送犯人的工作承包给了一些私人船主，最初是以上船的犯人人数支付费用。但船主为牟取暴利，会尽可能地多装人，一旦船只离岸，船主就可以按人数拿到政府的钱，至于这些人是否能远涉重洋活着到达澳洲，他们就不管不问了。有些船主为降低费用，甚至故意断水断食。可想而知，能够平安到达澳洲的犯人并不多。

英国政府很快发觉了这种情况，随即想了很多办法，但情况没有好转。直到一位英国议员提出，那些私人船主是钻了制度的空子，而制度的缺陷在于政府给予船主报酬是以上船人数来计算的。他提出从改变制度开始：政府以到澳洲上岸的人数为准计算报酬，不论你在英国上船装了多少人，到了澳洲上岸的时候再清点人数支付报酬。同时，如果到澳州时死的人过多，还要罚款，乃至追究刑责。

制度一变，问题马上迎刃而解。不用政府再派专员监督，也不用政府派随船医生，船主会主动请医生跟船，并在船上准备大量药品，犯人的生活也大大改善了。因为船主们明白：尽可能让每个上船的人都健康地到达澳洲，自己就能多些收入。否则，收入少不说，这门生意也没法做了。最终，船上的死亡率降到了 1% 以下。

类似事情还有很多，只是具体变式稍有不同。总的来说，好的制度能让坏人干不了坏事，不好的制度能让好人变坏。同时，好的机制还可以使坏人变好。对一家企业来说，企业制度设计科学合理，会极大地调动人才的积极性，发挥他们的潜能；不合理的制度，不但无法实现人尽其才，还可能压制人才，甚至造成人才流失。这就是制度的魔力所在。

制度不是儿戏。公司确定制度，堪比国家立法。作为最熟悉规则与法律的人，公司制度宜由总裁律师亲自操刀，而总裁或企业家要确保执行。王安石变法为什么会失败？商鞅变法为什么会成功？原因很多，主因则是能否获得老板始终如一的支持。

### 修路原则

通常来说，一个人在同一个地方摔两次跤，会被人笑为"笨蛋"。那么两个人或者更多人频频在一个地方摔跤，又该如何？按照"修路"原则，人们正确的反应应该是：是谁修了一条这么容易让人摔跤的路？为什么没有人修修它？

制度就是路。世界上没有完美的制度，也没有完美的管理，公司只要存活着，就多少会存在问题。有问题不要紧，及时修订、修正就好。如果你发现有人工作偷懒，你要意识到那并非完全出自人类的惰性，也可能是因为现行的规则即"路"给他提供了偷懒的机会；如果你发现有人不求上进，也不一定就是他不思进取，很可能是因为现行激励措施不够得力；如果你发现一个人经常加班，那未必是奉献精神，也有可能是因为他自己工作方法不得当造成的，甚至有可能是故意赚取加班费；如果你发现公司经常出现扯皮现象，不管公司里的人是不是喜欢推卸责任，只需要把大家的职责划分得细致明确就好。

好的制度不等同于好的企业，但没有制度的组织绝对是危险的。好的

### 谁站在马云背后：
总裁律师帮总裁打天下

制度，必然是授权与监督同时存在的，为的是用制度激发人性优点的同时，也用制度威慑人性的弱点。只授权不监督，再好的制度也会荒废；当然，凡事要有限度，把制度扭曲成暴政，势必也不能长久。

## 在守规则的基础上思考规则

很多法务人员在企业里吃不开，不是因为他们不懂规则，也不完全是因为他们的老板、总裁不懂规则，而是因为他们不具备在守规则的基础上思考规则本身的能力。说白了，他们就是人们常说的书呆子，满脑子法条，把自己的思维框得死死的。而企业经营是非常灵动的艺术，自然行不通。

企业家最终有两个责任：第一，参与制定游戏规则并确保执行，这个游戏规则是多维度、全方位的，包括员工、客户、投资人、供应商、政府与媒体等；第二，推动社会创新。科学家负责探索新理念，发明新技术，企业家负责把新理念与新技术转化为实实在在的产品。这一过程中，往往需要借助总裁律师。他们了解规则，并且能在守规则的基础上思考规则，从来不会死守规则。这是制定游戏规则与商业创新的前提。

来看一个经典案例：

1974年，麦当劳创始人雷·克罗克被邀请去得克萨斯州立大学讲演，那里的工商管理硕士们尤其期待得到指教。讲演结束后，他们热情地邀请克罗克一起去喝杯啤酒，克罗克高兴地接受了。

半杯啤酒下肚，克罗克忽然问："谁能告诉我，我是做什么的？"每个人都笑了，大家以为他在开玩笑。见没人回答，克罗克又问："难道没有人知道我是干什么的吗？"学生们又一次笑了，最后一个大胆的学生说："这里所有人都知道你是做汉堡包的。"

克罗克也笑了："我知道你们会这么说。"说到这儿，他停止笑声，郑重其事地说，"女士们，先生们，其实我不做汉堡包，我的真正生意是房地产。"

大家都听愣了，觉得非常不可思议。于是，克罗克花了很长时间来解释他的话。在他的远期商业计划中，基本业务是出售麦当劳的各个分店给各个合伙人。他一向很重视每个分店的地理位置，因为他知道房产和位置将是每个分店获得成功的最重要因素。而同时，他在实施自己的计划时，那些买下分店的人也将付钱从麦当劳集团手中买下分店的地产。今天，麦当劳已是世界上最大的房地产商之一了，它拥有的房地产不仅数量大，而且囊括了一些最值钱的街角和黄金地段。但克罗克不说的话，谁能想到？人们太容易被表象迷惑了。人们太容易在潜意识里给自己制造规则：克罗克是卖汉堡包的，所以他不能卖地产，我们必须打破这种思想桎梏。我们的思想自由了，我们的财务也就自由了。我们的头脑崛起了，我们的企业也就崛起了。

**延伸阅读**

### 紫禁城里讨饭的王

有一个小故事是这样讲的：

有一伙乞丐在一块儿侃大山，讨论一个问题：一旦发达了，当上皇帝之后，有什么打算？尽管这基本上是白日做梦，但姑妄言之姑妄听之，得允许人家做梦。

大家讨论得煞有介事，热火朝天。有说要天天吃山珍海味的，有说要日日穿绫罗绸缎的，有说要玩遍天下胜地的，有说要娶三宫六院的……总之，尽是一些让感官娱乐至死的勾当，极尽奢华享乐之能事。最后一个表态的最有喜感，他说：要是我当了皇帝，我就做紫禁城里讨饭的王！我要把紫禁城圈起来，把所有同行都撵走，就剩我一个人在里面讨饭！

你看，都当上皇帝了，天下都是他的了，竟然还要讨饭！说明这个人除了讨饭，什么都看不见了，这是由于惯性思维习惯造成的。

类似的人现实中多的是。如果他是一名律师，就算进了企业，他也依然只会拿法律条款往事件上卡套，自我设限的同时也限制了企业的发展。

## 30课. 互联网下的企业治理

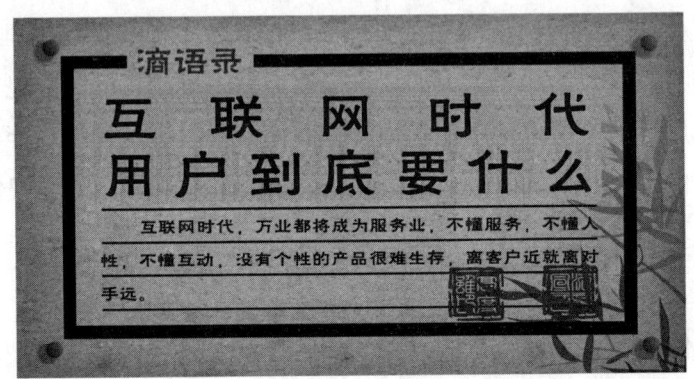

摘自高度强著《滴语录》

### 互联网思维是信息时代最佳思考方式

"互联网思维"是又一个热门话题,全社会都在讨论,但真正了解它的人并不多。抛开那些云山雾罩的、故意让人听不懂的解释,这里讲直白些:今天所谓的互联网思维,就是在移动"互联网+"、大数据、云计算等科技不断发展的背景下,对市场、用户、产品、企业价值链乃至对整个商业生态进行重新审视的思考方式。它是这个时代的产物,也是这个时代所有企业家必须具备的思考模式。

互联网思维不局限于互联网产品,也不局限于互联网企业。以房地产业为例,几年前,SOHO中国董事长潘石屹在接受媒体专访时,就坦言自己正试图用互联网推进SOHO中国的一些变革,包括通过互联网去中介化、价格标准化、产品标准化、合同标准化、付款方式标准化等。

至于马云,其对互联网思维的理解和应用更加令人叹为观止。他不懂电脑,却成功占领了互联网市场。电子商务领域,被他玩得花样百出、翻天覆地。自 1999 年创立以来，阿里巴巴经历了无数的挫折与困难，最终成为了一个拥有员工数万人，同时拥有众多业务的强大集团。但是马云认为，中国互联网行业才刚刚起跑。用他在新加坡世界经济论坛上的话说就是："人类第一代挖石油的人都没有发财，到了第二代才真正富有起来。最初石油不过用来铺铺路、点点煤油灯。所以，就像 100 年前人类发明电的时候根本想不到空调的诞生，你无法想象三五年后电子商务会怎样。如果把互联网比作影响人类未来几十年的 3000 米长跑的话，美国今天跑了 100 米，亚洲跑了 30 米，中国只跑了 5 米，但未来中国一定能赢。为什么呢？因为美国人力成本太高，在美国请一个本科生的钱在中国可以请 5~10 个。以中国巨大的人力资源、巨大的市场、巨大的意识和概念，再加上杰出的精英，绝对能赢。"

能不能赢，是未来的事，但即便从现在开始接受互联网思维，中国的企业家们也已经慢了不止一步了。恰如马云所说，中国在这场 3000 米长跑中才只跑了 5 米，有的只是庞大的网民基数和模式相对简单的微商群体，真正深入了解并能成功运用互联网思维的企业家还很少，事实上也就马云等几个屈指可数的人。

### 在阳光灿烂的时候修屋顶

马云讲过一个真实的案例：

马云说："当年我刚搞出淘宝时，我告诉一位做皮具的老板，把你的生意放到网上来做吧。"他说："我先看看。"过了三四年，我再次告诉他同样的话。他说："有时间再说吧。"又过了两年，他自己来找我说："我的生意都让网上那些小孩抢走了。"我还能说什么呢？我用两只手握住他的手说："一只手是机会，一只手是方法，机会是网络，方法是网络营销。"

时至今日，大家对互联网的影响力已洞若观火，却依然有不少人抱残

## 谁站在马云背后：
### 总裁律师帮总裁打天下

守缺，不肯拥抱互联网，动辄批评网商抢走了他们的生意，或者马云搞乱了实体经济。其实互联网带来的不是冲击，而是机会。当年刘强东做京东商城时，他的线下生意还很火爆。当他放弃线下一心决定做线上商城时，其收入的85%还来自线下。这是多么大的魄力，又是多么必要的前瞻性。再以律师业为例，以往一个地方上的律师能够辐射的业务区非常有限，但互联网连国界都没有，客户资源相对来说是无限的，只要你能够开发，只要你能够深挖。最重要的是，互联网思维强调想象力，只要你敢想，它就有无限潜力。如果一定说它是种冲击，那不如敞开心胸，让它猛烈冲击一下我们的保守心态与思维定式。这样的冲击，是必要的头脑风暴。

### 无边界时代的商战打法

互联网已经深深地改变了人们的生活，这是科技的力量。但具体到阿里，改变人们生活的并非它的技术，而是它背后的梦想与规划。再说具体点，就是马云的梦想与蔡崇信的规划。

梦想有多远，人类就能走多远。马云曾经说过，做网络公司非常简单：第一是人，第二是机器，第三是一间4平方米的小房子。正是基于这样的理解，马云在湖畔公寓时代就提出了"让天下没有难做的生意"这样的口号！这样的口号在普通人看来很浮夸，但在蔡崇信、孙正义等有投资背景的人看来，却极具诱惑力。蔡崇信本人未尝不是被它吸引的，孙正义也是。当时，软银决定注资阿里后，不少被软银拒绝的中国B2B创业者追问孙正义的首席代表石明春："我们是实实在在想做事的人，而马云靠的就是一张嘴，为什么你们把资金投给阿里，而不投给我们？"石明春说："是因为马云杰出的煽动力征服了我的大老板孙正义。"

煽动力——这是为了安慰那些没拉到风投的创业者。它的真正内涵是影响力、魅力和实力。寻求投资，个人魅力和企业实力缺一不可。互联网营销，产品魅力与企业品牌相辅相成。互联网经济说到底是眼球经济，吸引眼球是王道，也是前提。

马云没有网红漂亮，但他的构想漂亮。用他的话说："我相信孙正义喜欢我，所有的投资者喜欢我，是因为我脑子里想做成一件事，这件事的结果一定会带来更多钱，他们看见的是我这个眼神。全世界有钱的人很多，但全世界能做成阿里巴巴的人并不多。"投资人都喜欢创造性的公司，尽管风险大，但一旦成功回报也不可限量。退一步讲，投资失败，那也是为全人类进步做了探索，做了贡献。阿里的成功，不是造就了几个富豪那么简单，而是构建了一个崭新的商业文明体系。

### 会秀的企业有影响力

德国学者诺埃勒·诺依曼提出了"沉默的螺旋"理论。根据这一理论，越是在网络上积极的人越是容易得到支持，越容易获得话语特权，扩大自己的影响力。换句话说，我们要意识到网络话语权的重要性，并投入到商业实践之中。我们看到很多青年创业者在项目刚刚运作时就在网上大呼小叫，到处宣扬自己的项目，宣扬自己的企业价值观。在上一代经营者看来，这是浅薄的表现，不踏实，不稳重。事实上，网络时代，商业人士就是要适应这样的环境。你可以看不惯，但年轻人很可能会回敬一句：大叔，你老了。

网络时代，一个企业或个人发出信息的能力决定了其网络话语权的大小。一种声音传播出去，同时也是对另一种声音的压制。尽管信息看起来是自由的，但商业信息传播能力本身就是一种商业权力。因此，任何一家企业的当务之急都是实现"互联网+"，再不济也要做到"+互联网"，兼顾经营者与媒体人的双重身份。再不可固执地认定网络空间只是一个虚拟的存在，跟自己企业的经营桥归桥，路归路。只有提前在虚拟空间架设自己的高音大喇叭，才不会在企业需要时慨叹：这个世界的经营规则已经变了！

## 谁站在马云背后：
### 总裁律师帮总裁打天下

### 离用户越近，离竞争对手越远

阿里巴巴为什么发展得这么好？

马云曾经总结道："主要是因为我不懂技术。"

为什么这么说呢？

马云解释："全中国有十几亿的人口，真正懂技术的也就一两千万甚至更少，很多人跟我一样不懂技术，我的工作就是把十几亿不懂技术的人变得喜欢在网上做生意。所以我就告诉我们的工程师，你们是为我服务的，技术是为人服务的，人不能为技术服务，再好的技术如果不管用，扔了。我们的网站为什么那么受欢迎——那么受普通企业家的欢迎？原因是，我大概做了一年的质量管理员，就是他们写的任何程序我都要试试看，如果我发现自己不会用，赶紧扔了，因为和我一样的人太多了，大家都不会用，不扔干什么？"

马云不懂技术，但他懂得有90%的人跟他一样也不懂技术，所以他要求网站中各种功能的使用方法要非常简单，简单到他能够用就行，如果他不会用，再好也要扔掉。他说："我不想看说明书，也不希望你告诉我该怎么用。我只要打开浏览器，看到需要的东西我就点击，能点击进去就行。做不到这一点，你就有麻烦了。"

这就是马云认为"客户是懒人"的理论，也是互联网思维的核心——用户至上。互联网思维内涵丰富，包括用户思维、简约思维、极致思维、迭代思维等，但用户思维是重中之重，后面的简约思维、极致思维与迭代思维，说到底都是用户思维的具体体现。

不妨这么说，用户思维相当于武侠小说中"独孤九剑"的总剑诀，把握住了它也就把握住了精要。企业离用户越近，离竞争对手就越远。用马云的话说就是："我们坚信一点，新经济也好，旧经济也好，有一样东西永远不会改变，就是为客户提供实实在在的服务。"

 延伸阅读

### 爱迪生欺骗了世界

阿里并购雅虎（中国）后，为了让雅虎员工在以后工作中树立以顾客为导向的观念，根据客户的需求而改变，马云用幽默的方式做了如下精彩演讲：

今天是我第一次和雅虎的朋友们面对面交流。我希望把我成功的经验和大家分享，尽管我认为你们其中的绝大多数勤劳聪明的人都无法从中获益，但我坚信，一定有个别懒得去判断我讲得是否正确就效仿的人，可以获益匪浅。

让我们开启今天的话题吧！

世界上很多非常聪明并且受过高等教育的人无法成功，就是因为他们从小就受到了错误的教育，他们养成了勤劳的恶习。很多人都记得爱迪生的名言，"天才就是99%的汗水加1%的灵感"，并且被这句话误导了一生。勤勤恳恳地奋斗，最终却碌碌无为。其实爱迪生是因为懒得想他成功的真正原因，所以就编了这句话来误导我们。

很多人可能认为我是在胡说八道，好，让我用100个例子来证实你们的错误吧！事实胜于雄辩。

世界上最富有的人——比尔·盖茨，他是个程序员，懒得读书，就退学了。他又懒得记那些复杂的DOS命令，于是他编了个图形的界面程序，叫什么来着？我忘了，懒得记这些东西。于是全世界的电脑都长着相同的脸，而他也成了世界首富。

世界上最值钱的品牌——可口可乐，它的老板更懒，尽管中国的茶文化历史悠久，巴西的咖啡香味浓郁，但他实在太懒了，弄点糖精加上凉水，装瓶就卖。于是全世界有人的地方，大家都在喝那种像血一样的液体。

世界上最好的足球运动员——罗纳尔多，他在场上连动都懒得动，就

## 谁站在马云背后：
### 总裁律师帮总裁打天下

在对方的门前站着，等球砸到他的时候，踢一脚，就成了全世界身价最高的运动员。有的人说，他带球的速度惊人，那是废话，别人一场跑90分钟，他就跑15秒，当然要快些了。

世界上最厉害的餐饮企业——麦当劳，它的老板也是懒得出奇，懒得学习法国大餐的精美，懒得掌握中餐的复杂技巧，弄两片破面包夹块牛肉就卖，结果全世界都能看到那个M的标志。

必胜客的老板，懒得把馅饼的馅装进去，直接撒在发面饼上边就卖，结果大家管那叫披萨，比10张馅饼还贵。

还有更聪明的懒人：

懒得爬楼，于是他们发明了电梯；

懒得走路，于是他们制造出汽车、火车和飞机；

懒得每次去计算，于是他们发明了数学公式；

懒得出去听音乐会，于是他们发明了唱片、磁带和CD。

这样的例子太多了，我都懒得再说了。

如果没有这些懒人，我们现在生活在什么样的环境里，我们的生活会不会这么便利，我都懒得想！

人是这样，动物也如此。世界上最长寿的动物叫乌龟，它们一辈子几乎不怎么动，就趴在那里，结果能活1000年。它们懒得走，但和勤劳好动的兔子赛跑，谁赢了？牛最勤劳，结果人们给它吃草，却还要挤它的奶。熊猫傻了吧唧的，什么也不干，抱着根竹子能啃一天，人们亲昵地称它为"国宝"。

回到我们的工作中，看看你公司里每天最早来最晚走，一天像发条一样忙个不停的人，他是不是工资最低的？那个每天游手好闲，没事就发呆的家伙，是不是工资最高？据说还有不少公司的股票呢！

列举以上例子，最要说明的是，互联网的核心是人。律师所应具备的一切思维都要围绕这用户思维，用户思维是互联网思维的基石，没有用户思维就不会有其他的互联网思维。一切以用户为中心，是现如今互联网企业的发展宗旨。

第四部分　企业家要既懂规则，又擅创新

高度强老师在"智慧律所百城千创工程"启动仪式上致辞

2017年9月18日，"智慧律所百城千创工程"在北京大学举行启动仪式，北京大学法商金融课题组组长高度强致辞。"智慧律所百城千创工程"致力于在全国100个城市扶持1000家律师事务所转型为智慧律所，通过"互联网＋智能＋大数据"的平台化运营，将法律智能机器人、公共法律服务终端机和律所软件等一系列产品引入律所，为智慧律所保驾护航，助力律所全方位发展。

高老师与北大领导共同启动"智慧律所百城千创工程"

**谁站在马云背后：**
总裁律师帮总裁打天下

## 31课．共享时代的资源整合

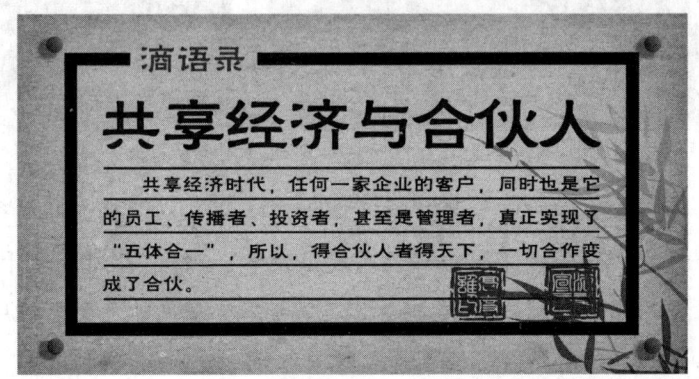

摘自高度强著《滴语录》

### "共享经济"时代已经到来

不知不觉中，我们已经进入了"共享经济"时代。

在大城市，越来越多的人不坐出租车，用滴滴打车；不买自行车，骑小黄车、小蓝车、小绿车；不买车，期待着共享汽车……借助"双创"热情、资本力量与移动互联网技术，各种"共享"不断进入与人生活息息相关的领域。比如，在美国已出现了玩具共享项目，父母们认为孩子很快就会对新玩具失去兴趣，所以没必要浪费太多钱。他们只需每月交少量会费，就能收到4~10个共享玩具，玩具在配送前都做了消毒，不必担心卫生问题。美国经济学家杰里米·里夫金甚至认为，到本世纪下半叶，作为一种新的经济模式，共享经济甚至取代资本主义，成为人类社会主导的经济形态。到那时，生产率极高，物联网发达，边际成本趋近于零，上百亿地球人既是生产者也是消费者，在互联网上共享能源、信息和实物，所有权被使用权代替，"交换价值"被"共享价值"代替，人类进入新纪元。

未来会怎样谁也说不准，但它至少在理论上符合社会发展的趋势，也符合人性。你不可能指望与比尔·盖茨共享他的豪宅，因为发明"共享"概念的人的初衷是为给身陷困顿的人提供赚钱和省钱的方法。不过，如果你是一个企业家，并且段位比较高，和比尔·盖茨共享豪宅也不是什么难事。因为共享的前提是共赢。你能让比尔·盖茨赢得更多豪宅，他没理由不让你共享。

"共享经济"的核心是使用权，它绕过所有权，共享产品和服务，节省金钱、时间、空间和资源。因此，它也被称作"协同消费"，但它绝不止于消费，它也可以用来协同创业。古人云，"因天下之力，以生天下之财；取天下之财，以供天下之费"。意思是说：借助全天下的力量，谋取全天下的财富；运用全天下的财富，供给全天下的用度。这是很强大的思维，也是很宽广的格局，它着眼于"全天下的钱都是我的，之所以不在我的账上，是因为别人在帮我们保管"的理念，落足于"天下人的财富都是我的，我的财富也是天下人的"境界。

### 共享的前提是分享

只有弱者才想要封闭的系统，这个世界上的强者都是开放的。中国历史上最强盛的王朝也都是开放的，只有开放才能吸纳不同的东西。

共享的前提是分享。没有人分享，共享什么呢？人们喜欢互联网，其实是喜欢网络生产出来的一些分享的东西。在这个时代，没有你不能共享的东西，只有你不想分享的东西。当然，分享精神也不能走向极端，不是完全开放了就能够创造价值。有些东西无论如何也是不能也不该共享的，分享精神也应该是相对的。能够分享的就去分享，不能够分享的事情就不能去做。

以微软为例，最初，年轻的比尔·盖茨热衷于参加各种聚会、沙龙，难免从别人那里借鉴一些理念，同时也难免被别人借鉴。这里有个度的问题,当借鉴过了头,就是抄袭。后来,比尔·盖茨发现有人反编译了他的电脑程序,便指责对方。因此,他不再完全遵循开放精神,而是在自己的核心市场进行封闭式销售,比如在欧美一些发达国家。这维护了微软股东的利益。但在另一些国家,比如中国和印度,以及东南亚、南美等国家,微软的策略则是变相地怂恿盗版行为。现在看来,这是一种有限度的共享行为。当全球大约 30 亿人都习惯了用免费的微软操作系统后,这些地方就不可能出现有力的竞争者了。

## 整合力是企业家最重要的能力

传统认为,有企业的人就是企业家,有些人甚至会把有钱人与企业家混为一谈,其实按照经济学家约瑟夫·熊彼特的定义,只有那些致力于资源组合的人才能成为企业家。因此在经济学中,人们将整合资源能力的大小作为评判企业家的标准,将整合力视作一个企业经营者最基础的能力与最重要的能力。

德鲁克也说:企业的职能就是创造需求,引领市场。满足当下的市场需求是芸芸众生都会做的事情,但是创造需求、引领需求才是企业家们该干的事情。很显然,这就不是芸芸众生能干的了,除非他们也学会整合并组织好资源。

最近大家都在传一句话:"中国移动说,搞了这么多年,今天才发现,原来腾讯才是我们的竞争对手。"的确,当年 QQ 能活下来,一定程度还要拜移动推出移动梦网所赐。但活下来的 QQ 马上就成了通讯商的对手,包括中国移动,也包括中国联通和中国电信。煲电话粥费钱还看不到人,为什么不 QQ 视频一下呢?微信出台后更加火爆,用户已达 6 亿多还在不断上涨。每增加一个微信用户,通讯商就少一份收入。因为微信免费,根本不靠这个赚钱。做不到免费,或者在不能免费的同时为别人提供些免费的价值,遇到这种情况只能干着急。

同理,阿里的支付宝方便了大众,也形成了对银行的巨大冲击。阿里的"余额宝",免费还给利息,这是抢银行的饭碗,但没办法,没有人能阻挡。马云最近刚刚投资了"菜鸟",向着 24 小时内全国到货的目标冲锋,不知快递业的大佬们在作何想?他们或许会想:这碗饭刚从邮政手上抢过来没几天,还没端稳呢!

这个时代就是这么残酷,普通人稍微跟不上就会被淘汰。这个时代也很美好,尤其是对那些有想法并且懂得整合的人来说。未来的竞争,不再是产品的竞争,不再是渠道的竞争,而是资源整合的竞争。而那些总觉得自己没有资源的人,首先需要思考的是"什么是真正的整合力"的问题。

### 整合 = 利用 + 合作

中国有句谚语:"打得赢就打,打不赢就跑。"西方也有句谚语:"打得赢就打,打不赢就合作。"商场上跑是跑不掉的,市场没有安全的地方,商业丛林中没有绝对安全的位置。任何位置都可能遭受其他物种的攻击乃至摧毁。要想生存下去,就要整合。

在我看来,整合就是利用加合作。很多人说"利用"这个词不好,其实它是个中性词。一个人也好,一个物也好,没有利用价值,连进场交易的资格都没有。

我们在上文留下了一个话题:什么是真正的整合力?

其实整合就是制造一个核心价值,然后用核心价值去卷动一切能够卷动的资产。很多人将自己的利益放在第一位,认为一切整合的条件就是将自己的私利放在第一位,这是最大障碍。李嘉诚说过,"放下自我,争取无我",这才是合作的姿态,也是整合资源做大事的前提。马云无疑也是整合大师。最初,他还编了一句谎话:比尔·盖茨讲互联网会改变人们的生活。如今他已切切实实地做到了,至少,他让几千万人在网络上从玩乐变成了做生意。

### 谁站在马云背后：
#### 总裁律师帮总裁打天下

当下这个时代，与30年前相比，甚至与10年前的经济环境相比，也已完全不同。一方面，我们能看到的、想到的资源，基本上都已被财富英雄们瓜分殆尽，没有什么属于后来人。另一方面，各种基于整合的理念都已深入人心，各种有利于整合的条件都已经具备。机会并没有减少而是越来越多，它只是会打扮成不同的样子呈现在我们面前而已。我们需要做两个维度的思考，要么去整合别人，要么被别人整合。不过在两者之间，都需要创造实在的商业价值。

## 如何认识自己的资源

这是一个资本不缺但创造力欠缺的年代。

这是一个资源不缺但发现力欠缺的年代。

有一个非常好的比喻：鸡蛋从外边打破一定是人们的食物，如果从内部打破一定是新的生命。对那些步履维艰的企业和企业家来说，最需要的就是从内部打破，自我突破、自我颠覆、自我挑战。

公司是现代产物。几百年前，公司制度建立伊始，世界就已经进入了一个协作的时代。那些出了问题的公司和企业家，不是拒绝与外界协作，就是与外部环境融合得不好。如果经营者的心真的做到了无界，那么企业就会没有边界，跟周围的环境完全融为一体，也就不存在缺少资源的问题了。

总感觉自己缺少资源的人，一定是把目光放在了自己的企业内部。企业再大那也是有限度的。在时空概念已被互联网等新生事物彻底颠覆的时代，企业家及总裁律师需要练就一双钢钉般的眼睛，要一眼能把所有的系统、所有的环境、所有的要素看穿，发现那些制约或者能够成就自身的关键元素。能做到这一点，也就不会再有什么局限了。

我们有必要罗列一下大众认同的资本：实物资本、货币资本和知识资本。土地、矿山、房屋、机器都是实物资本；货币资本则是市场的交易等价物，目的就是为了交换实物；知识资本则属于软性资本，属于无形资本，但是现在人类已经进入了知识资本主导的时代，所以，知识资本已经成为前两个资本的动力和加速器。

现在，全球大部分国家的土地和实物资本已经集中到少数人手中了。中国也不例外，中国大陆已经是世界贫富差距比较大的地区之一。货币资本也是一样，控制在少数人的手中。如果没有知识资本参与进来的话，资本市场已是一潭死水。知识资本也是市场中唯一的点石成金的元素，后来者的所有机会基本上都集中在这里。

知识资本通过一系列的转化，会变成市场上的无形资本。比如版权、专利、专有技术和创新能力，等等。这个年代的传奇故事，大体上都是拥有智慧和拥有资本的人结合的故事，因为在传统的领域里，要想获得一片天，就需要硬通货去交换，靠规模经济去获取价值；但是在创新领域里，是可以创造奇迹的。

无形资本是经济中的最大的变量，也是创业者大展拳脚的地方。用无形资本去整合有形资本，正是现在全世界年轻人战胜老牌资本家的主要策略。在中国，这样的趋势也是一种洪流。

**延伸阅读**

走楼梯，还是坐电梯？

人们为什么不走楼梯而要乘电梯？因为时间宝贵，机会宝贵，精力宝贵，等不起。当年，马云若不是在正确的时间窗口办淘宝，后来恐怕就没机会了。整合的魅力就在于短时间内整合到所有需要的资源，实现企业快速成长，在市场上摘到果子。

企业发展的起点，在于创始人的起心动念。整合也是这样。青年学者李天田曾对老一代企业家的行为模式进行过精彩的概括："他们是电视剧养大的一代，在行为模式中自然留下了相应的特点：节奏一定是循序渐进的、结局一定是大团圆的、主角一定收获最多的、每一个角色都是有自己的背景的。所以，这一代在职场上普遍而言会比较忍得住寂寞，服从性

## 谁站在马云背后：
### 总裁律师帮总裁打天下

好，容易接受过程中的'磨炼'，因为他们相信未来早晚会变好，愿意为即使看起来遥不可及的大团圆埋单。"在遇到困难的时候，在寻求整合的时候，他们的行为逻辑决定了他们只会在自己熟悉的圈子中去寻找资源。对于陌生人，他们是排斥的。对于外部世界，他们抱有天然的不信任。"非我族类，其心必异"这样的思维方式阻碍了资源的自由流动。新一代创业者或企业家就突破了这点，他们敢于直接向资本和网络要资源。他们懂得如果办企业用"我的"钱，那其实是个体户的思维；如果用"我们团队"的钱办企业，那要稍好，但也只是一个经营者；当企业创办者希望能拿"天下财"做天下事的时候，才称得上真正的悟道。

现代企业如果喊着缺资源，那几乎都是因为开放精神不够。把心中的门打开，把思维的门打开，将企业之外的东西看成是资源宝库而不是敌人的堡垒，那么你的门口之外就是无穷无尽的资源。

不善于整合的人大体上会有一个比较强大的自我。为什么这么说呢？整合体现的是一个人与人协作的能力。这比合作做一件事更加需要内心的力量。它需要放弃唯我独尊的想法，以成就他人为自己的行为哲学。每个人都有自己的电梯，每个人都有自己的天花板。超越金钱的人才能够操纵资本，超越自我的人才能够靠整合资本运作壮大企业。

高度强老师为中央统战部副部长徐乐江讲解"共享教室"模式

第四部分 企业家要既懂规则，又擅创新

律师和企业家在共享教室学习和交流

律师和企业家可就近选择离自己最近的城市进行学习，节省了大量的时间和差旅成本，可以和大咖"面对面"交流互动，此模式在国内一经发起迅速火热，截至2017年底，在全国已经建立了200多家共享教室，颠覆中国传统学习模式，面向总裁和律师群体提供一站式、体系化教育培训、人脉拓展、事业发展等系统解决方案。

## 32课．为什么你的企业做不大

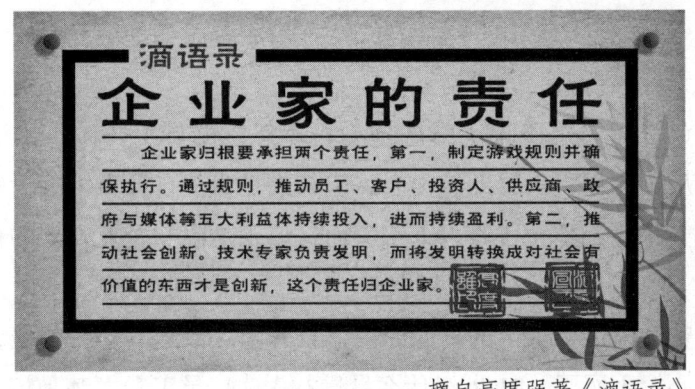

摘自高度强著《滴语录》

### 限制企业发展的根本问题

有着"中国企业家教父"之称的柳传志说过："在中国，企业家压力

## 谁站在马云背后：
### 总裁律师帮总裁打天下

是最大的，不要看企业家表面风光，其实背后的辛酸和无奈是众人所不能够理解的。"确实，无论是经济下行压力下的产业转型升级困境，还是移动互联网对传统营销模式的冲击和颠覆，对时下的企业家都是莫大的考验。在这个屌丝逆袭的时代，昨日的巨无霸很可能今天就被别人收购兼并，比如诺基亚。

另外，80后、90后，以及马上就要登场的00后，对传统企业管理造成了前所未有的挑战，他们把开心幸福放在工作首位，把能否实现自我价值放在首位，传统管理的那些考核激励措施对他们已经不起作用，或者微乎其微。很多时候，他们甚至连工资都不要就裸辞了，令企业界觉得不可思议，但又不得不反思其管理模式。

其实这是好现象，总不能一直停留在血汗工厂状态吧？另一方面，我们真切地感觉到，如果能够激发年轻人的热情，他们的爆发力也相当惊人。关键的问题在于，人家凭什么对一家不值得产生热情的公司产生热情？

管理学家弗朗西斯说："你可以买到一个人的时间，你可以雇一个人到固定的工作岗位，你可以买到按小时或按日计算的技术操作，但你买不到热情，你买不到创造性，你买不到全身心的投入，你不得不设法争取这些。"

世上无难事，只要股份制。

伤心的大厨，烧不出美味的佳肴；有怨气的员工，做不出满意的产品。但是反过来想，大厨即使伤心，但如果是为他自己做饭的话，也会尽可能地烧美味些，不至于难以下咽。而这，正是限制企业发展的根本问题所在。

马云曾经说过，员工的离职原因，只有两点最真实：一是钱，没给到位；二是心，委屈了。21世纪什么最贵？人才！员工，尤其是核心员工是公司最重要的"财产"，公司的核心竞争力也是源于他们，留住并激励这些核心员工比什么都重要。

## 第四部分 企业家要既懂规则,又擅创新

 链 接

### 微软——最早的股权激励大师

1975 年,年轻的比尔·盖茨与保罗·艾伦一道创建了微软。在股权分配上,盖茨表现得很强势,最终争得了 64%。创业初期的盖茨,还特别喜欢玩"劳模"伎俩。他把自己的年薪定为全公司最低,只有 1.6 万美元。这种伎俩后来为许多老板所采用,但收效甚微。员工不是傻子,你愿意做劳模就去做吧,反正公司是你的,不是员工的!有些人甚至认为没必要再待在微软了。

为平息员工抱怨和消极怠工,从 1982 年开始,微软开始实施股权激励制度,给部分员工配股。但必须等上一年,然后在接下来的 4 年时间里分 8 次获得。与此同时,微软还取消了加班费,因此引发了更多的抱怨。有人后来回忆说,当时他分得的微软股票一直是家里人的笑柄。因为微软的股价当时不过每股 95 美分,一个软件工程师大概能分得 2500 股。

但是几年后,他们便身价陡升。1992 年时,微软的股票已上涨近千倍。即使当初只分得了 2500 股,此时也已拥有近 400 万美元的财富!

后来,微软一直延续着这种基本工资加公司股票认购权加奖金的"三位一体"方式。按照章程,一个人只要在微软工作满 18 个月,就可以获得股权中 25% 的股票,此后每 6 个月可获得其中的 12.5%,10 年内的任何时间均可兑现全部认购权。每两年,微软还配发新的认购权,员工可以用不超过 10% 的工资以 8.5 折优惠价格购买公司股票。

微软不仅是全球第一家用股票期权来奖励普通员工的企业,一度也是世界上最大的股票期权使用者。微软员工拥有股票的比率比其他任何上市公司都要高。在全球 IT 业持续向上的时候,通过这种办法,微软吸引并留住了大量行业内的顶尖人才,大大提高了公司的核心竞争力,使公司持续多年保持全行业领先地位不倒。如你所知,后来阿里巴巴施行的股权激励政策,大体上也是向微软学来的。

谁站在马云背后：
总裁律师帮总裁打天下

## 模式不对努力白费，方向比努力更重要

商业模式，简单来说就是企业与企业之间、各部门之间、与顾客之间、与渠道之间存在的各种各样的交易关系和连结方式的统称。再说简单点，商业模式就是一家公司通过什么途径或什么方式来赚钱。

举例说明，快递公司通过送快递来赚钱，通信公司通过收话费赚钱，超市通过平台和仓储来赚钱……只要有赚钱的地儿，就有商业模式存在。

当然，上述几个例子严格来说只能算是盈利模式。想真正理解商业模式，且看下面几位演员：

第一位：陈佩斯。春晚出名之后，有的媒体说他拒绝再上春晚，也有些说被封杀了，总之开始做舞台喜剧，自编、自导、自组队伍演出、自收门票、自负盈亏，堪称创业者的精神标杆。精神可嘉，但结果呢？8年亏了2000万元，至今车还是桑塔纳2000，坏了几乎都没地儿修，成了演艺圈的笑柄。

第二位：赵本山。同样是春晚起家，不拒绝，也不局限，拍电视剧、投资学校、做传媒、走穴、带弟子……非常赚钱，而且捎带着让弟子也赚钱，但是很累，累到了脑出血的程度。显然，这种模式不值得羡慕。

第三位：冯小刚。同样是演艺圈，既是演员，又是导演，同时还是制片人。除《1942》外，拍一部、火一部、赚一部。因为他发明了贺岁片模式不说，还发明了广告植入模式，最终发展成为订制电影模式。电影还没拍，至少已经不赔钱了。这无疑是非常好的模式，资本大佬们追着他想拍电影的原因就在这里。而这才是真正的模式玩家——用模式让资源自动整合。

腾讯一开始为什么不赚钱——以至于马化腾想以50万元的低价卖掉QQ？因为找不到赢利模式。马云不懂互联网技术但把阿里做成了世界级公司，也无非是因为他找到了一种简单易行的商业模式：网商。类似的例子还有很多，但总的来说一句话：模式不对努力白费，方向比努力更重

要。创业之前,以及那些已经创业很久但始终无法步入正轨的人,首先要问问自己:我的赢利模式是什么?可行吗?有没有更好的模式?

### 绕不开的O2O

2012年12月12日的CCTV经济年度人物颁奖典礼上,万达集团董事长王健林曾和马云激辩,主题就是"电商和传统商铺谁将主导未来市场"。二人设下一个"赌局":到2020年,如果电商在中国零售市场份额占50%,王健林给马云1个亿,否则马云给王健林1个亿。

王健林说:"我觉得不是胜负问题,我觉得双方都能活。"理由是:电商虽然发展很快,但占据的份额相对于整体零售市场还是很小的,将来能不能占到一半以上的份额,还有待时间检验;现在有一种消费,叫炫耀性消费,很多商品放在电脑上展示效果并不好,这些商品需要在公众场合展示,要进入人多的场所,网络替代不了;零售商如能线上线下结合,必将会做得更好。

"我说电商一定会胜。"马云有如此底气,源自阿里巴巴旗下电商令人难以置信的营销额。仅当年的"双十一"购物狂欢节,阿里总销售额就达到382亿元。但是我们看到,今天的马云及其团队在"疯狂"地投资其他产业,其中就包括实体店,也就是无人超市。

这充分证明了王健林的话,胜负不是问题,双方都能活,关键在于探索更好的模式,同样也证明了O2O绕不过去。所谓O2O,即Online To Offline的缩写,广义来说就是将线下与线上结合在一起,锁定消费终端,打通消费通路,最大限度地实现信息和实物之间、实体店与互联网之间的无缝衔接,创建一个全新的、共赢的商业模式。

**谁站在马云背后：**
  总裁律师帮总裁打天下

高度强老师为来自全国各地上千名企业家授课

## 企业家要建立规则意识和规律意识

在前面章节里，我们没少讨论"规则"一词，下面结合"规律"一词进一步阐释。

如果说规则意识是企业家的"先天不足"，那么规律意识对律师来说就是天然弱势。什么叫规律？简言之，规律就是不变的法则。太阳东升西落是规律，月缺月盈是规律，春种秋收是规律……它们周而复始，循环不变，是人类生存发展的前提。不过如前所述，无论是现代意义上的企业，还是现代意义上的律师，都是舶来品，进入中国的时间都还太短，短到还未走完一个周期循环。总体来说，从20世纪80年代开始，中国经济始终处在井喷期，只有小回调，没有根本性下跌。这是好事，但就学术研究层面看，这导致我们缺乏拿得出手的案例来研究中国经济宏观规律，总是讲别国的案例，比如美国、日本或欧洲。

但凡说到规律，必与较大的时间周期挂钩。前面讲过，太阳东升西落是规律，但我们的企业家现在不是处在朝阳阶段，就是如日中天、如火如茶，尚未见识过夕阳与寒夜。有些人不乏危机意识，同时也不乏烧灯续昼的豪情。有些人根本忘了自己也在规律之中，失了最基本的敬畏。具体表现就是，很多中国企业家只想创造规则却不遵守规则，缺乏规律意识也无视基本规律。这方面能做得更好的话，中国经济还能更强，退一步说，也能少产生些不必要的癣疥。

举个众所周知的例子：鬼城。以"鬼城中的翘楚"内蒙古鄂尔多斯为例，这里地处北陲，气候寒冷，有史以来就养不了多少人，只适合游牧民族"逐水草而居"。前些年得益于资源开发，做到了所谓"扬（羊绒）眉（煤炭）吐（稀土）气（天然气）"，便大建特建新城，指望房价飙升狠赚一笔，但想想看，若无重大利好，谁会去鄂尔多斯买个高价房？鬼城的根本原因，在于忽视基本规律，在于利令智昏，鬼迷心窍。

再比如全球产业利润移动规律：在工业革命前，经济的注意力集中在农业生产方面，当时的地主阶级好比现代的企业家；工业革命后，全球经济从农业生产逐步过渡到制造业，有了产业资本；21世纪后，从制造业转移到服务业，金融资本得以发展；互联网与物联网问世后，又从服务业转移到与智能制造相关的服务业，智能资本方兴未艾。

人世间的学问，首重时空。企业要想发展，企业家首先要明白自己的企业在全球经济布局中的坐标，才能做到"在正确的时间做正确的事情"。就当前而言，国内中小企业宜根据中国经济发展规律，发现并选择好的生意模式，一般说来它们具有以下特征：

（1）没有库存，或库存不占用自己的投资。

（2）客户量大，客户精准无误，搜寻成本低。

（3）标准、简单、可复制。

（4）现金周转快，顾客愿意埋单。

（5）轻资产，快营销。

（6）人力成本小，管理成本低。

**谁站在马云背后：**
总裁律师帮总裁打天下

**延伸阅读**

景气循环

景气循环是经济学术语，指的是经济景气状况呈周期性循环变动的情况。

早在19世纪，美国就已经有人开始对景气循环进行系统性研究了。现在，有些美国经济学家已经把美国的景气循环模式往前追溯到了19世纪30年代。之所以没有追溯得更久远，在于景气循环中有一个关键词，那就是政府，确切地说是现代意义上的政府。没有现代意义上的政府，也就谈不上真正意义上的景气循环，那不过是王朝的更迭罢了。也就是说，现代意义上的政府是景气循环的推手，其依据是凯恩斯主义。20世纪30年代的大萧条成就了凯恩斯，他在《就业、利息和货币通论》一书中指出，在经济萧条时，对于产品的总需求可能有不足的现象，导致高失业率以及可能的产能流失。因此他认为应该增加政府在公共产业中的活动，包括中央银行实行扩张性的货币政策和财政政策，以稳定景气循环。

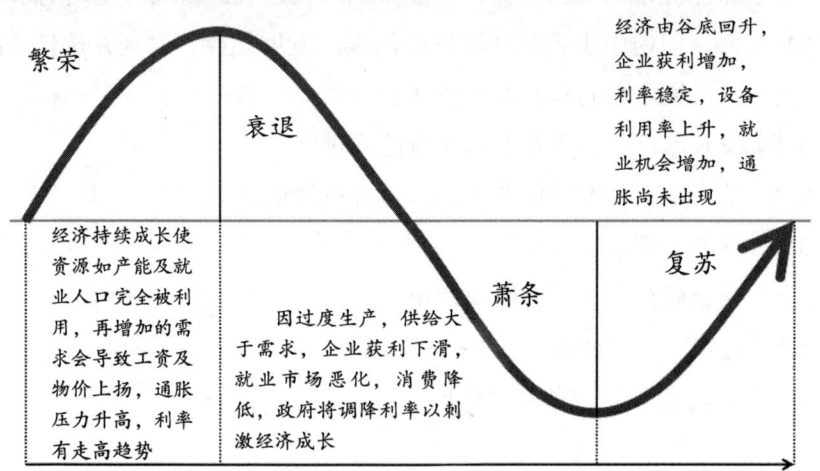

研究可知，景气循环有不可捉摸的成分在内，但也有一些固定的模式可循。以前的确出现过时间又长，范围又广，而又让人感到恐怖的衰退。未来也会出现，不管现在经济景况有多好。当然，当你身陷于景气衰退的谷底时，也一定要记得会有复苏和扩张的那天。

以景气循环为出发点，一般来说经济活动分为四个阶段，即繁荣期、衰退期、萧条期、复苏期。美国前总统卡特曾经讲过一个笑话："衰退就是你的邻居失去工作，萧条就是你自己失去工作，复苏就是卡特失去工作。"卡特没有提到繁荣，其实繁荣的定义最简单：生产迅速增加，投资增加，信用扩张，价格水平上升，就业增加，公众对未来乐观，经济数据持续增加或者至少保持稳定。有人说，我们中国现在就很繁荣，我们就处在繁荣阶段。这样说并没有错，但这是普通人的说法。综合来看，我们是刚刚经历过繁荣，充分的投资，大量的基建，带动 GDP 高增长，然而很多投资是以负债方式进行的，业绩并非没有，但包袱甩给了未来，危害隐藏起来。

而经济衰退的标准定义是，一年的连续两个季度经济出现负增长，即 GDP 连续两个或两个以上的季度出现下滑。负增长导致经济活动放缓，劳工需求率下降，失业率上升，厂商和家庭都被迫削减开支，物品和劳务价格会因需求减少而下跌，这有助舒缓通货膨胀压力。显然，我们也没有进入衰退。没有价格水平下跌，没有大量失业出现，没有公司或工厂成批倒闭的现象，产业链还在正常运作，繁荣还没有结束，现在需要的只是转型。

2016 年 5 月 19 日，由中国证券业协会、德州市人民政府、中顾法商集团和德州市金融办联合主办的"第六届世界法商金融大会暨中国德州第六届资本交易大会"在德州太阳谷召开，中国著名财经评论家，央视特邀财经评论员水皮先生和知名财经评论家、财经专栏作家叶檀女士作为特邀嘉宾为全国的企业家和律师授课。

## 谁站在马云背后：
### 总裁律师帮总裁打天下

高度强与著名财经评论家水皮先生合影

知名财经评论家、财经专栏作家叶檀倾情授课

第四部分　企业家要既懂规则，又擅创新

高度强老师接受齐鲁网采访

## 33课．管理要复制，产品要创新

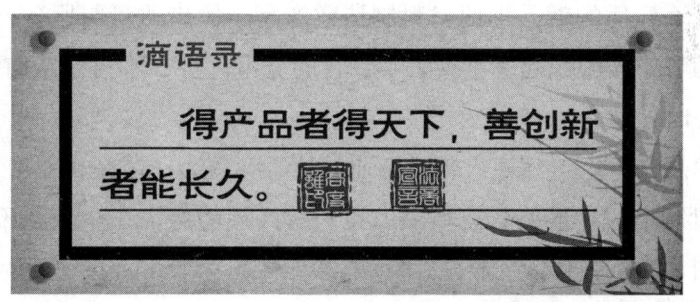

得产品者得天下，善创新者能长久。

摘自高度强著《滴语录》

### 产品是核心竞争力的载体

一位朋友讲过一个段子：上帝为什么要把亚当和夏娃赶出伊甸园？为

235

## 谁站在马云背后：
### 总裁律师帮总裁打天下

什么并不重要，重要的是伊甸园是上帝造的，亚当和夏娃也是上帝造的，产权在上帝那儿，想让你住你才能住，想赶你走你就得走。虽是笑谈，但内核把握得很好：创造者才是上帝，而不是顾客。那些足够有创造力、有吸引力的产品，顾客不仅会排队购买，还会顶礼膜拜。

什么叫创造力？相对于树叶与兽皮而言，丝绸就是创造力的体现。相对于泥罐土盆而言，陶瓷就是创造力的体现。现代人物质丰富到过剩，对此难以体会。但在古罗马，贵为皇帝的恺撒也以穿一件用中国丝绸制作的衣服为荣。当时远在东方的中国为西方世界所熟知，靠的就是这两样产品。千年之后，英国靠工业革命抢占了世界科技领导权，建立了日不落帝国，倾销全球，唯独中国不买账。因为中国人自给自足，输出可以，引进不必，造成了英国的贸易逆差，想靠鸦片这种毒产品扳回劣势，中国又要禁烟，再加上国防工业落后，予取予夺，遂有了鸦片战争。

现如今的中国，走在民族伟大复兴路上，各种各样的"中国制造"有多重要怎么说都不为过。俄罗斯国土面积世界第一，为什么经济凋敝如斯？因为除军火外，没有什么拿得出手的工业产品，能卖的只有资源。中国的科技明显不如美国，但美国已经产业空心化，美国的有识之士不断呼吁"把制造业带回美国"，但何其容易？日本尤其值得一提，它既是战败国，至今仍有诸多限制，同时资源严重匮乏，但它是亚洲唯一的发达国家。凭什么？凭的就是把原材料制造成产品，凭借质量与服务行销世界。只是伴随着中国的崛起，它失去了往昔的竞争优势，不再像从前那样风光占尽，一时无两。

人们总是争论：到底人才是企业的核心竞争力，还是机制？其实人才也好，机制也罢，最终只有产品，也只有产品能定义一个人是不是人才，一个机制是不是有利于企业生存发展。

很多人喜欢晒学历，学历有什么意义？如果你是教授，让人们看到你的学术；如果你是研究生，拿出你研究的成果，拿出你研制的东西；如果你是企业家，好好想想你的产品有没有核心竞争力？你的企业是不是一直处在艰难求生的阶段？

总之，得产品者得天下，产品是竞争力的唯一载体。伴随以知识为基础的经济时代来临，市场规则会越来越完善，靠投机取巧、靠关系、靠政策倾斜、靠渠道发家致富的时代已不复存在。未来的时代，谁掌握了核心技术与核心技能，谁就能抢占先机，制造出更加令人满意的产品，拥有主动权和竞争力。

### 中国正在淘汰的5种企业

"不是我不明白，这世界变化快。"中国的发展速度恰如这首流行歌曲所唱，快到令人咋舌，快到令很多企业家还没找到自己的位置就已经被淘汰。这是正常的，即使在发展稍慢的时期，一个成功人士的背后也往往堆积着无数失败的人。而今，随着互联网与智能工业的革新，以及传统的中国社会结构不断被推倒重建，很多传统企业日益步履维艰。研究人员认为，未来10年内，至少有5种企业会被淘汰，其中有些已在淘汰中，或已经被淘汰。此外还有一个悲观的数据：这5种企业一共占到中国企业总量的80%！它们是：

（1）服务型公司。凡是依靠员工技能服务于客户并以此获取佣金的公司，都是服务型公司，比如广告公司、咨询公司、设计公司、会计师事务所、代运营公司、出租车公司等，律师事务所也在其内。因为在未来互联网会高度发展，诸如此类公司的主体人员会逐渐从原有工位解脱出来，不再依托某一个公司，而是以独立经济个体的身份去为相关人士服务。表面上看，他们收费更低，但实际收入远比打工高。最初也许只是少数几个人兼职，但最终会引起这类服务性企业的消失。未来依然会有"公司+雇员"的商业模式存在，但主要是"平台+个人"模式。

（2）差价型公司。利用"价格差价"赚钱的公司在中国比比皆是，从最初的倒爷，到后来的代购、外贸、批发、经销等，都是如此。这种模式影响了很多中国人，也成就了不少中国人，但它会让人把精力放在寻找差价而不是创造上,以至于现在还有很多人沉迷于此。而电子商务问世后,已然打通了从消费者到工厂的所有环节,任何客户都可以直接点击商家店铺付费采购,价差已经微乎其微。互联网不是正在倒逼这类公司另谋出路,而是已经逼死了太多。剩下的,要么挣扎至死,要么破茧重生。

(3)中介型公司。中国有太多黑中介,中国人怕中介黑。未来,不必了。因为这类靠"信息差价"生存的企业也会步那些靠"价格差价"生存的公司的后尘,因为网上一切都有,网上一切透明,如果你能在网上找到第一手资源,你又何必向诸如房产中介、婚姻中介、猎头公司、劳务公司、家教公司、旅行社等中介公司扔钱呢?

(4)各级经销商。各级经销商会在未来被淘汰,不仅因为互联网会打断从工厂到消费者之间的供应链,还意味着那种"工厂生产什么消费者就买什么"的时代已成为过去时,现如今,什么都讲究定制,在未来会出现更多的定制化的产品与服务,消费者可以最大限度地满足个性化需求,企业也可以节省大量库存费乃至研发成本,因为未来企业是先接单后生产,生产出来即进入物流系统,直接送到顾客手中。当然,未来的经销商们不一定都失业,但肯定不会太滋润。

(5)代工企业。没有自主品牌、依靠代工赚钱的工厂,靠的是廉价劳动力、无休止加班和低价竞争。如今,中国已没有太多廉价的因素,那些因素转移到了世界上更不发达的国家和地区。代工企业的倒闭潮此前已经间歇性出现过,以后力度只会加大,唯一的破局之路就是从代工走向自主研发,从中国制造走向中国创造,同时直接同消费者建立联系,直达终端客户,进行柔性的、以消费者需求为目标的生产。

## 产品研发的魂道术器

"魂道术器"是管理界的热词,可应用于产品研发,也可应用于销售等领域,这里仅就产品研发层面举几个小例子,做些具体阐释。"魂道术器"这一个理念系统,把它拆分开来,指的是价值观引导(魂)、对规律的把握（道）、可行性方法（术）和确保落地的工具（器）。

魂，即价值观引导方面，我们可以看到，很多企业的产品定位都是打着"填补国内空白""填补行业空白"，或者"振兴民族工业"等，很多企业确实做到了，但有些企业并没有做到，或者说至少暂时还没做到，但消费者还是会买账——因为有价值观引导。价值是超越金钱的东西，也是最终极的东西。有些国外产品，比如当初的苹果电脑与苹果手机，国内消费者排队购买，并不能用"不爱国"一言以蔽之。正如一些公司所宣称的，它们真的做到了伟大，为全人类进步做出了贡献。在这方面，中国的企业家还要好好学习。

道，即规律或道理，具体说来是对规律的把握。想想十几年前，人们最常用的通讯工具是什么？是电话。彼时有个BP机就算精英人士了。当时普遍认可的是摩托罗拉寻呼机，我还清楚地记得它的广告语——随时随地传信息。后来，手机问世，摩托罗拉马上推出了自己的手机，抢占了部分市场。与此同时，还有另一个全球著名的手机品牌——诺基亚。但智能手机问世后，它们在哪里？人类社会是呈螺旋状态上升的，除了食品外，人类对其他商品的科技含量需求也是呈螺旋状态上升的。一步跟不上，就步步跟不上，或者直接就被淘汰出局了。这说明，做产品研发不仅要把握规律，还要顺应规律，不断向上、向前。

术，即可行性方法，简单来说就是产品和技术不能停留在理论上，不能停留在实验室里，要能够商业化、产业化。如果爱迪生不能使电灯产业化，只是自己家里比较明亮，对世界何益？我们知道，爱迪生不仅把电灯产业化了，与此同时他还是通用电气公司的创始人，他的很多发明都是通过公司化运作迅速推向市场的。讲一个比较不切实际的反例，世界各国，包括我国早先有不少研究人员都研究过永动机，即所谓不需外界输入能源、能量或在仅有一个热源的条件下便能不断运动并对外做功的机械。这种机器注定不会被制造出来，因为它违反了基本的科学规律。商业不是商业大片，企业家与研发人员都不能"昧于道而惑于术"。

器，确保落地的工具，此处不能把工具简单理解为真正意义上的工具，方法、智慧、思维也是工具。比亚迪是个很好的案例。王传福当时掌握了锂电池的生产技术，但生产线需要从日本买。一来资金有限，二来王传福在参观时发现这套设备很多地方都可以用人工或者半机械化替代，于是他只购买了生产线的关键部件，多雇了些工人，同时广泛应用土法、土设备，很快就利用成本优势把日企逼到了墙角。

### 爱迪生量灯泡容积

爱迪生发明电灯过程中，有一次需要测定灯泡体积，他把问题交给了数学系毕业的助手。助手拿着灯泡量来量去，然后又在纸上算了几天，没有结果。几天后，爱迪生催问助手，助手说："灯泡是不规则的球形，所以量起来很麻烦，算起来也很复杂，而且结果只能是近似的。"爱迪生一言不发，拿起一个空灯泡，往水池里一浸，咕嘟咕嘟灌满水，然后把水往量杯里一倒，指着量筒的刻度说："这不就是答案吗？这么简单的问题需要几天时间？"助手目瞪口呆，好半天才喃喃地说："是的，先生，我之前怎么没想到呢？"

## 为什么我们需要微创新

"微创新"一词出自360董事长周鸿祎之口，他的原话是"用户体验的创新是决定互联网应用能否受欢迎的关键因素，这种创新叫微创新，微创新引领互联网新的趋势和浪潮"。但很显然，它不仅仅适用于互联网领域，而是涉及人类生活的方方面面。

周鸿祎称："你的产品可以不完美，但是只要能打动用户心里最甜的那个点，把一个问题解决好，有时候就是四两拨千斤，这种单点突破就叫微创新。尤其是对于小公司，因为大公司拷贝有优势。对于这一点，创业者没什么可抱怨的，这就是现状，唯一要抱怨的就是自己没有创新。要做出微创新，就要像钻进用户的心里，把自己当成一个老大妈、大婶那样的普通用户去体验产品。模仿可以照猫画虎，但肯定抓不住用户体验的精髓。"

微创新，强调一个"微"字，把一件小事做到极致就是大事，把一件平凡的事坚持下去就能不凡。众所周知，中国人很早就发明了黑火药及相应的火器，但最终被西方人超越，被坚船利炮敲打。西方人也不是一蹴而就的，整个过程持续了几百年，相应的细节创新没有人能数得清，仅重要革新就有几十上百处。360也是如此，单就技术而言，它最初未必是瑞星、卡巴斯基等企业的对手，它搞的很多微创新，如查杀流氓软件、给用户电脑打补丁之类，实在没有太多技术含量，因此被嘲笑为傻冒公司。别的公司只是觉得无利可图才不想介入，就连360内部也有人想不通。但正如周鸿祎所说，"只要真的是为用户着想，创新就会源源不断，像泉水一样奔涌出来"。周鸿祎是否真心为用户着想这里要打个问号，但360能够在免费的基础上不断优化是我们看得到的，这样的公司成功是迟早的事情。

**延伸阅读**

盯紧顾客的"樱桃树"

销售界有一个著名案例：有一个售楼代表，带一对老夫妻去看一幢老房子。走进院子时，细心的售楼代表注意到老太太很兴奋地告诉老先生："你看这棵樱桃树多漂亮啊！"老先生则示意她不要吭声。走进客厅，老夫妻开始抱怨客厅的地板太陈旧，售楼代表赶紧对他们说："是啊，这间客厅的地板是有些陈旧，但你知道吗，这幢房子的最大优点就是当你从这间客厅向窗外望去时，可以看到那棵非常漂亮的樱桃树。"来到厨房，老夫妻又开始抱怨厨房设备太陈旧，售楼代表又说："是啊，但是当你在做晚餐的时候，从厨房向窗外望去，可以看到那棵美丽的樱桃树。"……就这样，不论这对老夫妻指出这个房子的任何缺点，这个售楼代表都一直重复着说："是啊，这幢房子是有许多缺点，但这个房子有一个优点是其他

## 谁站在马云背后：
### 总裁律师帮总裁打天下

房子所没有的，那就是您从任何一个房间的窗户向外望去，都可以看到那棵非常漂亮的樱桃树。"结果，在售楼代表不断地强调下，这对老夫妻所有的注意力都集中在那棵樱桃树上，最后这对夫妻花了50万元买了那棵"樱桃树"。

这个故事告诉我们，顾客对产品（如一套房子）的要求是多方面的，质量、价格等因素往往只能满足顾客的初级需求，真正吸引一个顾客做购买决定的，往往是产品某一两个能满足顾客特别需求的特点，就像上述案例中那棵美丽的樱桃树。要想成功地把产品买给顾客，就必须找出顾客心中的那棵"樱桃树"。这正是微创新在销售领域的具体运用。

高度强老师为企业家和律师演讲《标准化产品研发》课程

第四部分 企业家要既懂规则，又擅创新

## 34课．管理是永恒的主题

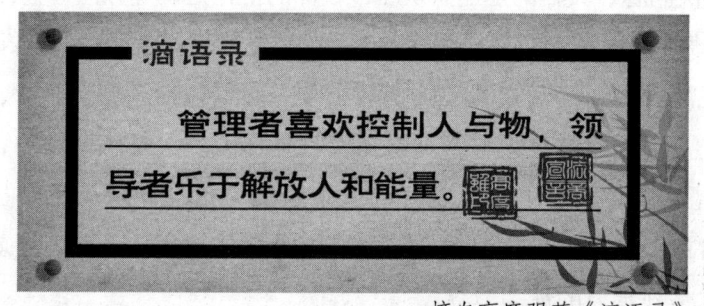

摘自高度强著《滴语录》

### 管理人不如经营人

只要企业还存在，管理就是永恒的主题。

那么，管理到底是不是像某些人说的那样，就是"管人"呢？

其实管理是为企业经营服务的，企业经营的方方面面都离不开人，说"管理就是管人"没什么问题。但我更倾向于认为经营企业的核心是"经营"人，而不是"管理"。同样一件事，换种说法，就更容易令人接受。不然就像网友们所嘲讽的，"我们老板老板着脸"，或者"我们董事长很不懂事"。这正是管理的艺术化。

经营企业的核心是经营人。人是最难经营的。每个人的需求、理想、知识、经验、思想、性格、认识水平、教育和家庭背景不同，尤其是价值观各异，其态度、能力、品性和业绩也不相同，而且这种不同中的很多不同还会随时间推移不断发生变化。特别是在现在这个社会，诚信缺失、享乐主义、物质至上、金钱第一，人们心理普遍浮躁，总是急于求成、急功近利，这种社会风气进入企业，必然给企业带来更多经营管理上的困难。然而古人说得好，天时不如地利，地利不如人和，虽说管理的最终要义在

## 谁站在马云背后：
### 总裁律师帮总裁打天下

于天时地利人和皆备，但一般来说，只要占据了人和，包括内部与外部的人和，已能无往而不利。

领导力大师约翰·科特说："管理者试图控制事物，甚至控制人，但领导人却努力解放人与能量。"这句话实际上道出了领导与管理之间的辩证关系：领导和管理互不相同——管理的工作是计划与预算、组织及配置人员、控制并解决问题，其目的是建立秩序；领导的工作是确定方向、整合相关者、激励和鼓舞员工，其目的是产生变革，显然，这也正是领导力的运行轨迹。

再说深入些，经营人的实质就是经营人心，包括品德、心智、梦想与潜能。企业说到底就是人，管理说到底就是借力。人是感情动物，不是机器，所谓领导就是引领和指导，就是靠老板的精神牵引和感召员工朝着共同的目标奋进，让员工以主人翁的心态来工作，用信仰而不是威权或欺骗，这才是领导力的最高境界。

北京行政学院教授孟凡驰老师讲过一个小故事：

有一天，我在公共汽车站等车，旁边一个大人带着一个小朋友。小朋友嘴里唱着歌谣："幼儿园是我家，阿姨是我妈。"我问这个小孩："幼儿园是你家，阿姨是你妈？阿姨有你妈好吗？"小孩说："没有。哪有我妈好啊。阿姨可厉害了。"经营企业也是一样，你让职工以厂为家，凭什么？这厂有家的氛围吗？

本田汽车公司创始人本田宗一郎是少数意识并做到了这一点的人，他曾经说过："有人鼓吹为国家、为企业而死，以厂为家，莫忘公司之恩等，说这些话的家伙都应该去死！我绝不要求员工'为公司干活'，我要他们'为自己的幸福打拼'。从业人员不必要为企业而牺牲自己，而是为自己的幸福努力，工作起来才会有效率。"

链接

**管理就是严肃的爱**

管理学中有一个"梅考克法则"，它的提出者西洛斯·梅考克是美国国际农机公司的创始人，也是世界上第一台收割机的发明人。所谓"梅考克法则"，简单来说就是在管理过程中，既坚持制度的严肃性，又不伤工人的感情。梅考克有一句名言："管理就是严肃的爱。"所谓"严肃的爱"，说白了就是在管住人的基础上，理顺管理者与被管理者的对应关系，使企业内部达到和谐统一的境界。管理是艺术，你可以把员工们"管"得规规矩矩、"理"得笔笔直直，但若不懂人情味，就可能把人的可塑性和创造力给泯灭。这也正是近年来人性管理风靡的根本原因所在。

管理的要素是什么呢？当然是"理"，也即条理、道理和事理，概括起来说就是两个字——制度。但制度都是人定的，如果你想把一个企业做大做强，那你就必须用制度说话，让制度为你堵住很多漏洞；但另一方面，制度同样可以把一个企业搞垮搞死。

这么说是不是有点矛盾呢？一点都不。企业必须有制度，制度是管理的有效工具。制度无所谓好与坏，没有正确与错误的区别，只有适合与不适合的区别。管理者就是要把握住制度的尺度，把制度落实到具体的人和事上，有效地执行各项制度。可是制度再完善也不行，否则直接按照流程操作，电脑控制，请个文员就可以了，为什么还要花大把银子高薪诚聘管理人员呢？

其实，管理者是用来填补制度空隙的。任何制度就其本身来说都不可能完善，管理者的作用就是让它完善。制度是刚性的，管理者是柔性的；制度是木板，管理者是填补木板缝隙的强力胶。两者相互配合，才能发挥制度和管理者的最大效果，求得最完美的结果。从这个角度来看，制度太多是管理者无能的表现。

## 风险管理是永远的主旋律

只要企业还活着，管理就是永远的主题。

只要管理还存在，风险管理就是永远的主旋律。

显然，这又回到了总裁律师的核心话题上。

## 谁站在马云背后：
### 总裁律师帮总裁打天下

上天是公平的，任何成功的机会都伴随着相应的风险。

对此，激进要不得，怯懦也要不得，徘徊同样要不得。正确的做法是胆大心细，稳健尝试，恰到好处地管理风险。用《易经》中的话说就是，"履虎尾，不噬人"。

以马云为例，很多人乐得讲述他成功前的"惨淡"生活，其实马云再差也是个大学讲师，属于当时的高净值人士。出访美国接触到互联网后，他感受到了互联网的巨大潜能和巨大商机，回国即创办了"中国黄页"。但他当时并没有辞去公职，辞职是两年以后的事。为什么当时不辞而后辞职呢？因为最初只是一种感受，而此时这种感受不仅更加强烈，而且能够落地也找到了落地的抓手，那就是创办阿里巴巴、开拓电子商务。

再看马云的总裁律师蔡崇信，他准备加盟阿里时，曾遭到全家老小一致反对，准确地说是"几乎闹翻了"。但蔡崇信最终加盟了阿里，除了看好马云及其团队，还因为他做的是正事，并且有后路，大不了损失几年时间，再杀回华尔街为时未晚。现在总有些人教唆年轻人不遗余力地创业，破釜沉舟，但不告诫他们风险所在以及如何控制风险，其实是很不负责的做法。毕竟，一个人背后有一个家庭，一个家庭联结着数个家庭。

同理，一个企业背后有几百上千甚至更多家庭，一荣俱荣，一损俱损。比如阿里，员工数万，马云与蔡崇信在做战略思考时，岂能不通盘考虑？具体做法，我们前面已经讲过，那就是只打赢面大且输得起的仗。

 链接

#### 黑珍珠的诱惑

瓦努阿图共和国是一个坐落在南太平洋中的小岛国，该国渔业资源丰富，盛产一种名叫砗磲的大海贝，最大直径可达 2 米左右。这种海贝非常出名，因为它可以长出弥足珍贵的黑珍珠，在国际市场上，每枚高达十几万美元。

当然并不是所有的砗磲都会长黑珍珠。瓦努阿图人每天捕捞上岸的砗

砗磲数以千计，但其中只有寥寥几个才长有黑珍珠。而且，由于砗磲的壳比较厚实，出水之后又始终紧闭着，所以仅靠肉眼观察是无法判断里面是否有黑珍珠的，必须要用斧子凿开，才能一清二楚。而贝壳一旦被凿开，砗磲就会死去，它的肉又非常难吃，碎壳也没什么经济价值，除非能发现珍珠，否则砗磲立即会变成一钱不值的垃圾。所以瓦努阿图人从不自己砸贝壳寻找黑珍珠，而是按数十至数百美元一个的价钱，将活着的砗磲卖给世界各国的冒险家们。

这就像赌博场上的押宝，也像中国人赌玉石，买家全凭自己的主观猜测赌砗磲里有没有黑珍珠。尽管幸运儿少之又少，但所有买家都乐此不疲，对他们而言只要押对一次，区区几十美元就可赚回十几万美元，这绝对划算也绝对值得试上一把。于是每年渔季，买家们都会一次又一次投入金钱，验证自己的运气。然而只有极少数幸运儿满载而归，绝大多数人只能带着满腹惆怅铩羽而回。到了下个渔季来临的时候，买家又会卷土重来，原先的赢家想再赢，输家想翻本。到最后，在这场经年累月的押宝游戏中，几乎所有的买家都输了，没有哪个人能够赢到最后，许多人甚至为此倾家荡产。

而赢家，就是当地的渔民。他们卖砗磲的收入相对并不高，但能稳稳当当地赚取利润，许多年以后竟然也攒下了一笔数目可观的财富。当然，前面说过，他们完全有条件自己凿开砗磲，找出黑珍珠，一夜暴富。但他们放弃了这样的机会。因为他们知道，小胜十次就是大胜，而大败一次就可能再也没有翻本的机会。这个故事不完全适用于企业经营，但我们要明白瓦努阿图人真正的可贵之处在于，他们懂得在不需要赌的时候，就尽量不要去赌。赌博会上瘾，企业家要学会拒绝类似诱惑。

## 大数据时代的企业管理

1950年，朝鲜战争爆发，冷战进入新阶段。美国政府开始大量制造战斗机、轰炸机及其他各式飞机，为了保密，与之相关的数据，都被列为

## 谁站在马云背后：
### 总裁律师帮总裁打天下

军事机密封锁起来。这里所说的"数据"，涵盖整个飞机制造业，也涵盖与飞机制造业密切相关、匹配的所有行业数据，如特种金属、铝、铜、钢铁等。这急坏了华尔街的投资家，因为大家都想准确预测美国政府的备战计划对股市的影响，而正确预测这一影响首先要了解美国政府对原材料的需求量，特别是铝、铜和钢材的需求量。但前面讲过，这些数据都是保密的。

投资家们只好求助那些以经济预测和分析服务为专业的调查机构。由于缺乏基本数据，这些机构也一筹莫展。正是在这种情况下，在一家名为美国工业联合会的调查机构中，一个年轻人自告奋勇站出来，说自己可以试试看。这个青年就是日后大名鼎鼎的艾伦·格林斯潘，当时他只有24岁，大学还没毕业，只为支付高昂的学费，才来这个机构做兼职调查员。老板一时想不到解决办法，只好抱着试试看的心理，让格林斯潘马上着手。

最初，格林斯潘也像其他人一样，试图从公开信息中打开缺口。于是他首先去搜集当年国会听证会的所有会议记录，在平常，这些信息都面向大众公开，但战争来临，一切都变了。所有与军用飞机制造相关的信息，包括飞机型号、飞机编制、飞机用材、计划生产架数等，全被军方保密局封锁得滴水不漏。格林斯潘只好止步于公开信息，转而搜集战前一年来的新闻报道与政府公告，后来又前溯至"二战"期间及"二战"结束后的所有相关数据。因为那时候，美国军方还未对这些军工数据采取保密措施。格林斯潘得以从将近10年的国会记录以及堆积如山的新闻报道中寻找到了看似有限实则丰富无比的数据，然后他又以1940年为起始年份，通过更多渠道，千方百计汇集来更多与飞机制造行业有关的数据和政府采购信息。他甚至还找来了各种飞机制造厂的技术报告和工程手册，各相关企业的生产报表、管理报表和大量统计报表，以及一些外围企业的订单数据，一头扎进去，计算再计算，推导再推导，最终预测出了美国政府对各型飞机的需求量，再细化到各型飞机各自需要多少铝、铜和钢材等原材料，得出了美国政府对原材料的需求量。

之后，格林斯潘撰写了两篇很长的报告，先提交给老板，然后又发表在当时很有影响力的杂志《经济记录》上。由于他计算出的数字非常接近美国军方保密文件中的数字，给许多投资者带来了丰厚的回报。当然，格林斯潘也因此引起了美国军方以及世人的普遍关注。从1987年8月11日起，格林斯潘先后五次就任美联储主席。这在美国历史上前所未有。在他的第一任主席任期内，一个当年曾在军方保密局任职的同事还曾对他说："当年看到你计算出来的数据，吓了我们一大跳，还以为你窃了密，差点就要派秘密警察跟踪你！"

这个案例堪称大数据应用的经典案例。相对几十年前，如今的大数据应用环境既有利也不利。有利，是指现在大数据的概念已经深入人心，各种平台、渠道，能够开放的均已开放，能够打通的均已打通；不利，是指大数据的概念及相关技术已随着时代的进步有了迅猛发展，一切都在飞速变化中，尤其是数据和信息。不仅须臾变动不停，还在飞速增加。很多数据与信息，还可能是利益相关人故意抛出来的假数据、假信息。人们倡导大数据，也正是为了避免相应的危害。但正如优秀的音乐家能在无数音符中准确听出任何一个不和谐音一样，当我们确实掌握了足够多的数据时，那些假数据、假信息就很难迷惑我们。

 **延伸阅读**

我们都是大数据时代的海狸

何帆先生写过一篇文章，叫《我们都是大数据时代的海狸》。文章从大数据领域的顶级专家亚历克斯·潘特兰的年轻时代说起。1973年，潘特兰还只是个大学三年级学生，他以一名电脑程序员的身份到美国国家宇航局环境研究所实习，分配给他的任务是开发一个利用人造卫星从外太空数清加拿大领土内所有海狸数量的软件。人造卫星的精度不是问题，海狸的个头也不算小，但这种啮齿科动物与它们所有的表亲一样，天生胆小，自卫能力很弱，习惯夜间活动，白天很少出洞，所以很难精确测度。怎么办？潘特兰灵机一动，想出一个主意：海狸有一个独特的本领，也就是筑坝，只要数清海狸坝的数量，就可以推测海狸的数量。尽管所得到的数据未必完全准确，但已是人类能力范围之内所能得到的最准确的数字。

潘特兰的经历提醒我们：大数据应用之难，难在从数字的汪洋大海中获取真正有用的数据。毕竟，企业级别的大数据应用不是搞一堆通讯录频繁骚扰、推销产品那么简单。企业家要有跳出圈外思考问题的能力，必要时还要推开数据表，这样才不会被数据所惑。另外，同样一堆数据，有的人看得头疼，有的人看到商机，还有些人能看到更深层次的东西，比如经济危机、政策走向等，可见大数据说到底还需要有大思想来匹配，来支撑。

美国大数据专家杰夫（Jeff）受邀为企业家讲课

在"第六届世界法商金融大会暨中国德州第六届资本交易大会"上，美国大数据专家杰夫（Jeff）受中顾集团董事长高度强特别邀请为律师和企业家讲课。

## 35课．企业最终走到哪里去

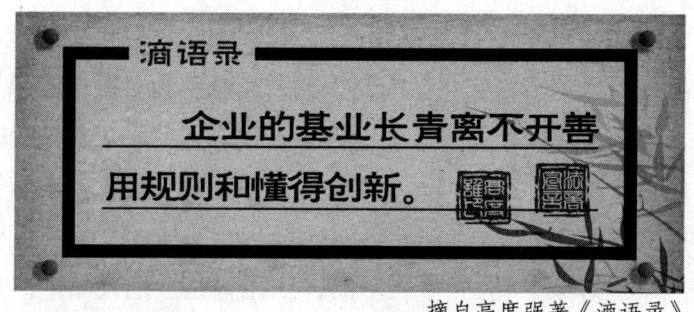

摘自高度强著《滴语录》

### 企业唯有尊法守法才能良性发展

如果一定要在中国经济版图上找个样板间，那么温州是个不错的选择。

早在20世纪80年代中期，"温州模式"就已经享誉全国，引起全社会的普遍关注。最近，"温州模式"这个词再次引发了人们热议，但却是关于破产。

事情要从2011年说起，当年，温州爆发了局部金融风波，部分企业受担保链风险影响而破产，一些债权人非法逼债，导致企业家跑路等现象频频发生。为此，当地政府不得不打公益广告，"与其跑路跳楼，不如申请破产保护"，以此宣传破产理念。这时候，那些之前只懂生意不懂法律的企业家才知道，原来自己还可以申请破产保护！几年时间，到温州法院申请破产的企业多达千家，破产审判成了当地破产企业家的保护伞，重树了企业家的信心，也基本上解决了该症结。

但这总的来说还属于头痛医头，脚痛医脚。之所以选择温州为样板间，在于它很有代表性。历史上温州一直是苦地方，没有多少耕地，交通条件差，可利用的自然资源也少，矾矿是个例外。改革开放后，温州人看到了曙光。反正穷惯了，老百姓索性把脸皮撕下来放在家里，人到外面去闯，去做生意，1982年温州就出现了创业小高潮，当地个体工商企业超过10万户，约占全国总数的1/10。30万经销员奔波于各地，成为让国营企业头疼不已的"蝗虫大军"。

后来，用老百姓的话说，温州人阔了，但依然是小商品、大市场的格局，依然是经济形式家庭化。温州人的开拓意识随着资本的积累逐级攀升，但缺失的法律课却始终没补上。开拓过了头，就难免违法犯罪。加之社会风气使然，很多人都是把利字摆中间，道义放一边，什么赚钱就搞什么，怎么赚钱快就搞什么。"温州炒房团"远比当年的"蝗虫大军"更令人反感，至于"炒菜"的、"炒煤"的，比比皆是。把人民生活炒得水深火热者有之，把自己炒得全军覆没者亦有之。出来混，总是要还的。企业唯有遵法守法，才能良性发展，良性循环。

遵法守法，就足够了？我的一些学生总是给企业家讲，现在是法治时代，企业家不守法不行。我告诉他们，不要这么说，莫说现在是法治时代，其实不论任何时代，任何人，都应该有基本的法律意识并超越法律，上升到道德律层面。难道说不是法治时代我们就不要守法了？这是必须突破的意识雷区。

### 企业家的道德定力

"有两种东西，我对它们的思考越是深沉和持久，它们在我心灵中唤起的惊奇和敬畏，就会日新月异不断增长。这就是我头上的星空和心中的道德定律。"——这是人类思想史上最气势磅礴的名言之一，它刻在康德的墓碑上。马丁·路德·金则一针见血地指出：一个国家的前途不取决于它的国库之殷实，不取决于它的城堡之坚固，也不取决于它的公共设施之华丽,而在于它的公民品格之高下。

"我有一个梦想。"这同样是马丁·路德·金的名言。企业家无疑都是有梦并敢于追梦的人,我们现在也提倡中国梦,中国梦是共同的,万千企业家在追梦过程中要认识到,人类之所以发明法律和道德,就是为了保证所有的个体都能最大限度上获取个人幸福,同时避免为他人执着于个人幸福时所伤。所以,企业家不仅要懂经营、会管理、守法律,其身上还应该流着道德的血液。只有把看得见的企业技术、产品和管理,以及摸不着的理念、道德和责任加在一起,才能构成经济和企业的 DNA。

企业最终要走到哪里去?

无非是民众的心里。

企业家最终要过什么样的生活?

富足并且有道德的生活。

## 寻找缺失的工匠精神

就从中国人去日本买马桶盖说起吧。

2015 年,财经作家吴晓波的文章《去日本买只马桶盖》横空出世,此文对应热点,即当年年初有很多中国游客在日本免税店疯狂采购电饭煲、吹风机、保温杯甚至马桶盖,且以专业身份指出了中国制造的几大软肋,如成本优势的丧失、渠道优势的瓦解和"不变等死,变则找死"的转型恐惧,因此被万千网友疯狂转发,刷新了阅读纪录——日阅读量 167.6 万。

为什么中国人跑去日本买马桶盖?这些同胞是不是理智暂且不谈,但我们应该理智地看待这个问题。事实上,日本人在很多方面确有独到之处,比如在一个小小的马桶盖上,加入了集便盖加热、温水洗净、暖风干燥、杀菌等多种功能。简单来说,日本人"用了心",至少比我们国内的企业更用心。这种"用心"精神不仅仅体现在日本的制造业,食品业、科学教育领域乃至体育圈、演艺界,通通如此。那些光鲜酷炫的背后,都是日本人对自己极限的一次次挑战,都是极度认真的工匠精神。

## 谁站在马云背后：
### 总裁律师帮总裁打天下

举例说明：一个日本人，20岁开始做寿司，如果到了60岁还在做寿司，旁人大多会说："啊，他做了这么多年寿司，积累了丰富经验，成为做寿司的前辈，真是值得我们学习啊！"而一个中国人，20岁开始做包子，如果到了60岁还在做包子，旁人恐怕转身就对自家的孩子说："看，你如果不好好学习，就一辈子都在做包子。"这样的反差有点让人寒心，却很真实，至少能反映出中日两国在对待工匠精神上的文化差异。

工匠精神存在于世界的每个角落。瑞士的制表师能不借助电脑和机械，一把镊子、一副眼镜，就能组装出世界上最复杂的机械表芯。法国的高级皮具师，德国的跑车发动机调效师，捷克的水晶工艺师，他们在世界上的不同角落，用自己的双手和技艺，创造出一件又一件完美的艺术品……

在中国呢？中国的工匠精神在哪里？我们可以去博物馆中找到它：一件件精美的漆器、玉器、青釉、粉彩，古代的匠人们将这些精美的艺术品创造出来，保留至今。当我们对着这些文物惊叹古时匠人精神的伟大时，又会不会疑问："我们现代的工匠精神在哪里呢？"当中国变为世界工厂，当机器替代了灯下工人的双手，当人们开始对千篇一律的电子产品热情不已，又有几个人会想到保护我们濒临灭绝的工匠精神呢？

工匠精神不是舶来品，中国曾是世界上最大的原创之国、匠人之国、匠品源发地。从公元前200年至公元18世纪，2000多年里，中国一直是全世界最大的产品输出国，中国的丝绸、瓷器、茶叶、漆器、金银器、壁纸等精美的产品是世界各国王宫贵族和富裕阶层的宠儿。比如中国红茶，曾成为欧洲皇室贵族的标签。法国作家亚历山大·小仲马在小说《茶花女》中描述："你连中国红茶都喝不起，还算什么贵族？"事实上，中国书法、中国画、雕塑、手工艺术品目前仍是世界博物馆们引以为傲的镇馆宝藏，还在不断刷新当代全球拍卖纪录。自丝绸之路开启，中国古代能工巧匠们所生产的匠品，一直都在影响着世界。

现如今，古老的丝绸之路上，是新时代的中国人，中国从制造业大国向制造业强国转变的过程，需要成千上万的优秀产业工人来提升国际竞争力，我们要寻找缺失的工匠精神，也要借鉴他人的经验。没有中国的万千企业家参与其中，扮演积极角色，它将是不可能完成的任务。

### 德国人的工匠精神

对德国人来说，"完美"似乎是不存在的，无论一个产品有多好，总有变得更好的可能性。舒马赫、施耐德、施密特、穆勒、施泰因曼等等众所周知的德国姓氏，在德语里都代表着一门手艺——制鞋匠、裁缝、铁匠、磨坊主、石匠。从中世纪开始，师傅带学徒做手艺，已成为德国人的职业常态。时移世易，虽然工业化取代了小作坊，但工匠精神始终没变。

有人认为工匠就是机械重复的工作，其实"工匠"有着深远的含义，工匠代表着一个时代的气质——坚定、踏实、精益求精。德国人的极致严谨虽然经常被人调侃成为刻板，但不得不承认德国制造是最值得信赖的。他们对细节的固执已成为习惯，除了奔驰、宝马、奥迪这些品牌外，闻名于世的莱卡相机、万宝龙钢笔、日默瓦行李箱，无不彰显着细腻的心思、独到的创意和恒久的品质。

德国人做事非常系统化，比如汽车厂的汽修师，都有着非常丰富的工作经验。他们的徒弟要跟着学7年以上才能得到资格认证，成为正式的汽修师，而这种师徒传承在德国已经存续了上百年。他们将这些传统的技艺一代代地传承下去，而这种传承不只是简单的言传身教，一切有价值的东西都会被作为数据精确地记录下来，并整理成数据库，用于长期发展。此外，他们非常注重细节的完美，对品质的坚守达到了令人敬畏的程度。不断地进行细节方面的修正，也就是对产品的"改善"，在一步步不断完善的过程中向完美靠近。这种"细节完美主义"在德国可以说随处可见。正是因为这种精神，各行各业能将优秀的技术、经验和理念，一代代地传承下去。

**谁站在马云背后：**
总裁律师帮总裁打天下

## 企业家精神与社会责任

我们很多企业家把自己定义为商人，其实是不太了解这两个词的区别。

商人和企业家有共同点，那就是谋取利润。但企业家以做成某一件事情为目标，利润不过是一个结果。而在一般意义上的商人看来，利润就是他的目标，其他不过是手段。用德鲁克的话来说："创造价值是真实的，利润不过是结果。"有一个造船厂有一句很有名的话：我们要做最好的船，顺便赚点钱，这是企业家的思维方式。这导致企业家和一般意义上的商人行事风格有很大不同：企业家往往是一群现实的理想主义者，他们做事情有原则，并且不会为了利润去牺牲这些原则；而对于一般意义上的商人而言，只要为了利润，是无所谓原则的，所谓的原则也不过是为了更多的利润。说白了，企业家和商人的区别就在于：企业家是一群"做事并赚点钱的人"，商人是一群"通过做事来赚钱的人"。

当然，儒商也是令人钦佩的。称呼不是重点，重点是如何保养、弘扬这种精神。中国政府对此有着深刻的认识，党中央、国务院历来高度重视企业家队伍建设，对激发和保护企业家精神做出了一系列决策部署。习近平总书记也曾多次发表过关于发扬企业家精神、发挥企业家作用的重要讲话。特别是最近，中央首次发文聚焦企业家精神，"为担当者担当、为干事者撑腰"。这也是中央首次以专门文件明确企业家精神的地位和价值。如果说这正是万千企业家之前的夙愿与诉求的话，那么政府与广大人民对中国企业家们也会有相应的诉求。简单来说，就是"为担当者担当"，企业家必须担当起自己的责任。

以阿里为例，人们都知道它的"双十一"奇迹，这里想说的却是商业奇迹背后的网络安全系统。阿里早在2005年就成立了安全部，这么多年来，他们的全部工作可以用一句话来概括——防范各种网络犯罪。随着互联网的普及与应用，其难度越来越大，成本也越来越高，未来还会更高。

广义上讲，阿里安全部已有超过 4000 名员工，这笔费用有多大可想而知。阿里能否以这是政府的责任一推了之呢？能。但出了问题，政府也大可让阿里关门了事。所以说，企业家承担社会责任的同时也是对自己的高度负责。社会，原本就是大家的。

再说说"阿里种树"计划，马云与蔡崇信等人亲力亲为、连种带捐就不说了，由于设置了很多制度，直接把到西部干旱地区种树与公司福利挂钩，现如今阿里人见面总不忘问一句："嘿，你种树了没？"比如，某阿里园区有 1000 多个停车位，阿里员工只要在网上认养栽种了树，进行碳补偿，就可以获得一个年度绿色停车证。上海一位母亲卖房完成儿子遗愿，在内蒙古沙漠 12 年种树 200 万棵，她不是阿里人，但阿里公益为她发了 2 万元奖金。马云资助"小马云"的故事也众所周知。这对富可敌国的阿里和马云来说，或许都是小事，但意义重大。有更多的人去种树，我们的环境不就更好了吗？有更多的人去帮助弱势群体，我们这个社会不就更美好了吗？

说白了，企业家和商人的区别并不大，只是价值观不同而已。很多人听到这个词可能会笑，都会说现在还谈什么价值观。但我相信，那些相信某种价值观的人能走得更远。因为他们相信，所以他们才能创造真正的价值。

 **延伸阅读**

中央首次出台文件聚焦企业家精神

《中共中央 国务院关于营造企业家健康成长环境弘扬优秀企业家精神更好发挥企业家作用的意见》25 日正式公布。建国 60 多年，中央首次以专门文件明确企业家精神的地位和价值。

意见提出加快建立依法平等保护各种所有制经济产权的长效机制，对企业家合法经营中出现的失误失败给予更多理解、宽容、帮助，加大党校、行政学院等机构对企业家的培训力度等一系列实质性措施。

## 谁站在马云背后：
### 总裁律师帮总裁打天下

《关于营造企业家健康成长环境 弘扬优秀企业家精神 更好发挥企业家作用的意见》从一个总体要求、三个营造、三个弘扬、三个加强，总共十个方面提出了意见，分别是：

一、总体要求。

二、营造依法保护企业家合法权的法制环境。

三、营造促进企业家公平竞争诚信经营的市场环境。

四、营造尊重和激励企业家干事创业的社会氛围。

五、弘扬企业家爱国敬业遵纪守法艰苦奋斗的精神。

六、弘扬企业家创新发展专注品质追求卓越的精神。

七、弘扬企业家履行责任敢于担当服务社会的精神。

八、加强对企业家优质高效务实服务。

九、加强优秀企业家培训。

十、加强党对企业家队伍建设的指导。

多年来，一大批优秀企业家在中国经济社会发展进步中扮演了重要角色，企业家精神在推动经济发展中发挥了重要作用。意见的出台，将使得非公有制经济发展、非公有制经济人士施展才华的空间更加广阔、机遇更加充分、前景更加美好。

# 第五部分

# 新时代总裁律师的发展

企业市场对于律师的需求之大是很多律师难以想象的,大部分律师甚至仍未意识到国内7000万中小企业对于律师的需求。本章节除对前文内容进行总结外,还分析了企业、政府、协会等机构对总裁律师的需求。

在目前互联网、共享经济、人工智能的趋势之下,整个社会大环境正以前所未有的速度在发展变化。律师原有的诉讼市场已经趋近饱和,而非讼市场仍是一片蓝海,能否抓住机遇实现转型,则要看律师有没有"第一个吃螃蟹"的勇气和魄力了。

谁站在马云背后：
总裁律师帮总裁打天下

# 36课．中国需要70万总裁律师

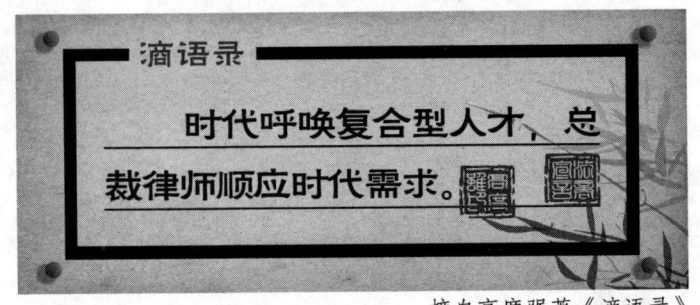

摘自高度强著《滴语录》

### 律师未来的发展出路在哪里

去年，与一位同行聊天时，他讲了一句很经典的话：以前是顾客咨询顾客付费，现在是顾客咨询律师付费。之所以这么说，是因为现在网上有很多律师平台，为吸引顾客，普通咨询均不收费。有需求时，人们肯定先上网问问——反正不要钱。

这样一来，那些还没把业务搬到网上的律师无人问津是无疑的，而在网上免费咨询的律师，估计也坚持不了多久。因为不管多复杂的问题都可以免费咨询，而且可以无休止地问下去，直到问题解决。更有甚者，有些网站还让律师竞赛，同一问题可由多位律师解答，供顾客选择。感觉谁服务态度不好，还可以给个差评，谁不害怕！但这无疑造成了律师与顾客的利益失衡，利益失衡就违反了市场规律，违反规律者一定不会长久。

互联网时代，不把业务搬到网上，这是违反规律；搬到了网上，又免不了做义工，这也是违反规律。律师，该何去何从？

结合前面所讲，我们提出三大问题并尝试着回答：其一，律师要不要营销自己？肯定要。其二，律师应该把重点放在什么地方？律师首先还是要把自己的专业做好。俗话说得好，打铁还需自身硬。在此基础上，还要不断学习，学习新法规、新政策，学习各种专业与非专业知识。比如说，做律师需不需要掌握医学知识？有人说不需要，风马牛不相及。其实不然，我的一位朋友做医疗纠纷案件很在行，而且很轻松，为什么？他有很深的医学背景。同样的道理，虽说是学习，每个人也应该根据自身情况有目的地学习。但当自身情况与社会发展不一致时，适应性地改变也是必然的。这就引出了我们的第三个问题：律师未来的发展出路在哪里？答案我们也已经讲过很多遍：尽可能多地掌握商业知识，具备商业思维，企业家需要律师保驾护航，也给得起价钱！不用担心学好屠龙术，而无聘用人，中国目前有 7000 万家企业，至少需要 70 万总裁律师。

### 中国传统律师就业前景扫描

外行看上去，律师从业者鲜衣亮甲，丰足优渥，其实律师外表庄重精致是职业需要，谁会把决定命运的案件交给一个衣衫不整的人呢？真实的状况并不好，当前，中国的律师同仁们都面临着谋生压力和前途压力，尤其是年轻人。

是的，有人年收入过百万，但那样的人全国也没几个。中国律师的收入分布呈金字塔型，10% 处于顶端，20% 处于中层，剩下 70% 在底层，生存维艰。到什么程度呢？普通的从业 3 年的律师年收入在三四万元左右，除去办案成本，只够糊口。与其他行业比，普通律师的收入还不及普通出租车司机的收入。这里没有贬低出租车司机的意思，但至少在人们的常识里，律师似乎应该比出租车司机收入多一些。

不解决收入来源，只能是自生自灭。但案件不会从天而降，从道义上讲，律师业务太多了，表明我们的社会不好了，有良知的律师也不应该期

## 谁站在马云背后：
### 总裁律师帮总裁打天下

待社会上案件暴增。最新的数据告诉我们，42% 的律师年办案数量不超 10 件，62% 的律师年办案数量不超 5 件。最好的办法，不是去开发更多客源，或身兼二职，而是趁着生意少但时间多，成为万千企业求之不得的总裁律师。

## 总裁律师是顺应时代需求的复合型人才

"21 世纪最缺的是什么？人才！"《天下无贼》里的贼都知道技术的重要性，企业的生存与发展自然更加需要人才。时代的发展，造就了一批复合型人才，也呼唤更多的复合型人才。最能体现这一点的就是 IT 业，所谓"互联网+"，那都是 IT 人才为企业加上去的，但如果 IT 人才对所服务的企业的特点（比如金融业）一无所知，或一知半解，势必也无法交付令人满意的产品。

企业偏爱复合型人才，而且"钱景"喜人。因为这种人才一专多能，甚至多专多能，对企业来说，相当于花一份钱雇了两个人，甚至更多，如此，为什么不可以适当提高其薪水呢？

律师也是如此。随着社会的发展，单一领域专业的律师已经过时，未来很多职业会被机器人替代，我们完全可以想象到某些机器人能够完成一些基本的法律咨询工作。尽管机器人有其限度，比如，你不可能派机器人去跟大客户谈合作。但律师也要与时俱进，全面发展，成为复合型人才。如前所述，总裁律师就是顺应时代需求的复合型人才，他们具备商业思维，能够站在企业家的角度思考问题，同时具备职业精神，是帝王师，也是财神爷，还是守护神。

 **延伸阅读**

**同济大学首推"懂法律的工程师"**

2014 年，同济大学土木工程学院联手法学院，面向新生推出了"工程

(土木)——法学复合人才培养模式创新实验区",致力于培养"懂法律的工程师",反过来也可以说是懂工程的律师。之所以如此,就在于当前社会上紧缺这类复合型人才。以往,在工程建设推进过程中,无论是建设、改造、维护,纠纷不断,解决这些纠纷的过程中,法律人士深感缺乏土木工程背景,难以做出准确裁决。迫于无奈,律师们只好去参加短期的土木工程知识培训。可以期待,当新一批学子们走上社会,肯定要比这些临阵磨枪的前辈们具备更加扎实的理论功夫。当然,这并不是说已经毕业的人就再无机会,抛开学校里有些东西永远学不来不说,学习是一辈子的事,对律师来说尤其如此。每一个律师,包括已经成为总裁律师的人,想保持不败,想提升内在价值,都要不断地复合下去。法律、金融、政治、制造、互联网、管理、财务、心理学,懂得越多,功底就越深厚,作用就越明显。

高老师在"中国首届律所CEO创新论坛"上发表演讲,呼吁中国律师打破传统执业瓶颈,做时代需求的复合型人才。

谁站在马云背后：
总裁律师帮总裁打天下

## 37课．政府协会对总裁律师的需求

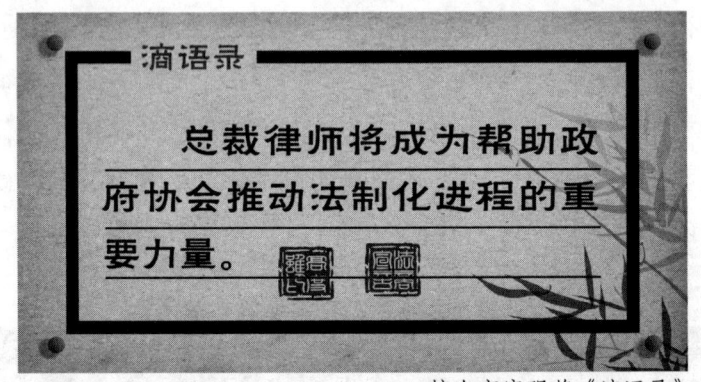

摘自高度强著《滴语录》

### 贴位的法律服务是政府、协会当下之急需

很多人可能会大吃一惊：政府与协会怎么会急需律师？难道它们也要打官司。个把民告官的例子倒是有，但需求终究有限。其实这是不了解当前的现状，也是没有法商精神的表现。2016年的数据显示，目前国家有相当大的一部分收入被用于维稳，也就是用于解决各类社会矛盾。其金额非常大，6244亿元人民币，比国防支出还高，并不一定是坏事。政府维稳的问题说到底是法治建设滞后造成的，中国的社会转型与发展之快也是史无前例的，这一过程中，政府有很多法律问题是正常的，有问题就解决问题，这是正常思维。

政府客观上需要律师介入，以第三方的身份调节政府与社会的关系，包括政府与企业的关系，政府与市场的关系，政府与公民的关系，以及地方政府与地方政府之间的关系。其范畴非常宽泛，律师如何开拓并做好这个市场，是个人事业发展问题，也是时代赋予律师的历史责任。

*政府、协会与企业的关系*

协会是指行业协会，其前身是欧洲中世纪的手工业行会，一般自行组成，拥有当地某个行业的权威力量，为的是阻止外来手工业的竞争以及本地从业者的不良竞争。有人说，国外行会有高度自治权，而国内行会大多依托政府。这不假，但不论国内国外，行业协会都是国家经济宏观调控的需要，行业协会相当于一座桥，政府与企业在桥上博弈，各取所需，既竞争又合作。

就中国而言，当企业走出过去的完全公有制时期，走出政府的直接控制，获得独立身份的同时，行业协会并没有迈出相应的一步。这有好处也有坏处。好处就是在政府已失去对企业的直接控制背景下，政府可以通过仍然在握地对行业协会的管理权力，影响、调节企业的行为与战略。坏处就是这使行业协会留着"官办"或"政管"的影子，导致政府与行会界限模糊，权责不分，从而无法更好地服务于企业，协调三者关系不说，还每每被无良者利用，沦为敛财工具。

## 政府需要律师提供哪些法律服务

任何真正意义上的法治化国家，其政府都非常需要律师。这是因为法治化程度越高，政府的法律风险就越高，相应的就越需要律师。在这方面，美国、英国、法国、德国等欧美国家走在了我们的前面。

政府需要律师，不能简单理解为政府雇用律师对付人民。很多人不明白，为什么西方国家很多议员和总统都是律师出身，这是因为律师在办案过程中会接触各类人，会了解社会各个层次的人的心理状况和诉求，政府可以通过律师的职业特性，把握相关人群的心理诉求，并通过律师这个中介达成和谐社会这个终极目标。

政府需要律师提供的法律服务很多，律师可以为政府提供的法律服务

### 谁站在马云背后：
#### 总裁律师帮总裁打天下

更多。以深圳福田区富华派出所为例，他们将辖区内的所有调解事务外包给律师事务所，一年时间成功解决矛盾纠纷391宗，成功率达97.4%，政府腾开了很多精力，也节约了不少财力，这只是一个小小的断面。除此之外，帮政府起草、论证新规，为政府参与民商事活动把关、为政府工作人员进行普法培训等，都是大家耳熟能详的业务。最重要的是，有律师在中间，政府也好，民众也好，不得不面对时就有了缓冲，可以由律师传话，讲得不妥当也有回旋余地，不至于双方互怼，造成恶性事件。

 **延伸阅读**

律师需要专业素质与非专业素质

律师不能退化为法典，笼统地讲法律是吃不开的，必须越过法律看法律，立体、全面地思考问题。比如，某建筑公司承接了一个BRT工程建设项目，迟迟无进展，政府可以收回特许权，然后交给另一个建筑公司。这中间不是简单讲几句话、签个文件的问题，它涉及特许权的转让，而特许权属于公司资产的一部分，如何就此项目为政府提供法律服务，显然需要民商法方面的专业知识。

除此之外还要具备政治素质，它属于非专业素质，但有时候比专业素质更重要。其实同总裁律师的道理一样，你为谁提供服务，首先要站在客户的角度思考问题。你不能经常跟政府说"NO"，说政府违法，这样不行，你要合理引导。每一次都说"NO"，结果就是"失业"。

## 38课. 集团企业对总裁律师的需求

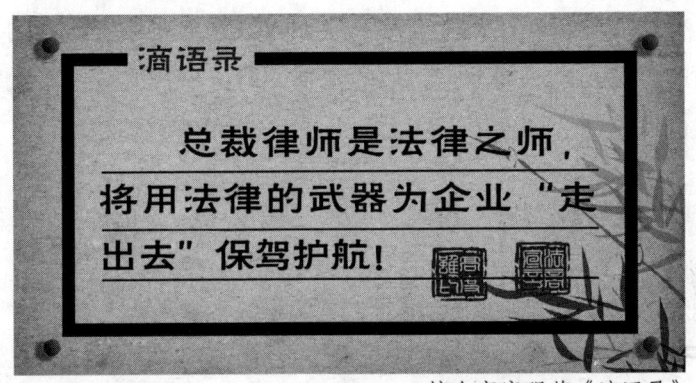

摘自高度强著《滴语录》

### 中国企业"走出去"律师不可缺位

"走出去"——这是我们国家当前的经济战略,具体执行单位自然也以国家层面的大型企业为主。在政策指引下,我国对外直接投资额度不断创新高,反过来也有力反哺了正在不断增量提质的中国经济。同时也必须认识到,很多法律风险是绕不过去、必须面对的。

对那些尚未配备总裁律师的集团企业来说,走出去面对着双重法律风险,一是国内法律,二是东道国法律。前者,主要是反腐及与之紧密相关的财产转移,前者已有涉及,此处不必重述。后者,主要是指走出去的企业领导人要么是因为不了解当地国情及文化特殊性,或是无视其廉政建设,有些人则根本就是把在国内违法犯罪那一套伎俩搬到国外,东窗事发后,企业受罚不说,也连带影响企业声誉与国家声誉。声誉是金钱买不到的,国家辛辛苦苦树立起来的形象,可能会被一两个当事人轻松败坏。

全球200多个国家和地区,各国都有法律,但分属不同体系,同一

### 谁站在马云背后：
#### 总裁律师帮总裁打天下

法系内的法律也有所变化。所以走出去前，首先要对当地进行法律环境分析，以免仓促上阵，因劳工雇佣、税收等方面的不同法律规定而陷入困境。其实改革开放之初我们就注意到，外国投资人来中国投资，必然会带律师。有些外国领导来访时，带企业家的同时也会带律师来。中国企业在海外投资时，中国律师显然也不可缺位。

中国律师或者并不一定需要掌握当地的每一条法律，重要的是建立国际视野，根据实际情况建设全新的、让参与各方都能接受的规则。它可能不是中国的规则，也可能不是当地的规则，但可以普遍适用，大家愿意认同，并且也不违背基本道德，这无疑也是对总裁律师的挑战。

#### 三一重工状告奥巴马

三一重工集团董事、高级副总裁段大为在一次学术恳谈会上讲过这样一个案例：奥巴马执政时期，三一集团在美国与奥巴马和美国外国投资委员会（CIFUS）打过一场官司。当时，三一准备在美国建一个风电场，离某海军基地较近。海军基地方面知道后，希望三一将风电场的位置挪一挪，以免影响训练。

三一很配合，在跟海军基地达成协议的基础上，做了局部迁移。但风电场建好后，CIFUS跳出来说三一违反了美国法律，并大肆炒作其对美国海军的"威胁"。当时正值奥巴马第二次竞选总统期间，其竞争对手一直批评他对中国软弱。这下他找到了抓手：你们不是说我软弱吗，好，我就来支持一下CIFUS，让中国企业搬迁。并且不允许中国人搬，只能让在美国出生的美国人搬，想借着搬家坑三一一把。

很多外国企业遇到这种情况，大多忍气吞声。但三一决定起诉。一审进行得很难，最大的收获是确定了司法能够对此案进行裁定，但其他裁定对三一很不利，遂选择继续上诉。二审时，法官一致认定一审判定违宪，因为它剥夺了一个企业正常的财产权。这样一来，CIFUS就陷入了被动，并且知难而退，主动找到三一进行和解。

段大为强调，中国企业第一次在美国状告美国总统并且告赢了，关键在于三一懂得利用美国法律及机制，以彼之矛攻彼之盾。奥巴马虽贵为美国总统，但他属于民主党，而民主党的老对手是共和党，所以三一的律师团队中均为共和党派的律师，他们对美国法律谙熟于心，并以批评民主党为己任，是三一的天然盟友，对法律和机制的运用也非常娴熟。

## 上市公司聘请总裁律师的必要性

上市——这几乎是每个企业家的目标。

但万一上错了，怎么办？

这就不是企业家们能回答的了。

这并不是说，企业家不懂得这些企业就不适宜上市，而是说，上市公司聘请总裁律师很有必要性。如果赴港上市、赴美上市，相关法律问题和注意事项就更多了。外国资本试图控股从而达到实际控制中国企业的例子不在少数，正是因为如此，国家才对此紧密防范。

以阿里巴巴为例，其赴美上市之前，至少在五大方面做好了相应法律风险的防范与规范，分别是"VIE结构"、知识产权保护、假货/商标侵权法律风险、不正当竞争和反垄断。

有人会说，找个上市律师不就得了，多的是。没错，上市律师不仅专业，而且理论上经验更加丰富，但上市公司并不仅仅是上个市那么简单，上完市之后呢？或者真的有一天，企业想退市，如何施为呢？

最好的选择还是聘请总裁律师，好的总裁律师兼具律师、会计师、咨询师、税务师、规划师、心理师、金融师等综合素养，不仅在上市问题上驾轻就熟，而且能在企业上市后做到法商结合、数师会诊，确保企业获得更好的发展。

## 谁站在马云背后：
### 总裁律师帮总裁打天下

 **延伸阅读**

上市是大志，也是大势

上市并非有百利而无一害。上市后，公司是所有股东的，不再是自己的。包括控制权，弄不好也会失去。属于你的，似乎只有各种规定和盈利压力。上市后，公司还会变成"玻璃公司"，必须执行信息披露制，再无秘密可言。同时，上市还要交包括"入场费"在内的很多规定费用。

但一切为了发展，不管企业处在哪个行业、什么发展阶段，资本市场在我们周围，如果不能很好地利用，在这个时代被淘汰就是大概率事件。

企业上市的优势是非常明显的，除了获取资金外，还可以帮助企业吸引优秀的人力资源、获得各种战略资源和良好的品牌形象，并为之后企业并购提供便利。

上市企业若需要筹资，既可通过公开发售股票募集资金，也可以通过发行债券、股权再融资或定向增发从公开市场募集更多资金。尽管中国的资本市场远不能与欧美发达国家相提并论，但中国企业家也有不少选择，除了沪深两市主板、中小板、创业板外，还有全国中小企业股权转让系统（新三板）等可供选择。

你的企业到底能否上市？要不要上市？在哪上市？上市之后如何管理？这些问题，对总裁律师来说都不是问题，因为这是他们的必修课，他们的职责就是根据企业的行业、阶段、战略进行顶层设计、系统规划，帮助企业家更好地遨游于资本世界。

 **链 接**

**北大与中顾联办的"一带一路"与律所CEO创新论坛在京召开**

2017年4月28日，由北京大学经济学院、中顾集团联合主办的"北京大学'一带一路'与企业走出去高峰论坛暨第三届律所 CEO 创新论坛"在北京大学英杰交流中心隆重召开。各界专家学者齐聚一堂，共同探讨

"一带一路"战略大背景下,法律等服务机构如何帮助企业走出去。

中顾集团董事长高度强在北京大学致辞

高度强表示,中顾一直致力于中国中小企业与中小律所的合作共赢研究与实践,经过十二年发展,现已形成一整套完善的法商产业拓展模式与生态。今年是"一带一路"的落地之年,高老师鼓励广大中小企业在对接"一带一路"机遇时,坚持六个关键词:抱大腿、抱成团、找平台、不单干、不盲从、不裸奔。

高老师主持圆桌论坛现场

|谁站在马云背后：
　　　　总裁律师帮总裁打天下

高度强与北大经济学院院长孙祁祥

本次论坛整合了法律、财税、金融、文化、信息等服务机构，为中国企业走出去创建一个服务机构的选择平台，为企业走出去提供专业、高效、一站式的服务。

# 39课．中小企业对总裁律师的需求

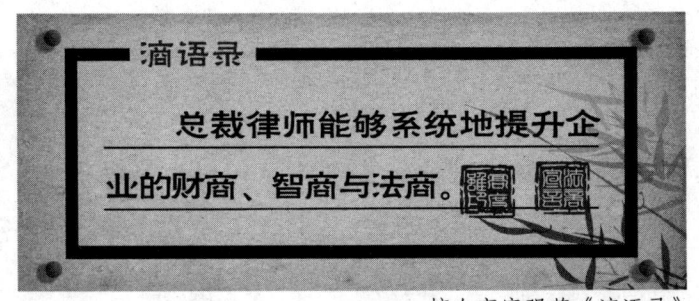

摘自高度强著《滴语录》

**总裁律师帮助中小企业健康发展**

讲一个我处理过的真实事件：南方某上市公司，该企业名字我就不提了，企业中有个员工请假回家相亲，但超期没有回来。后来得知，他回家后受了一些不良诱惑，吸毒产生了幻觉，自杀但未遂，好不容易抢救过来，但各方面机能严重受损。说残酷点儿，人废了。

打工者相互之间喜欢开玩笑，总说"别怕，你这算工伤"，该员工也是这么想的。他躺在医院里给单位打电话，单位派人力资源部负责人前往处理，没能解决问题。对方开口就要100万元，还要闹事，找媒体，要上访，等等。

企业压力很大，通过朋友找到了我，我说没问题，但要由我们全权负责。企业同意后，我用三天时间就把问题解决了。首先，我告诉对方及其家属，此事已交由我全权处理，我有决定权，你们有什么要求直接跟我谈就好。他们不断提诉求，我表示首先要了解真相，不如实告诉我，我怎么帮助你？你如果骗我，那法律后果自负。一番推心置腹，对方将事情和盘托出。当时我基本上能够确定企业没有任何责任，但为了保险，还是去了当地的派出所与劳动局，顺便备个案，打个招呼。然后我们明确告诉家属，从人道主义来说我们深表同情，但从法律角度来说公司没任何责任。

他们马上威胁说要找媒体，以及扬言把人抬到公司，甚至要把人抬到我的律师楼，等等。我不为所动，耐心劝诫：你们知法守法，我还可以从人道主义立场出发，想法让单位给予相应补偿。你们故意犯罪，所有的结果只能自己承担。我委婉地指出，你们现在摊上这个事儿，不就是因为明知毒品有害还去沾它吗？难道现在明知犯法不对，还要犯法？从道德上也说不过去嘛！

对方最终认可了我的说法，双方的焦点落在人道主义赔偿数额上面。我去之前，公司方面已经给出了上限，但我故意先往下压，因为我知道，给他们多少也不会满足。最终他们同意了3万元的人道主义补偿，但把钱拿过去后他们又反悔。我们怎么办？马上走人。他们自然又给公司打电话威胁一通，公司又急了，怎么办？我说："凉拌"，先晾着他，你不要管，你不是把这事交给我们了吗？结果没多久，家属又主动打来电话。我知道这期间他们肯定找过政府部门，或者其他"明白人"，了解到单位确实没责任，只能自认倒霉，同时能转嫁给企业多少算多少。于是我在电话里发

## 谁站在马云背后：
### 总裁律师帮总裁打天下

脾气说："你怎么才来电话？你肯定也问过别人吧。但现在我没权力了，也处理不了这事了。以前给你机会你不珍惜……"家属反复央求我，让我再跟单位沟通，我答应了，但不保证能拿到钱。过了一天，我准备好法律文书后，让他们到我办公的地方见面，并且让他们坐等了两个小时才接见，最后他们高高兴兴地签了协议，拿走了现金。

讲这个案例，不是为了表现我的办案能力，而是为了从侧面指出，任何一家企业都可能遇到这样的无妄之灾。对大企业来说，赔个几十上百万可能不至于伤筋动骨，但对中小企业来说，多半会因此一蹶不振。而这，还只是企业会遭遇到的种种法律风险之冰山一角。而总裁律师能够系统地提升企业的财商、智商与法商。自古不谋万世者不谋一时，不谋全局者不谋一事，任何有理想的中小企业、理性的中小企业主，对总裁律师的需求都是客观的，他们也是最大的需求群体。如何满足相应的需求，则是每一位执业律师必须面对、必须思考的问题。

 链 接

#### 中国中小企业生存现状

中小企业是中国最大的企业群体，占中国企业总数的99%还多。截至2015年末，全国工商登记的中小企业超过2000万家，个体工商户超过5400万户，是毫无疑问的第一就业主渠道。但作为中国经济的重要组成部分，当前中国中小企业却承受着诸如资本、土地、资源、环境、招工、用工、融资等多重困难，我国对中小企业的法律保护与大型企业的法律保护也不平等，既存在法律制度的缺失问题，也存在寻找法律服务方面的困境，具体说来有以下几点：

（1）耗时长

受"没事不找律师"观念的影响，中小企业但凡找到律师，便是十万火急。而从律师角度来看，因为企业小，往往是些"小事"，可有可无，从而产生轻慢心。然而时间就是效益，对中小企业尤其如此。今天律师怠慢他们一秒，他们此后会怠慢律师一生。

（2）太拖拉

很多律师在服务过程中不能做到一碗水端平，嫌贫爱富，人为地导致中小企业在接受律师法律服务过程中被其他业务干扰、打断与拖延，中小企业急需今天解决，他却打电话说"等明天再去公司"。这让中小企业经营者既愤怒，又无奈。

（3）费用高

中小企业规模小，收入低，但律师收费标准并不因此而降低许多，反倒往往因为中小企业相关的法律事务"琐碎、繁多"，变相加钱，使得原本正常的法律服务被中小企业视为"奢侈品"，自绝于"群众"。

（4）不满意

律师看不上小企业，势必在服务过程中难以用心，其敷衍的工作态度自然让中小企业对其服务颇有微词。重要的是，很多律师在服务过程中只管处理事务，而不是让企业主知其然也知其所以然，结果日后再遇此类问题依然会有法律风险，让人觉得律师与企业总隔着心，阻碍了更进一步的合作。

## 律师和中小企业都应该放下身段

一个企业，不管它发展到什么程度，也不管它具体从事哪项商务活动，有律师参与总比没有好，这是再简单不过的道理。这个道理中小企业主不懂吗？显然不是，显然是有什么东西在中间阻碍着中小企业主与律师的牵手。

简单来说，中小企业主与律师都有问题。

先说律师的问题。业内有句行话，"大鸡不吃小米"，意思就是说做律师就做大律师，别做一些不值钱的小案子，挣不到钱，还丢份儿。总之，身价要定高一些，即使是小案子收费也要朝高里要。另外，大律师令人向往，在于他们有钱有闲，一个单几十万，忙碌一段时间就全家旅游去了，怎不令人艳羡？然而，羊毛出在羊身上，你把目标定得这么高，中小企业怎么跟得上？你让人感觉到能享受律师服务的只能是"有钱人"，就不要

### 谁站在马云背后：
#### 总裁律师帮总裁打天下

怪别人不敢消费。至于有钱有闲，不是不可以。我们固然应该看到如蔡崇信般的总裁律师们的成就，但也要想到，他们不仅有才华，还有如履薄冰的态度，兢兢业业的事业心。

再说中小企业的问题。中国社会目前整体来说很浮躁，很浮夸，其中很大一部分就是中小企业主们贡献的。有些人请律师也像买商品似的认名牌，而不看具体需求。收费低的律师，在他们的思维里就是"差劲"的律师，这样一来，导致所有的律师都学会了狮子大开口，形成了又一个恶性循环。

再加上传统上律师只能通过人与人之间口口相传，而中国人又讲究无讼为贵，导致律师与中小企业主虽互有需求，但始终在黑暗中摸索对方。好不容易对接上，却因为经济因素敬而远之。

我们反复呼吁，不要把律师特殊化，而是要把法律服务当作一件正常乃至稀松平常的事，西方发达国家的律师与中小企业的关系正是如此。企业找律师不就为解决问题吗？如果能，为什么不可以选择那些勤勉敬业也有能力的普通律师呢？选择律师这个行业不就是为了在个人生存发展的基础上维护社会正义吗？如果能，为什么不主动地融入这个以经济建设为中心的商业社会？

 **延伸阅读**

#### 潘石屹与张学兵

潘石屹是地产界的风云人物，张学兵则是律师界的知名律师，二人的合作堪称成功楷模。二十年前，潘石屹从海南房地产市场溃败，来到北京二次创业。过往的经验告诉他，企业经营中风险无处不在，因此他在北京创业之初就找到了一名律师，也就是张学兵。巧的是，当时张学兵的中伦金通律师事务所也是刚刚创办。二十年来，张学兵除了帮潘石屹把握政策、法律法规，规避法律风险之外，还先后帮助他成功地打赢了几场诉讼，包括潘石屹的员工集体被挖、跳槽事件，买房者起诉氨气超标事件等。在一次律师论坛上，潘石屹专门说起此事，依然对张律师感激不已。

# 40课．未来的总裁律师什么样

摘自高度强著《滴语录》

### 看起来很美，实际上也很美

几年前，著名主持人杨澜曾经发过一条微博，称律师是"幸福感最低的人"，因为"他们总以最坏的设想揣测别人"。这实在不聪明，律师可不是好惹的。不过，就算那些攻击、推理、谩骂杨澜的同行也得承认，律师这个行业，尤其是新入行的律师，当年幸福感真的不太高。

《新牛津魔鬼词典》中说，所谓律师，就是那个晚上挑灯夜读，千方百计在法律这条必经之路上挖掘陷阱的人。大白天，他又衣冠楚楚地拿着绳索把法律从水深火热中搭救出来，让法律一边支付赎金，一边愤愤不平。律师的痛苦，很大程度上来自于公权力的限制；律师的成就，也未尝不是拜其所赐。中国律师是戴着镣铐跳舞的舞者，也是公众认为的可有可无的舞者。毋庸讳言，目前依然有些边远地区，整个县都没有一个律师。人们似乎认为这再正常不过，但想想看，如果一个县缺少公、检、法、司，行不行？

但是往前看，从历史的角度看，我们也在飞速发展。"文化大革命"

## 谁站在马云背后：
### 总裁律师帮总裁打天下

刚结束时，全国只有几百个律师。现在，固然有不少同行生存状态不理想，但在一些发达大城市，比如北京、上海、广州，律师照样是精英中的精英。如果我们把视野再放大些，看看大洋彼岸的美国，那里只有全球5%的人口，同时却拥有全世界70%的执业律师，平均每200人就拥有一位律师，我们就没理由为未来担忧。

落足于本书的核心——总裁律师，有蔡崇信等前辈高人走在前面，我们没理由不相信总裁律师不仅看起来很美，实际上也很美。成为总裁律师，更多地参与到中国发展大棋局中，不仅是每一个有志向的律师应有的追求，同时也是中国构建法治社会，最终实现国富民强过程中不可或缺的一环。当年洋务运动先驱严复曾对另一先驱郭嵩焘说，"我找到了富强的奥秘，那就是法治"，我们现在要说，单纯的法治并不足以实现社会富强，但经济发展与律师服务业绝不是两个毫不相干的领域。相反，两者息息相关，密不可分。如果我们的同行们都能意识到这一点，并能参与到企业经营管理过程中，站在企业的立场上协助企业经营和管理，充分发挥律师的特长，将中国企业风险预防在外或降至最低，相信中华民族的伟大复兴事业会更加平坦和宽广。

 链接

### 巴菲特的总裁律师——芒格

芒格，美国投资家，巴菲特的黄金搭档，人称"幕后智囊"和"最后的秘密武器"，但知名度一直很低，其智慧、价值和贡献也因此被世人严重低估。他比巴菲特年长6岁，钱没有巴菲特多，但也不太少，而且拥有当今世界上最大的私人游艇。

芒格的爷爷是法官，爸爸是律师，他自己也做过律师。后来遇到巴菲特，两人一见如故，一不小心就合作了几十年。值得一提的是，芒格先生当年是走后门进的哈佛商学院。不进哈佛，芒格就成不了投资大师了吗？未必。

芒格几乎时时刻刻都在读书和思考。用他的话说："我经常见到一些

并不聪明的人成功,他们甚至也并不十分勤奋,但是他们都是一些热爱学习的学习机器。他们每天晚上睡觉的时候都比那天早上起床的时候稍微多了那么一点点智慧。伙计,如果你前面有很长的路要走的话,这可是大有裨益的啊。"芒格认为,人必须多读书,同时要读不同学科的书,这样思维才不会局限在某一领域,才能避免单一的思维模式。拿着锤子的人满眼都是钉子,唯一解决的办法是多拿些工具,概括起来就是"多元思维模型"。早年的巴菲特也是一根筋思维,其受格雷厄姆的影响,只投资那些股价低于清算价值的股票,后来买中了地雷公司——也就是伯克希尔·哈撒韦,差点把自己套死。他花了近20年时间才把之前的烂业务清理干净,如今伯克希尔成了世界上最伟大的企业之一,这很大程度上要归功于芒格先生。芒格就不是一根筋思维,他告诉巴菲特,最好的投资是买那些贵得有道理的好公司。

身为总裁律师的典范,他除了精通法律,还对经济、投资、政治、数学、物理、财务、心理、哲学有着深层次的思考,并且形成了独到的思维方法,正是这一点,让他超越了传统律师的藩篱,成为著名的投资家和思想家。

## 总裁律师仍是法律之师,仍需坚守公平正义的法律底线

法制不健全!——隔几天我们就能看到这个词出现在中国的各大媒体上。作为法律从业者,我们承认,法律确实有不健全的地方,但是这句话也不可滥用。如今,有些人不管大事小事,是否管用,动不动就闹着上法庭,或者动辄就呼吁要立法来解决。这其实也是对法律的误解。一个社会,规范人们行为的准则有很多,而法律并不是第一道防线。第一道防线应该是道德、伦理,其次还有各种规章、纪律、制度,法律应是最后一道防线,而且必须辩证看待。

以刑法为例,它既是对公民的保护,也是对刑事犯罪分子的保护,用西方的话说,它是刑事犯罪分子的大宪章。罪犯到什么程度,就判他多重的徒刑,而不能任由网友们喊打喊杀。

### 谁站在马云背后：
#### 总裁律师帮总裁打天下

但公众是缺乏这样的认识的。对于企业家来说，必须明白法律只是维护企业和个人合法权益的有力武器，绝不是用来谋取非法利益的工具，更不是可以化非法为合法的神奇道具。然而有些人聘请律师，从一开始心思就歪了：你有什么办法让我占到便宜？正如他们要求自己的会计师打着"合理"的幌子避税、做假账一样平常。我就见过一个企业家，他自己明明欠人家的货款，偏偏赖着不还，却逼迫公司的法务去打官司，还要求一定打赢，打不赢就骂律师"无能"。他也不想想：如果律师有"能力"打赢这样的官司，那他还用得着给你打工——直接去犯罪然后给自己打官司摆平好了。

不得不说，某些同行确实出于各种原因，与这类企业沆瀣一气，为虎作伥，设法利用司法程序坑人害人，令律师这个行业名声不佳，也自毁前程。

前面讲过，总裁律师应该是企业家的护法。护法是武术中的概念，这里不妨以此做个结尾，中国功夫首重武德，中国人习武首先是为了强身防身，其次是锄恶扶善、匡扶正义，没有任何名门正派上来就教人恃强凌弱、欺压百姓。企业家也好，总裁律师也好，普通老百姓也好，学法用法，应以武道为吾道，绝不可误入歧途。

### 延伸阅读

#### 谨防律师行业"劣币驱逐良币"

经济学中，有一条劣币驱逐良币的古老原理，是指当一个国家同时流通两种实际价值不同而法定比价不变的货币时，实际价值高的货币（良币）必然要被熔化、收藏或输出而退出流通领域，而实际价值低的货币（劣币）反而充斥市场。

在律师行业也要警惕"劣币驱逐良币"的现象。有少数律师目前就游走在法律边缘，靠走"捷径"获利，而真正坚守法律信仰的律师得不到全面施展，长此以往会导致律师执业环境恶劣，律师的专业能力在很多情况下发挥不了作用。因此，律师群体在寻求改善律师执业环境的同时，也应从自身做起，把主要精力放在熟悉案情、研究法律、提高职业素养上面。

# 后 记

## 我们已然站到了马云们的背后

从打算写这本书,到这本书成型,经历了不短的时间,确切地说,这本书是对我十余年教学研究、产品研发、创业创新等经验的梳理和总结。但因为书稿长度、出版时间等客观因素的限制,整本书还是略显仓促,我思想的一些精髓也表达得不够完整。

中国历史上一直重农抑商,商业其实一直没有得到应有的发展,企业家也一直得不到应有的地位,此前"中国企业家都没有好下场"的论调也经常出现。而在2017年,中央层面多次下发了肯定企业家精神的文件,这无疑为想大展拳脚的企业家们吃了一颗定心丸。

本书立意从马云背后的蔡崇信出发,进而扩展到所有像马云一样优秀的企业家,其背后都有一群精通规则、擅于创新的智囊团。我坚定地认为,总裁律师可以也应当发挥更加重要的作用,通过本书大量案例和理念的指引,我们已然看到了国内新时代的新景象:众多像马云一样优秀的企业家身后,一群总裁律师脱颖而出,他们为老板们出谋划策、保驾护航,已经成为企业家不可或缺的知己。

我们可以看到,随着国内法治化进程的不断推进、经济的不断发展、市场经济的不断完善,一批经过法商理念指引和系统专业训练的总裁律师,已经从后台走到前台,从以往事务性工作转为全局性布局工作,从以往局部性思维转为全局性视野。他们,已然站到"马云们"的背后。

这是不可逆的潮流和趋势!

我经常看到有人提出律师和企业家要合作、要做终身"情人"之类的观点。那么怎么合作?这中间其实是有一系列问题的,这些问题里包含了双方思维的不相融、观念的不一致、行为方式的差异等等,不解决这些现实问题,再多的高谈阔论都是白搭。

本书鲜明地指出了企业家和律师合作、法律和商业结合过程中的一些非常

# 谁站在马云背后：
### 总裁律师帮总裁打天下

现实的问题。同时我也根据多年的实践经验，就这些问题给出了一套行之有效的解决方案。

冰冻三尺非一日之寒，我们都非常清楚，企业家与律师之间存在的问题为时已久，因此，也并不是说读了这一本书，就能立刻找到能为企业服务的总裁律师，或者说立刻就提高层次，成为能为企业家提供全方位服务的总裁律师，这是不可能，也是不现实的。

所谓师傅领进门，修行靠个人，所以，我更多地希望这本书能对读者朋友们起到点拨、引领的作用，也希望读者能不断地按照本书提到的方法和方向去修炼、去改变、去演练、去实践、去创新，这才是我对本书最大的期待。

从某种意义上来说，我认为，是时代和趋势把律师们推到了一个新的风口，面对国内 7000 万中小企业，我们已然站在了众多"马云们"的背后。那么能不能成为像蔡崇信一样的总裁律师，则要看个人的选择和努力程度了。

多年来，我一直致力于推动法商、推动律师和企业家的合作发展，从最初观点多次被质疑，到现在有了切实可行的操作方法，这个过程中困难很多。但我很欣慰的是，越来越多的专家学者开始关注我的研究领域，也有更多的行业领袖给予我指导鼓励，还有一些同仁加入进来和我一起做这个事。

作为"总裁律师"概念的提出者和践行者，我认为未来企业家的身后一定是一群总裁律师，而不是一两个，总裁律师们也不能单打独斗，而是要在人工智能和互联网的新形势下，相互协作、相互呼应、加强合作。

此书是我现阶段一些研究和想法的呈现，谨希望以此书为媒介，建立与各位读者进行思想交流和碰撞的平台，不妥之处，还望大家通过各种方式与我进行沟通交流。

在接下来的一两年时间里，我想用更多的时间去沉淀、梳理、总结、反思，以期能带给大家一本更加经典的法商、总裁管理领域的书籍，敬请期待！

最后，将此书献给日益蓬勃发展的法商事业。希望未来有更多的人和我一起投身法商、推动法商、倡导法商。

2017 年 12 月 21 日于北京